财政部规划教材
全国财经类应用型本科院校通用教材

农产品跨境电子商务

潘恩阳　何　伟　主编

中国财经出版传媒集团
中国财政经济出版社

图书在版编目（CIP）数据

农产品跨境电子商务／潘恩阳，何伟主编．--北京：中国财政经济出版社，2022.4

财政部规划教材 全国财经类应用型本科院校通用教材

ISBN 978－7－5223－0953－8

Ⅰ.①农… Ⅱ.①潘… ②何… Ⅲ.①农产品－电子商务－高等学校－教材 Ⅳ.①F724.72

中国版本图书馆 CIP 数据核字（2021）第238022号

责任编辑：武志庆 责任印制：张 健

封面设计：卜建辰 责任校对：胡永立

中国财政经济出版社 出版

URL：http：//www.cfeph.cn

E－mail：cfeph@cfeph.cn

社址：北京市海淀区阜成路甲28号 邮政编码：100142

营销中心电话：010－88191522

天猫网店：中国财政经济出版社旗舰店

网址：https：//zgczjjcbs.tmall.com

北京富生印刷厂印刷 各地新华书店经销

成品尺寸：170mm×240mm 16开 15印张 237 000字

2022年4月第1版 2022年4月北京第1次印刷

定价：62.00元

ISBN 978－7－5223－0953－8

（图书出现印装问题，本社负责调换，电话：010－88190548）

本社质量投诉电话：010－88190744

打击盗版举报热线：010－88191661 QQ：2242791300

编委会

主　编：潘恩阳　何　伟
副主编：王　琛　刘亚钊　蒲应燕　王惠惠

前　言

近年来，我国跨境电商保持快速发展，逐渐成为“一带一路”倡议中经贸合作领域的“新引擎”。其中，农产品和食品进出口的增长在相当程度上推动了跨境电商的迅速发展，在促进贸易和投资、推动国家及地区间生产分工协作等方面起到了积极作用。

全书以此新机遇和人才需求为背景，从农产品跨境电商理论和实践角度出发，通过两大部分共九章内容对该领域知识总结进行探索。

第一部分包括前六章，围绕农产品跨境电商理论，在有关概念、特征和意义综述的基础上，详细阐释了农产品跨境电商平台分类、网络营销推广和风险防范等内容。第一章着重对农产品跨境电子商务的概念、特征、意义、发展现状、分类模式、相关政策和监管进行介绍；第二章、第三章、第四章着重对农产品跨境 B2B、B2C 和 C2C 模式的概念和特点以及典型平台进行介绍；第五章着重介绍以运营方式划分的不同跨境电商模式的概念、特点和典型平台；第六章对如何使用搜索引擎对竞争对手和海外市场分析的方法进行介绍，说明使用搜索引擎寻找国外潜在买家的方法，判断特定关键词的竞争程度，并在介绍国外主要的社交平台的基础上说明利用社交平台寻找潜在买家的方法。

第二部分包括第七章、第八章、第九章三章，结合农产品跨境电商实践，第七章主要介绍全球速卖通平台；第八章主要介绍 eBay 平台；第九章主要介绍亚马逊公司平台。三章内容主要包括平台新规则介绍、店铺装修、物流和运费模板设置、产品发布和优化、产品营销和推广等内容，帮助初学者了解农产品跨境电商主要平台操作的整体流程。

希望通过书中的理论和实务总结，对急需了解和掌握农产品跨境电商知识的从业人员有所帮助，对当前乡村振兴和未来农产品贸易的长远发展形成贡献。

作者

2021 年 11 月

目　录

第一章　农产品跨境电子商务概述 …… 1

第一节　农产品跨境电子商务的概念、特征与意义 …… 1

第二节　我国农产品跨境电子商务发展现状和模式分类 …… 6

第三节　农产品跨境电子商务的政策和监管 …… 10

第二章　农产品跨境 B2B 电商主要交易平台 …… 13

第一节　跨境 B2B 的特点和发展趋势 …… 13

第二节　跨境 B2B 主要平台简介 …… 15

第三章　农产品跨境 B2C 电商主要交易平台 …… 24

第一节　跨境 B2C 的特点和发展趋势 …… 24

第二节　跨境 B2C 主要平台简介 …… 26

第四章　农产品跨境 C2C 电商主要交易平台 …… 35

第一节　跨境 C2C 的特点和发展趋势 …… 35

第二节　跨境 C2C 主要平台简介 …… 37

第五章　按运营方式划分的跨境电商模式和典型平台 …… 39

第一节　跨境自营模式的概念、特点和平台介绍 …… 39

第二节　跨境直营模式的概念、特点和平台介绍 …… 41

第三节　跨境导购返利模式的概念、特点和平台介绍 …… 43

第四节　跨境闪购模式的概念、特点和平台介绍 …… 45

第六章　农产品跨境电商网络营销 …… 48

第一节　搜索引擎 …… 48
第二节　社交网络营销 …… 54
第三节　电子邮件营销 …… 59

第七章　全球速卖通平台 …… 64

第一节　全球速卖通平台招商规则的新变化 …… 64
第二节　全球速卖通账号注册认证和权限申请 …… 68
第三节　全球速卖通资金账号和子账号设置 …… 72
第四节　全球速卖通店铺装修 …… 76
第五节　全球速卖通物流 …… 80
第六节　全球速卖通产品发布和优化 …… 90
第七节　全球速卖通产品营销和推广 …… 100

第八章　eBay 平台 …… 138

第一节　eBay 账户类型及优势 …… 138
第二节　eBay 账户申请 …… 140
第三节　eBay 付款、退货和物流业务设置 …… 149
第四节　eBay 产品刊登 …… 157
第五节　eBay 产品管理 …… 167
第六节　eBay 店铺装修 …… 168
第七节　eBay 促销活动设置 …… 175

第九章　亚马逊公司平台 …… 186

第一节　亚马逊公司的运营理念 …… 186
第二节　亚马逊公司账户的优势 …… 188
第三节　亚马逊公司账户注册 …… 188
第四节　亚马逊公司产品刊登 …… 201
第五节　亚马逊公司促销活动 …… 211
第六节　亚马逊公司物流解决方案 …… 225

第一章　农产品跨境电子商务概述

第一节　农产品跨境电子商务的概念、特征与意义

一、跨境电子商务的内涵与外延

什么是跨境电子商务？百度百科对此的解释是：跨境电子商务是指分属不同关境的交易主体，通过电子商务平台达成交易、进行电子支付结算，并通过跨境物流及异地仓储送达商品，从而完成交易的一种国际商业活动①。

由此可见，跨境电子商务是一种随着网络信息技术的发展而产生的新型国际贸易活动。它将传统的国际贸易业务流程从线下移植到网络平台，将交易磋商、合同签订、货款支付结算等业务流程简单化、透明化，并通过专业化的第三方物流、仓储渠道将货物送达目的地。这种跨境电子商务活动将传统国际贸易的看货、洽谈、成交环节电子化，便利了交易流程，降低了交易费用和专业门槛，是国际贸易未来发展的方向。

跨境电子商务另一个区别于传统国际贸易活动的主要特征是其商务活动的主体更加宽泛，贸易方式从 B2B 扩展到 B2C 和 C2C，更多的贸易主体参与跨境贸易活动，降低了贸易门槛。

跨境电子商务简称“跨境电商”，但在一些场合“跨境电商”又常被认为参与跨境电子商务活动的商家。因此，要注意这两者之间的区别。

---

①　百度百科：https：//baike. baidu. com/item/% E8% B7% A8% E5% A2% 83% E7% 94% B5% E5% AD% 90% E5% 95% 86% E5% 8A% A1/12747090？ fr = aladdin.

二、农产品跨境电子商务的特征

交易标的为农产品的跨境电子商务活动称为“农产品跨境电商”。同传统国际贸易一样，跨境电子商务首先具有国际性。交易主体分属不同的国家（地区），交易货物属于跨境流通。跨境电子商务是对传统国际商务活动的升级，是借助网络交易平台进行的买卖活动。业务活动通过网络进行，看货、取样等传统国际贸易业务流程也从线下转到线上，业务单据通过网络传递，一些重要的业务认证也通过网络平台提前到了业务开始之前节省了交易业务时间，体现出无形性、无纸化的特征。

跨境电子商务具有全球性、无形性、匿名性、即时性、无纸化等特征①，以农产品为标的物的农产品跨境电子商务在具有上述特征的同时，还具有如下特征。

1. 时效性要求更高

大多数生鲜农产品由于存在保鲜要求，无法满足国际贸易冗长的通关手续和漫长的长途运输所需的时间，因而贸易量受到极大的限制，贸易成本也居高不下、仅能满足部分高端需求。但随着跨境电子商务模式的出现，交易的中间环节被压缩，交易成本大幅度降低，交易的便利性极大地提高。另外，由于物流技术的进步，跨境运输周期缩短，满足了生鲜农产品对时效的要求，农产品中的可贸易商品品种不断增加，生鲜农产品成为跨境电子商务的主打产品之一。

2. 冷链运输的作用增加

农产品特别是生鲜农产品的跨境贸易首先要解决的是保鲜问题。在冷藏冷冻技术出现之前，需要保鲜的农产品只能短途运输，贸易品种和数量受到限制。早期的冷藏冷冻船能够大批量运输生鲜农产品，但运输成本较高、农产品贸易品种的多样性和数量的灵活性都无法充分满足。今天，冷藏冷冻集装箱广

① 冷柏军，段秀芳. 国际贸易实务（第三版）[M]. 北京：北京大学出版社，2017.

泛应用于国际贸易运输，采用现代冷藏冷冻技术，实现集装箱运输单元的低温环境。按照环境温度可分为恒温、冷藏、冰温、冷冻和超低温五个类别，适用于不同种类的农产品，保证了农产品在运输途中的鲜活性，实现了门到门的跨境运输，成本和时效性都得到了很好的控制，满足了农产品跨境电商模式对时效和成本控制的要求，全程冷链也成为农产品跨境电子商务的标准配置和显著特征。

3. 交易风险较大

跨境电子商务的交易风险来源于交易环节的跨国性。首先，由于跨境电子商务属于外贸业务的新业态，各种监管法规还处于完善之中，业务流程中的不确定性较大。农产品贸易本来就属于关税壁垒和非关税壁垒较高的领域，各国对农产品的进出口管制都较为严格，不同国家的政策法规、检验检疫制度和其他贸易管理制度的变化对农产品跨境的效率影响较大，政策方面人为因素较多，不可控风险较大。其次，跨国物流环节多，其中进出口通关的专业性较强，物流周期长、成本高，退换货困难。再次，跨境电子商务的业务流程比传统国际贸易更加顺畅，交货和付款周期被大大压缩，客户的信誉、平台的安全性对结算形成了较高的风险。最后，由于业务周期较短，市场价格和汇率波动对经营者利润预期的影响更加直接，要求经营者具有更强的抗风险能力。

4. 发展势头强劲

农产品跨境电子商务目前发展迅猛，虽然贸易的规模还不足以撼动传统贸易，但从长远来看，其取代传统贸易模式的势头已初露端倪。据统计，2019年中国跨境电子商务的交易规模为10.8万亿元人民币，2020年为12.7万亿元人民币①。2019年，粮油食品进出口额在主要跨境电商平台的占比达到25.3%，排名前二。②

---

① 中国跨境电商行业数据分析：2020中国跨境电商交易规模将达12.7万亿元［EB/OL］. 艾媒网 2019-08-09.

② 中国食品（农产品）安全电商研究院. 2020中国农产品电商发展报告［R］. 2020.3.15.

三、农产品跨境电子商务的意义

跨境电子商务以网络信息技术为基础推动了世界经济一体化和贸易全球化进程，对世界经济发展和贸易模式的变革具有非常重要的战略意义。跨境电子商务冲破了国家间的障碍，使国际贸易走向无国界贸易。对企业来说，跨境电子商务构建的开放、多维、立体的多边经贸合作模式，极大地拓宽了进入国际市场的路径，降低了开拓国际市场的门槛和成本，促进了多边资源的优化配置与企业间的互利共赢；对于消费者来说，跨境电子商务使他们能够便捷地获取其他国家的信息，借助网络平台无障碍地买到物美价廉的商品。具体到农产品跨境电子商务，其意义有如下几点。

1. 改变了农产品的传统销售模式

一直以来，农产品的销售渠道十分稳定，通过中间商在产地采购发往销售地，再通过批发商将农产品分销到零售商和摊贩手中。物流技术的进步能够在一定程度上提高时效性，解决保鲜问题并降低成本，但中间环节依然很多。电子商务彻底改变了农产品传统的销售模式，农产品的生产者可以直接面对消费者，不经中间商之手就能将农产品从田间地头发往消费者手中，农产品在某种程度上成为了快销品。在传统模式下，农产品很难进行跨区域实时销售，跨境实时销售更无从谈起。今天，农产品跨境电子商务所面临的贸易壁垒仍然很多，但其发展势头已不可阻挡，电子商务模式不但改变了农产品的境内销售模式，也必将改变传统的农产品国际贸易模式。

2. 改变了传统国际贸易模式

跨境电子商务在内涵和外延上都超越了无纸贸易，绝非传统贸易通过单证电子化后的变身，而是对贸易供应链和进出口业务流程的重构。跨境电子商务将传统国际贸易环节整合成一个衔接更紧密、集合程度更高、更注重增值服务的链条。首先，跨境电子商务将贸易信息和流程透明化，贸易流程的前端环节更加透明，商品信息通过交易平台呈现在需求者面前，商品属性、产地、定价一目了然，不仅解决了产销之间供求信息不匹配的问题，而且省去了双方协商定价的环节。其次，业务流程高度集成，交易平台不仅提供收付款和货币兑换服务，也承担了信用担保的任务，扮演了传统贸易模式中的银行角色。最后，交易平台还有多店铺管理、进出口通关、多币种收款、快速提款、收付一体和保障资金安全的功能。在这一过程中，传统的国际贸易模式被彻底颠覆。可以预见，未来跨境电子商务将成为主流贸易模式。

3. 拓展农产品销售渠道，助力脱贫攻坚

农产品跨境电子商务是普惠项目，能给农户和中小农企带来更多的新机遇。通过跨境电商模式，农企和专业合作社可以直接与国外农产品进口商、国外批发商（甚至与来自全球的终端消费者）进行互动，改变了大宗农产品传统的贸易方式，为农产品进入国际市场提供了便捷的新路径。目前，电商扶贫成为各地脱贫攻坚的重要抓手，各地政府和企业不断创新升级电商扶贫新模式，在“全渠道电商 + 特色产品 + 贫困户”的电商扶贫链条中叠加释放跨境电商价值，推动特色农产品通过跨境交易平台对接全球大市场。农民在跨境农产品的生产、加工、包装、物流、营销、售后等产业链环节中务工就业，增加了家庭收入，带动了地区经济的发展，开拓了一条可持续的电商扶贫之路。

4. 降低市场准入门槛，促进贸易便利化

我国在推动跨境电商进口贸易便利化上进行了大胆的创新实践，为海外农企更快地进入中国市场、服务国内农产品市场需求提供了更为高效、便捷的进入通道。海外农企通过跨境电商模式进入中国市场，在商品进口许可批件、注册或备案、商品监管等方面均受到国家开放政策的支持，享有比传统国际贸易更为宽松的政策，进口准入门槛相对较低。在商业运作方面，由于供求信息能够精准对接，海外农产品通过跨境电商进入中国市场能够更容易地控制成本、降低风险、贴近需求。因而，越来越多的海外农业及食品品牌商选择跨境电商作为开拓中国市场的首选渠道。

第二节　我国农产品跨境电子商务发展现状和模式分类

一、我国农产品跨境电子商务发展概况[①]

2019年，《中共中央国务院关于推进贸易高质量发展的指导意见》中提出要“提升贸易数字化水平”，发展“丝路电商”，鼓励企业在相关国家开展电子商务。为了促进跨境电商零售贸易发展，包括农业农村部在内的13部门联合发布《关于调整扩大跨境电子商务零售进口商品清单的公告》（以下简称《公告》），增加了冷冻水产、酒类等农产品，该《公告》已于2020年1月1日起正式实施。

2019年，我国跨境电商农产品贸易额为52.9亿美元，同比增长19.2%，占我国农产品贸易总额的2.3%。其中，进口额为49.8亿美元，同比增长18%，主要贸易方式为保税电商（金额达到44.6亿美元）；出口额为3.1亿美元，同比增长44.2%，主要贸易方式同样为保税电商（金额约为2.9亿美元）。2020年上半年，我国跨境电商农产品贸易额30.1亿美元，同比增长22.4%。其中，进口额为29.4亿美元，同比增长27.2%；出口额为7326.1万美元，同比减少51.1%。

从贸易伙伴来看，我国跨境电商农产品进口前五大来源地依次为澳大利亚、美国、新西兰、荷兰和德国。其中，从澳大利亚、美国、新西兰进口农产品依次为11.45亿美元、8.53亿美元和8.51亿美元，合计占比57.2%。我国跨境电商农产品出口前五大市场依次为中国香港、中国台湾、菲律宾、马来西亚和俄罗斯。其中，向中国香港出口农产品金额约3亿美元，占比96.8%。

跨境电商农产品贸易品种最多的是畜产品，2019年进口额为23.5亿美元（其中，乳品进口为23.1亿美元），出口额为2.7亿美元（其中，乳品出口占

① 内容来源：农业农村部农业贸易促进中心。

比超过 99%）。饮品类和水产品也是我国电商重要的进口农产品，2019 年饮品类进口额达到 2.4 亿美元（其中，无醇饮料进口为 1.3 亿美元，酒精及酒类进口为 0.5 亿美元），水产品进口额达到 1.2 亿美元（其中，鱼油进口占比约 98.8%）。

二、我国农产品跨境电子商务模式及其现状①

1. B2B 模式

B2B（Business－to－Business）是企业对企业的商业模式。在此模式下，企业与企业之间通过互联网或企业之间的专用网络进行数据信息的交换、传递，开展交易活动。它将企业内部网和企业的产品及服务，通过 B2B 网站或移动客户端与客户紧密结合起来，通过网络的快速反应为客户提供更好的服务，从而促进企业的业务发展。

在 B2B 模式下，进行电子商务交易的买卖双方都是商家，不是最终消费者。B2B 也泛指企业间的市场活动或企业间定义业务型态的方式，而不局限于最终交易对象的认定。农产品跨境电子商务的主流业务模式是 B2B，由于农产品的跨境交易对于产品的保鲜性、交货的时效性、进出口通关环节的专业性等方面的要求较高，普通消费者无法应对，因而更适合于企业之间开展业务。

在出口方面，我国农产品跨境电商 B2C 出口处于起步阶段。由于农产品及食品的特殊性，可出口的品类受限。跨境电商 B2C 模式可选择的平台也比较少，各大平台对于食用的品类都不太鼓励，对农产品上架审核十分严格，一般中小型农企无法在平台上进行销售。例如，Shopee、Wish 等平台不设农产品类目；阿里速卖通上的农产品、食品也比较少。总体上，我国农产品跨境电商 B2C 出口发展相对滞后，这在一定程度上也与国内农产品供应链体系低于国际水平、农产品跨境电商公共服务体系不够完善等有关，亟须通过优化整合农产品跨境电商政策、人才、物流、技术、资金、基础设施等要素资源来激活市场。

---

① 主要内容来源于农业农村部信心中心．全国农产品跨境电子商务发展研究报告［R］.

在进口方面，我国农产品跨境电商B2C进口处在平稳增长期。在跨境电商B2C进口模式中，跨境电商平台的作用至关重要。我国跨境电商进口平台数量众多，以运营方式划分，可分为自营性平台、开放性平台和混合平台。天猫国际、考拉海购、京东国际等都开设了农产品食品专区，不断扩充海外农产品品类，通过跨境电商平台消费者可以直接购买来自世界各地的农产品。国内农产品跨境电商零售进口头部效应明显，这在一定程度上是源于农产品进口供应链较长，对于清关报关、物流仓储、风险防控等要求较高，整体运营成本高、难度较大，头部综合性跨境电商企业在平台、资源、资本、管理、运营等多方面具有较强优势，且常年积累了海量客户，在消费者心中拥有天然的品牌优势和高信任度。

2. B2C模式

B2C（Business - to - Customer）是企业对个人的商业模式。也就是通常说的直接面向消费者销售产品和服务商业零售模式，即网上商城。B2C模式下，我国企业直接面对国外消费者，以销售个人消费品为主，物流方面主要采用航空小包、邮寄、快递等方式，其报关主体是邮政或快递公司，目前大多未纳入海关登记。

根据平台运营方式，可分为开放平台与自营平台。开放平台更多地是作为管理运营平台商存在，并通过整合平台服务资源同时共享数据、为买卖双方服务。代表企业有亚马逊、全球速卖通、eBay、Wish等。自营平台通过量身定做符合自我品牌诉求和消费者需要的采购标准来引入、管理和销售各类品牌的商品，以可靠的品牌为支撑点凸显出自身品牌的可靠性。自营平台在商品的引入、分类、展示、交易、物流配送、售后保障等整个交易流程各个重点环节管理均发力布局，通过互联网IT系统管理、建设大型仓储物流体系实现对全交易流程的实时管理。代表企业有兰亭集势、环球易购、米兰网、DX等。

在出口方面，农产品跨境电商B2B出口处在成长期。跨境电商平台经过多年发展，从信息平台到交易平台再到数字化平台，服务内容不断深化。B2B模式具有客源稳定、买卖双方合作时间长的优势，已经进入较为成熟的发展阶段，3C、五金、服装等行业集中度都比较高。相比之下，农产品行业发展稍显不足，农产品跨境电商B2B出口整体上呈现出规模小、平台少、发展慢、潜力大等特点。在农产品跨境电商 B2B 出口模式中，综合性第三方平台以阿里巴巴国际站为代表，垂直类平台以“杨凌农科”跨境电商平台为代表。

在进口方面，农产品跨境电商 B2B 进口进入数字化转型期。2019 年，交易撮合服务依然是农产品跨境电商 B2B 进口的主流模式，并逐步实现从提供求购信息和供应信息在线对接服务的信息平台向数字化平台转型，直接跳过了交易平台阶段。借助招商直播、视频展播、直播采购等方式，平台重构撮合交易场景，全球线上线下同步直播高效推动数字化展示和对接交易，进一步降低信息不对称，使产品细节展示更加生动、更加形象，极大地提高跨境农产品及食品的交易成功率。未来，在 5G 技术支撑下，随着直播深度融入平台营销领域，作为能够实现采购商与供应商之间沟通的重要渠道，将会在整个平台数字化转型建设中释放更重要的价值。

3. B2B2C 模式

而 B2B2C 作为一种创新模式，农产品的跨境流程由 B2B 模式完成，等于将 B2C 模式延伸到境外，大幅提高了个人的购物体验，成为目前农产品跨境电商的主要模式之一。

在出口方面，农产品跨境电商 B2B2C 出口模式以海外仓为核心，对跨境电商贸易出口的支撑服务能力不断优化升级。作为跨境贸易“新基建”的重要组成部分，海外仓为农产品企业开拓海外市场提供产地直采、直邮、生鲜加工、数字营销、海外接洽、大数据选品、展示宣传、本土化运营等复合型多元化的服务，大幅提高了农产品跨境电商出口的便利化水平。

不同于工业品，农产品保质期短、易变质腐烂，在跨境贸易运行过程中，如果采用直邮运输，覆盖的海外市场范围有限，成本比较高。海外仓能为农产品卖家在销售目的地提供农产品冷冻仓储、加工、保鲜、养护、冷链派送等一站式管理服务，国外消费者在线上购买农产品后，卖家只要对海外仓库下达指令即可完成订单履行，大幅缩短了从国内发货到目的地的周期，减少运输过程中农产品的损耗。如果有退换货的情况，则也可轻松解决，有助于大幅度提升海外消费者的购物体验。因此，有一定保存时间、形成稳定订单的农产品及食品非常适合采用海外仓模式开展跨境电商出口业务。

在进口方面，B2B2C 模式成为农产品跨境电商创新发展新的增长点。在大数据、云计算、物联网、区块链等信息技术支撑下，农产品跨境交易的领域和范围不断扩大，跨境电商与一般贸易、新零售融合创新的步伐不断加快，海外农产品 B2B2C 全渠道新零售迅速崛起，海外农产品进口在线上与社交、短视频及直播产业合力发展，在线下与实体零售、社区电商及物流到家产业叠加创新，重构“人、货、场”三要素，实现了线上线下全渠道场景化。

第三节　农产品跨境电子商务的政策和监管

一、农产品跨境电商试点政策务实创新

1. 试点范围不断扩大

近年来，我国大力推进跨境电商的发展，在国际上率先制定优惠政策，并通过试点、试验区来促进跨境电商的落地，实现以点带面的突破性发展基于不同类型试验区试点探索形成的创新体制机制已成为驱动我国跨境电商和外贸转型发展的重要方式之一。

2020 年 1 月，商务部等六部门印发了《关于扩大跨境电商零售进口试点的通知》，将石家庄等 50 个城市纳入跨境电商零售进口试点范围，开展网购保税进口（海关监管方式代码 1210）业务，进一步发挥跨境电商丰富国内产品供给、促进新业态新模式发展、吸引消费回流、更好地满足居民需求等重大作用。

2020 年 5 月，国务院发布《关于同意在雄安新区等 46 个城市和地区设立跨境电子商务综合试验区的批复》，同意在河北雄安新区等 46 个城市和地区设立跨境电子商务综合试验区，要求综合试验区推动产业转型升级，开展品牌建设，引导跨境电商全面发展，全力以赴稳住外贸外资基本盘，推进贸易高质量发展。

截至 2021 年，全国 86 个城市（地区）和海南全岛纳入跨境电商零售进口试点范围，105 个城市获批成立跨境电商综合试验区。跨境电商创新载体的不

断扩容，为跨境电商发展提供更大的发展空间，对农产品跨境电商发展意义重大。

2. 农产品成为正面清单扩容重点品类

我国跨境电商零售进口实行“正面清单”制度。只有清单上列出的税号商品，才能按照跨境电商的税制进口和通过跨境电商平台销售，正面清单外的其他商品则需要按一般贸易进口。通过创新正面清单管理制度，建立起跨境电商的准入标准。一是国家可有效防止跨境电商进口对国内产业造成的冲击，做到未雨绸缪；二是根据跨境电商零售进口发展态势，通过动态调整正面清单内容，可以有效地应对国内消费者需求变化。

2019 年 12 月，国家发布新版《跨境电子商务零售进口商品清单》，跨境电商零售进口商品再次扩容，新增了 92 项商品，新增的涉农产品主要集中在水产、酒水等部分近年来消费需求比较旺盛的商品。根据新版清单，涉农商品达 300 余种，部分涉农产品仅限网购保税进口，例如干、熏、盐制的肉及海鲜类、水果类等。部分农产品有数量额度限制，例如大米、小麦每人每年不超过 20 公斤，砂糖每人每年不超过 2 公斤等。跨境电商零售进口清单经过 2018 年年底、2019 年年底两次扩容，基本囊括了粮油、蔬菜、水果、肉类、奶类、海鲜等常见的农产品品类，尤其是进口海鲜类已经比较全面，进一步扫除了农产品跨境电商进口贸易政策上的障碍。

二、农产品电子商务的海关监管

创新跨境电商通关监管模式跨境电商作为一种新兴的贸易业态，其碎片化、小批量、多批次的特点给传统海关监管方式带来诸多挑战。为了应对新形势，海关总署在跨境电商零售进出口领域开展了一系列卓有成效的改革和探索，通过模式创新、制度创新、管理创新和服务创新，形成了“创新、包容、审慎、协同”的监管服务理念，逐步建立起一套适应我国跨境电商零售进出口发展的监管服务新模式和新制度，归纳提出 4 种新型海关通关监管模式（即直购进口网购保税进口一般出口特殊区域出口）。

对于开展海外农产品进口业务的企业而言，农产品尤其是生鲜类农产品的进口面临着一个最大挑战就是保质期的问题，通关时效性尤为重要。在一般贸易模式下，由于通关时间较长，企业在选择开展农产品进口业务时，常常比较谨慎，不敢轻易尝试。如今，在跨境电商贸易模式下，中间环节减少，电子商务全程数据留痕、可追溯优势得以发挥，通关时效大幅提升，可以大幅降低企业试错成本。在网购保税进口模式下，企业还可以提前采购农产品，并在海关特殊监管区域内进行存储、加工，消费者下单后农产品直接从关区保税仓库发货，大幅缩短了消费者收货等待时间，极大地提升了用户体验。目前，深圳、广州、上海等多地启动了跨境电商生鲜进口关检联合作业，将查验过程由原来的两小时缩短为半个小时，打造更为快速、高效、便利的通关通道，为跨境生鲜赢得了宝贵的时间。

2020年6月，海关总署发布《关于开展跨境电子商务企业对企业出口监管试点的公告》，在北京等10个海关开展跨境电子商务企业对企业出口试点。利用海关增列“97109710（跨境电子商务企业对企业直接出口或跨境电商B2B直接出口）”和“9810（跨境电子商务出口海外仓或跨境电商出口海外仓）”监管方式代码的机会，鼓励跨境电商企业、跨境电商平台企业、物流企业等大力开展跨境电商B2B直接出口业务和跨境电商海外仓出口业务。农产品非常适合通过跨境电商海外仓出口模式解决农产品保鲜期短、附加值低、运输成本高等问题。此次B2B监管试点的推出进一步为农产品跨境电商拓展了领域和空间。

第二章　农产品跨境 B2B 电商主要交易平台

经营范围包括农产品在内的跨境电商，按照不同的类型可以分为不同的模式。按照交易类型可以将跨境电商模式分为企业对企业的商业模式（B2B）、企业对个人的商业模式（B2C）和个人与个人之间的商业模式（C2C）。B2B 模式跨境电商知名的主要有：阿里巴巴国际站、敦煌网、环球资源网、中国制造网和 TradeKey 等。本部分重点介绍跨境 B2B 模式的特点和趋势以及典型电商平台。

第一节　跨境 B2B 的特点和发展趋势

一、B2B

B2B（Business to Business）是分属不同关境的企业对企业的商业模式，是指企业之间通过专用网络或 Internet，进行数据信息的交换、传递，开展交易活动的商业模式。它将企业内部网和企业的产品及服务，通过 B2B 网站或移动客户端与客户紧密结合起来，通过网络的快速反应，为客户提供更好的服务，从而促进企业的业务发展。

二、B2B 模式特点

一是交易品类多且金额大。B2B 模式主要涉及大宗商品的交付，每次交易的货物品类和数量众多，因而交易金额也十分巨大，为确保买卖双方的安全，交易时大都采用第三方担保形式，相对而言，B2B 模式交易的产品范围既包括原材料和半成品，也包括产成品。

二是交易产品总额及其占比较高。由近期 iiMedia Research（艾媒咨询）发布的《2019—2020 企业采购行业研究报告》可知，2019 年中国超过四成企业采用线上线下相结合的采购方式，B2B 模式产品交易规模高达 25.94 万亿元，份额占比 66.7%，预计 2020 年交易规模达到 31.19 万亿元。

三是交易安全保障高。B2B 模式的资金信用保障体系较为完善，可以在很大程度上避免信息传输和信用等风险。同时，保险公司等第三方信用机构也会参与交易的管理工作，并通过已有和新建的信用保障制度助推线上交易的顺利进行。

三、B2B 模式的发展趋势

（1）B2B 模式将向垂直细分方向发展。中小企业由于缺乏资金和人才等资源，没有时间和精力运营全行业 B2B 网站，更适合介入细分行业或区域性电子商务网站，将产品和用户细分，将有限的资源集中于某一领域的 B2B，并随着跨境电商行业的快速发展，聚焦专业业务，在 B2B 模式中逐渐形成垂直细分的趋势。

（2）订单碎片化趋势加剧。目前，B2B 用户需求垂直化的现象越来越普遍，满足碎片化订单需求，提供更多的高附加值服务将成为跨境 B2B 模式的一大新特点。

（3）线上代理分销越来越普及。随着互联网在国内的普及与应用，与电子商务相关的各种技术与服务层出不穷。与过去相比，现在的电商技术更具有针对性和专业性，B2B 分销系统紧跟市场潮流，集齐各大线上商城，通过移动云办公自动化结合移动端管理分销动态，打造全渠道分销体系。线上分销不仅突破了地域限制，还可以将产品进行信息化、数据化管理。线上分销通过减少人员投入节约大量成本，减少中间环节，使厂商可以与买家直接沟通，控制交易过程，掌握市场动态。

第二节　跨境 B2B 主要平台简介

一、阿里巴巴国际站

1. 阿里巴巴国际站平台介绍

1999 年，阿里巴巴国际站成立使旨在帮助中小企业拓展国际贸易的跨境电商平台，基于全球领先的企业间电子商务网站，通过向海外买家展示供应商的企业和产品，进而获得贸易商机和订单，是出口企业拓展国际贸易的首选网络平台之一（见图 2－1）。

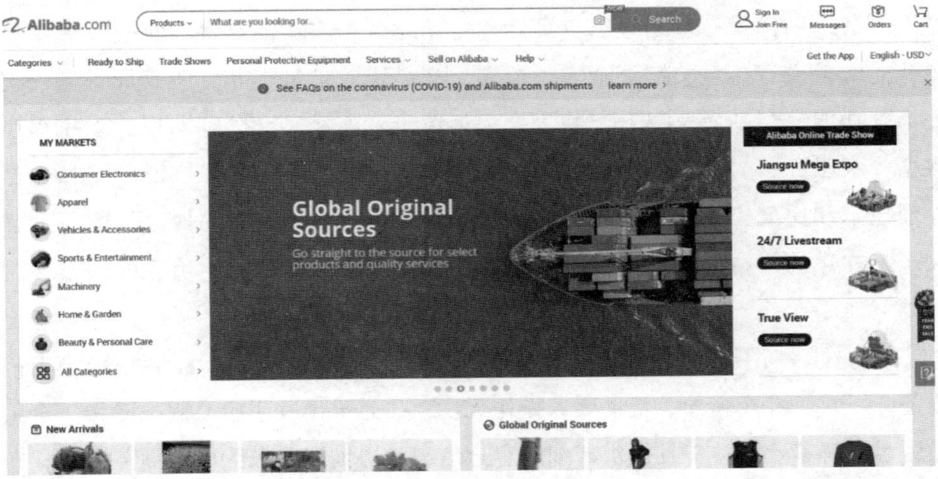

图 2－1　阿里巴巴国际站首页

作为全球最大的 B2B 跨境电商平台，阿里巴巴国际站物流已覆盖全球 200 多个国家地区，通过数字化重新定义全球货运标准。近年来，物流服务体系持续完善，能够在越来越短的时间内实现货物从工厂拉到境内港口、报关，通过海陆空进入境外港口，清关、完税，最后完成末端配送一整套流程。阿里巴巴国际站提供一站式的店铺装修、产品展示、营销推广、生意洽谈及店铺管理等全系列线上服务和工具，帮助企业降低成本、高效率地开拓外贸大市场。

自成立以来，阿里巴巴国际站的业务走过了三个阶段。从最初定位于“永不落幕的广交会”，为大宗贸易做产品信息的展示；到后来收购一达通，为商家提供通关等方面的便利化服务，并在这个过程中开始沉淀数据；现阶段，将此前沉淀的数据形成闭环，数字化重构跨境贸易。

2. 阿里巴巴国际站特点

（1）核心价值明确。阿里巴巴国际站的核心价值主要表现在三方面：一是买家可以通过平台寻找搜索卖家所发布的公司及产品信息；二是卖家可以借助平台寻找搜索买家的采购信息；三是为买卖双方达成交易提供沟通和账号管理工具。阿里巴巴国际站建立了英语、西班牙语、法语和俄语等13种主流语种网站，不仅提供翻译平台、还提供嵌入式翻译和第三方翻译服务。

（2）高技术含量的专业全球化平台运营。将人工智能技术应用于外贸机器人，通过中国第一款阿里巴巴国际站自动化营销多功能软件，实现高质量产品智能海量发布，多关键词全方位覆盖，产品定时批量更新，关键词排名一键查询等功能。帮助卖家提升产品曝光和订单量。阿里巴巴国际站还为卖家提供数据管家服务，“阿里云”也为数据分析提供支持。海量的客户群、交易数据处理技术和便捷快速的沟通技术应用使平台的信息传递和交易撮合功能更加强大。人性化的网站设计、丰富的产品类目、遍布全球的客户、出色的搜索和网页浏览使平台趋于专业化和全球化。

（3）日臻完善的线下服务。主要表现在五个方面，一是指派客户经理上门服务，一对一专业辅导，帮助卖家操作无忧；二是推出呼叫中心服务专线，全天候为客户解答疑问；三是提供精细化客户培训，协助客户成为电子商务专家；四是走近国际大买家，开拓贸易新商机；五是全球商展推广，直面买家采购。

二、敦煌网

1. 敦煌网平台介绍

敦煌网是全球领先的在线外贸交易平台，成立于2004年，致力于帮助中国中小企业通过跨境电子商务平台走向全球市场，开辟一条全新的国际贸易通道，让在线交易不断的变得更加简单，更加安全、更加高效（见图 2 -2）。

图 2 -2　敦煌网首页

敦煌网是国内首个为中小企业提供 B2B 网上交易的网站，采取佣金制。2019 年 2 月 20 日起，新卖家注册开始收取费用，只在买卖双方交易成功后收取费用。据 Paypal 交易平台数据显示，敦煌网是在线外贸交易额中亚太排名第一、全球排名第六的电子商务网站，其在 2011 年的交易达到 100 亿元规模。

作为中小额 B2B 海外电子商务的创新者，敦煌网采用 EDM（电子邮件营销）营销模式，低成本、高效率地拓展海外市场，通过自建平台为海外用户提供高质量的商品信息，用户可以自由订阅英文 EDM 商品信息，第一时间了解市场最新供应情况。2011 年，在深圳设立华南总部的敦煌网开始在深圳部署物流相关工作。2013 年，敦煌新推出的外贸开放平台实质上是一个外贸服务开放平台，而敦煌网此举是在试探外贸 B2B“中大额”交易。通过开放的服务拉拢中大型的制造企业，最终引导它们在线上交易。

2. 敦煌网平台特点

（1）贸易周期短且第三方担保机制健全。买家在网上选择合适的制造商后，要求在短时间内完成发货，在快速运转的过程中，中间需要第三方诚信担保的机制。而敦煌网不仅提供诚信担保的机制、还能将国际贸易周期缩短至两周，辅助制造商、贸易商与零售卖家之间快速对接。

（2）以独特的交易模式节省成本。买家可以根据卖家提供信息来生成订单，可以选择直接批量采购，也可以选择先小量购买样品，再大量采购。这种线上小额批发一般通过快递公司完成，敦煌网与 DHL、联邦快递等国际物流巨头保持密切合作，以网络庞大的业务量为基础，可以使中小企业的司等物流成本至少下降 50%。一般情况下，这类订单的数量不会太大，有些可以省去报关手续。

（3）服务个性化。敦煌网根据卖家货物供应能力，为其提供制造国际化产品的设计思路和营销经验；同时线上交易平台为注册会员提供多样化服务，以满足海外买方的产品和服务需求，辅助产品的顺利成交。此外，敦煌网平台非常重视客服业务，引进实时在线客服，以应对国内外用户遇到的问题，提升问题的解决效率，优化网站服务质量。

三、环球资源网

1. 环球资源网平台介绍

环球资源作为一家值得信赖的 B2B 线上线下平台，创立于 1970 年。核心业务是通过贸易展览会、环球资源网站、贸易杂志及手机应用程序，促进亚洲与全球各国的贸易往来，成立以来得到海外买家及供应商社群的广泛好评（见图 2－3）。

图 2－3　环球资源网首页

每年 4 月和 10 月，环球资源在香港举办八场贸易展览会，其中包括世界领先的消费电子展、移动电子展以及 Lifestyle 展和时尚产品展。展会开辟多个特色专区、新品发布会、体验区、高峰论坛以及一系列针对亚马逊卖家的服务，不仅有效促成贸易、还能帮助买卖双方洞察商机。

环球资源举办的创客展为亚洲最大零售初创企业盛会，致力于推进创客产品在知名线上及线下零售平台中的全球分销。创客展云集创新型硬件和软件解决方案初创企业，展品涵盖物联网、人工智能、智能家居、机器人、3D 打印、可穿戴产品、VR/AR 产品等。环球资源也是深圳国际机械制造工业展览会的大股东，该展览会是中国华南地区制造装备领域极具规模且涉及品类广泛的专业展览会。自 2000 年创办以来，展会已发展成为国际工业品牌展，是华南地区汽车、通信、消费电子、家电、模具、办公设备、医疗器械、新能源、眼镜、珠宝等行业专业人士了解最前沿制造技术的首选平台。

2. 环球资源网的特点

（1）掌握大量买家信息。环球资源成立至今拥有超过 150 万国际买家，包括 94 家来自全球百强零售商，使用环球资源的服务获取供应商及其产品的信息，帮助他们在复杂的供应市场进行高效采购。与此同时，供应商借助环球资源提供的整合出口推广服务，提升公司形象、获得销售查询，赢得来自逾 240 个国家及地区的买家订单和生意机会。

（2）拥有卓越的商业管理媒体。《世界经理人》是环球资源旗下商业管理媒体，自 1992 年创刊以来，一直以“卓越管理实践 成就企业精英”为使命，面向企业中高层管理群体，传播领先管理实践。《世界经理人》关注研究中国企业在管理上的发展，挖掘报道优秀管理实践和成功案例；同时，坚持介绍在华跨国公司、海外优秀制造企业管理实践，拓展中国企业家视野，全面展现中国市场相互交融与合作现状，记录全球化不断深入发展的历史进程。目前，《世界经理人》拥有超过 500 万优质而活跃的中国高级经理人精英社群。凭借旗下网站、论坛、App、微信、微博、杂志等一系列产品及服务，《世界经理人》为社群提供全方位优质管理资讯与交流平台。

（3）深受买家和供应商信任。环球资源已经在 11 个行业实现了垂直化运营，以精准的行业化采购资讯为供应商锁定对口买家；深入了解卖家习惯，为供应商提供从线上到线下的整合服务，环球资源的推广方案一方面通过线上获取卖家关注，另一方面在线下展会落实合作细节，促使买卖双方达成交易；凭借40多年深耕国贸领域的历史积淀，以及17年成功举办展会的经验，深受供应商和买家的高度信赖。

2020年第二季度，环球资源为应对全球买家因疫情受阻的采购需求，一方面适时推出刚需采购活动，通过客制化采购服务，实时达成全球供应商与买家对接，助力外贸企业摆脱困局，有效激发市场活力；另一方面举行首届环球资源采购在线峰会，吸引上万名全世界买家出席，聚焦不确定期间策略性地优化采购行为，协助参与者寻找采购机会，以应对特殊时期全球贸易中的挑战。

四、中国制造网

1. 中国制造网平台介绍

中国制造网成立于1996年，是一个荟萃中国产品信息并对国内外采购商提供丰富产品的电子商务平台，旨在利用互联网将中国供应商的产品介绍给国内外采购商，已稳定运营20余年，成为数百万用户信赖的综合性电子商务网站。

中国制造网关注中国企业的发展，尤其是众多中小企业，在助力中小企业发展的基础上推动全球经济的健康成长是平台的长远愿景。凭借巨大而翔实的商业信息数据库，便捷而高效的功能和服务，中国制造网成功地帮助了众多供应商和采购商建立联系、提供商业机会。

中国制造网面向全球推广中国企业，营造良好的网络商业环境，搭建更为宽广的网上贸易平台，为国内贸易的繁荣开启了一扇方便的电子商务之门。截至2018年年底，中国制造网拥有注册会员超过800万，仅2018年就有来自超过220个国家和地区的用户访问了中国制造网，访问量超过8.3亿人次。中国制造网为中国中小企业发掘了商业机会，创造了大量就业机会，并且为中小企业提供各类电子商务软件服务，以软件服务业带动和提升了传统制造业的信息化能力（见图2-4）。

图 2－4　中国制造网首页

2. 中国制造网的特点

（1）弘扬中国制造，促进全球贸易。竭尽全力创造客户认可的有价值的产品和服务。促进全球买家和中国产品供应商之间的贸易活动和合作。提供优质可靠的中国产品和供应商信息。帮助买家和卖家实现高效而便捷的在线商务活动。

（2）以多样化服务协助采购商。采购商可以通过中国制造网首页输入关键词搜索产品或通过中国产品目录查找产品，联系供应商；在商情板搜索销售商情并联系供应商；发布采购商情，将采购信息加入商情板；采用收费的贸易服务，有效开展同中国产品供应商之间的贸易往来；加入中国制造网后，免费查阅信息和获得多种功能。

（3）有效推广产品和企业品牌。作为中国制造商、供应商、出口商，可以将产品和公司信息加入中国产品目录；通过商情板，搜索全球买家及其采购信息；通过名列前茅，使卖家的产品脱颖而出，获取无限商机；通过产品展台，迅速提高产品曝光几率，直观、形象地引起目标买家的关注；通过横幅，将卖家的产品和企业品牌刊登于页面显眼位置，有效推广产品和企业品牌；此外，中国制造网的高级会员服务，可以使中国供应商拥有更高级的网站功能和服务，全面提升公司形象和贸易机会；通过中国制造网英文版实地认证的供应商，可以获得更多买家的关注和信任。

五、TradeKey

1. TradeKey 平台介绍

TradeKey 是沙特阿拉伯的跨境电商企业，运营世界知名度和实用性比较强的 B2B 网站，全球运营中心位于巴基斯坦，服务器在美国。TradeKey 在全球著名 B2B 中名列前茅，也是近年来最受外贸行业关注的外贸 B2B 网站。TradeKey 一直致力于全球买家数据的采集和分析，与全球诸多实力雄厚的集团机构结成联盟的 TradeKey 网站，专门为中小企业而设，以出口为导向，已成为全球 B2B 网站的领导者和最受外贸企业欢迎的外贸 B2B 网站之一。一体化的网络贸易服务体系，使企业可在线建立网上展厅，进行商业机会发布，主动查询国际专业买家，协助买卖双方在线询价和交易等（见图 2－5）。

图 2－5　TradeKey 网站首页

2009 年 9 月进入中国，在北京成立官方代表处。2011 年 8 月，TradeKey 正式进入中国市场，在北京、上海、广州设立三家全资公司。为中国出口企业提供目前市场最新、颠覆传统市场的 B2B 咨询顾问海外营销解决方案。2011

年 1 月，TradeKey 会员数量突破 500 万，成为当时全球第二大 B2B 电子商务平台。

TradeKey 在中国、韩国、日本和印度等东亚、南亚国家拥有近 40 万家企业会员。在中国，一部分中国企业通过 TradeKey 将产品远销欧美及全球各地；TradeKey 也通过传统的交易会推广企业的产品，注册买家已超过 50 万，遍及全球 182 个国家和地区，TradeKey 买家主要分布地区为在欧洲、美洲、中东和东南亚地区。

TradeKey 商贸网站是全世界的买家信息库，TradeKey 按行业和产品类别提供给会员所需要的企业信息，不仅是提供求购信息、而且提供公司之间合作的机会。如果会员没有自己的网站，则可以通过“网站建设”选项快速建设一个非常可靠的网站。

2. TradeKey 的特点

（1）提供网上展览会。TradeKey 拥有全世界主办网上贸易展览会的丰富经验。TradeKey 在贸易展览会服务领域中，以直接营销广告及促销等方法来促成买卖双方交易的达成。用户可以将公司和产品在 TradeKey 贸易展览会面向世界客户进行展示。

（2）全世界首次开发的专门贸易搜索引擎。TradeKey 将全球贸易公司的资料以地区、国家、项目、领域、进口商、制造商以及服务行业等内容分类。TradeKey 开发的功能称为“汇总式买方搜索”。搜索者在某一个地方利用这一强而有力的搜索功能，会更容易地找到全世界相关公司及供求信息。与此同时，在高级搜索里，以确定条件可以仔细搜索 TradeKey 的数据库。TradeKey 的主要目标是建立专业的 B2B 网上交易市场，以开发最优秀的贸易网站为依托，在国际贸易领域中独占鳌头。

（3）先进的自动登录相关网站功能，即贸易商把自己欲推销的产品和欲购买的商品登录 TradeKey 的网站的同时，该信息将自动地登录在相关网站上。TradeKey 的数据库中拥有全球的企业资料高达 100 万家以上。此外，TradeKey 在网站运行的 B2B 拍卖系统，使卖家通过这一系统，可以很容易地输入自己想卖的东西，在拍卖的过程中买方可以对自己感兴趣的东西竞价。

第三章　农产品跨境 B2C 电商主要交易平台

B2C 模式的跨境电商平台比较多，具有代表性的平台包括阿里巴巴速卖通、eBay、亚马逊、兰亭集势和网易考拉海购等。如果以运营方式划分，包括农产品在内的跨境电商平台的运营模式（包括以苏宁海外购为代表的自营模式，以聚美优品为代表的直营模式、以 55 淘宝网为代表的导购返利模式和以唯品会为代表的闪购模式等）。本章将介绍 B2C 模式的概念和特点及其代表性平台，对跨境 C2C 模式的概念和特点进行简要阐述，进一步对跨境电商的不同运营模式进行概括，并通过案例对内相应容进行适当延伸。

第一节　跨境 B2C 的特点和发展趋势

B2C（Business to Custmer），是分属不同关境的商家对买家的商业模式。商对客是电子商务的一种模式，也就是通常说的商业零售，直接面向消费者销售产品和服务。这种形式的电子商务一般以网络零售业为主，主要借助于互联网开展在线销售活动。

1. B2C 模式的特点

（1）购物没有时间限制。只要用户在需要的时间登录网站，就可以挑选自己需要的商品。

（2）购物成本低。对于网络商品购买者，他们挑选、对比各家的商品，只需要登录不同的网站，或选择不同的频道就可以在很短的时间内完成，而且可以直接由商家负责送达。

（3）网上商品价格相对较低。网上的商品与传统商场相比相对便宜，因为网络可以省去很多传统商场无法省去的相关费用，所以商品的附加费用很低，商品的价格也就低了。

（4）个性化服务。网络可以方便、快捷地为消费者提供个性化的服务。此外，对于卖家而言，即使网店中的商品种类多，也不会受营业面积限制。它可以包含国内外的各种产品，充分体现了网络无地域的优势。

2. B2C 模式的发展趋势

（1）品类价格由低向高。这是用户消费升级中追求价格导向的一种体现，随着买家消费能力的提升，品牌电商的崛起和线下服务的完善，共同推动了奢侈品、珠宝和艺术品等电商的兴起。

（2）销售对象由商品到服务。即买家从原来产品消费逐渐向追求线下服务转变。本地生活服务类电商不仅包括餐饮、票务、旅游和出行等衣食住行方面，还包括金融、房产和装修等居家理财方面以及教育、医疗和健康等领域。

（3）平台模式由垂直向综合转变。这一转变主要源于各大平台对规模效应和范围经济的追逐。如家电领域的苏宁易购，通过一系列收购进军图书、美妆和服装市场，旅游、酒类和彩票频道；当当网大力发展百货，线上当当超市和电器城，拓展家具、服装和母婴等品类，而使其曾经的主营品类图书业务的销售规模排名挤出前十位。此外，B2C 平台也不断进行角色转换和商业价值延展，实现了多元化的营利模式，从传统的进销差价向收取保证金、网站展示位置的广告收益、关键词竞价收益和仓储、物流、数据分析等店铺增值服务费转变。

（4）运营趋向精细化和价值深耕。经过多年的发展，国内电商的流量红利将逐渐消失，各电商平台将不断提升精细化运营能力，大数据将成为各类电商平台价值深耕的重要抓手，打造自身的核心竞争优势。人工智能将为 B2C 平台带来精准营销、产品规划决策辅助、提升运营效率、优化供应链和物流体系体系等一系列核心价值。

第二节　跨境 B2C 主要平台简介

一、阿里巴巴全球速卖通

1. 全球速卖通平台介绍

全球速卖通（AliExpress）是阿里巴巴旗下的面向国际市场打造的跨境电商平台，被广大卖家称为“国际版淘宝”。全球速卖通面向海外买家客户，通过支付宝国际账户进行担保交易，并使用国际物流渠道运输发货，是全球第三大英文在线购物网站。速卖通现在是最活跃的跨境平台之一。平台上有很多消费者，商品也非常齐全（见图 3－1）。

图 3－1　阿里巴巴全球速卖通首页

全球速卖通平台对入驻的卖家的要求主要包括如下内容：第一，企业需要准备营业执照和内地营业执照。第二，商家需要准备企业支付宝，卖家需要有企业支付宝账号，通过企业支付宝账号，他们可以在速卖通完成企业认证。第三，销售者必须拥有一个品牌或作为一个品牌的代理。根据品牌资质，他们可以选择经营官方品牌店、专卖店和专卖店三种类型进入速卖通平台。第四，从

2020 年开始对新入驻的卖家收取保证金，并取消年费激励返还机制。保证金是按照原有的年费标准及卖家申请入驻的类目进行收取的，若一个卖家同时入驻多个类目，则按所有类目中金额最高的费用收取保证金。

2. 全球速卖通平台特点

与其他主流电子商务平台一样，速卖通凭借以下特点也吸引了不同需求的消费者。

（1）速卖通的价格相对敏感，低价策略明显。这也与阿里巴巴引入淘宝卖家客户战略有关。低平台准入门槛导致许多企业卖家涌入，以满足许多小企业快速从事出口业务的愿望。同质竞争相对激烈，许多卖家只有通过低价才有优势。

（2）交易活跃。发布 10 个产品后，卖家就可以在平台上成立自己的店铺，然后可以直接面向全球 200 多个国家和地区的消费者或小型商家，沟通、交流、发布、推广商品，订单反应迅速，交易活跃。这极大地满足了中国小供货商迅速做出口业务的愿望，也刺激了双方交易的活跃性。

（3）速卖通的交易过程相对简单。出口商不需要建立企业形式，也不需要向对外经济贸易委员会和外汇管理局备案。出口报关和进口报关都由速卖通物流方通过简单的操作完成。卖家通过第三方物流快速送货，买家通过银行卡付款。

（4）无关税支出。由于速卖通业务的单笔订单成交金额少，因此送出去的包裹价值普遍较低，没有达到进口国海关的关税最低起征点，因而无关税支出，这大幅降低了消费者的购买成本。

（5）撮合功能强大。速卖通网站的中文版本和英文版本简单明了，提供包括 15 种语言的网页，淘代销平台作为速卖通的翻译平台，提供语言翻译服务；平台提供阿里旺旺国际版供买卖双方进行沟通，也提供第三方软件方便卖家进行订单管理。很多产品特性符合新兴市场的卖家，也非常适合新手使用。

二、eBay

1. eBay 平台介绍

eBay 成立于 1995 年，总部位于美国加利福尼亚州圣何塞，是全球电子商务与在线支付的领先者，为不同规模的商家提供了公平竞争和发展的机会。eBay 集团的主要业务包括全球领先的在线交易平台 eBay、支付工具 PayPal 和为全球企业提供在线零售渠道和实体经营模式的商务服务。此外，eBay 拥有一些独立的交易平台以服务众多的全球用户，包括全球最大的票务市场 StubHub 和社区分类广告网站 eBay Classifields。2014 年，eBay 宣布收购 3D 虚拟试衣公司 PhiSix，以达到降低商品退货率，提升用户体验的成效。对中国来说，eBay 着力为国内中小企业商户提供完善的在线外贸应对方案，帮助国内企业解决网站建设、营销推广、在线支付和物流等跨境业务难题（见图 3－2）。

图 3－2　eBay 平台首页

eBay 在线交易平台在全球范围拥有活跃用户数量高达 1.2 亿，上线超过 4 亿件商品。eBay 通过移动应用程序实现买家与全球商品的无缝对接，旨在为消费者提供个性化的购物体验。eBay 旗下的在线支付工具 PayPal 在全球范围拥有活跃用户数量高达 1.32 亿，服务遍及世界 193 个国家和地区，支持 26 种货币支付交易。用户可以在全球范围通过 PayPal 提供的跨地区、跨币种和跨语言支付服务开展跨境电商业务，每天处理交易量可达到 760 万笔，PayPal 的迅速成长为 eBay 线上业务的快速扩张提供了坚强支撑。

eBay 在中国境内致力于推动国内跨境电商业务的发展，为国内卖家开辟直接面向海外的销售渠道。众多中国企业和个人用户通过 eBay 在线交易平台和 PayPal 支付解决方案，将每年价值高达200多亿美元的产品和服务销往世界各地。为了更好地帮助中国卖家在平台上开展业务，“eBay 中国”成立了专业的跨境交易服务团队，为国内卖家提供专业跨境交易认证、业务咨询、外贸专场培训和洽谈物流优惠等一系列服务，帮助国内卖家拓展全球业务。eBay 则在帮助卖家达成业务目标的同时巩固自身品牌的认知度和信任度。

2. eBay 平台的特点

一是网站浏览量大。eBay 拥有英、美、法、德等 40 多个国家和地区的站点，市场相对成熟，是遍布全球的购物平台和跨境电商平台之一。eBay 在全世界拥有近 3 亿买家，日访问量可达到 10 亿次。

二是支付系统功能完善。PayPal 秉持普惠金融服务大众的理念，帮助买卖双方解决各种交易过程中遇到的支付问题，致力于提供普惠金融服务、通过技术创新与战略合作相结合，资金管理和移动创造更好的方式，为转账、付款或收款提供灵活选择，帮助个人及企业参与全球经济并获得成功。

三、亚马逊（Amazon）

1. 亚马逊平台介绍

亚马逊网络电子商务公司（Amazon），是美国最大的一家网络电子商务公司，位于华盛顿州的西雅图。是网络上最早开始经营电子商务的公司之一，亚马逊成立于 1995 年，一开始只经营网络的书籍销售业务，这一运营模式起初并不被看好，现在则扩及了范围相当广的其他产品，形成了一个完整的电商生态链，并成为全球商品品种最多的网上零售商和全球第二大互联网企业（见图 3－3）。

随着体量的增长，亚马逊平台开始向第三方卖家开放。当前，亚马逊已经成长为北美、欧洲、日本等多个国家和地区排名第一的网上购物平台，其流量不容小觑。作为北美最大的电商平台，多年来亚马逊平台总销售额持续保持年均 20% 以上的增长，其高速的增长让平台上众多卖家看到了宏大的发展愿景。

图 3-3　亚马逊首页

秉持以客户为中心的理念，高满意度的消费者为亚马逊带来了丰厚的回报，高频的重复购买率和超高的用户年度消费总额等为平台快速发展提供重要推动力，庞大的市场体量、高质量的客户群体和快捷高效的 FBA 发货系统、完善的售后客户服务体系等优势，已成为卖家们入驻亚马逊平台的关键因素。

2. 亚马逊平台特点

随着跨境电商的行业逐渐兴起，跨境电商也越来越为人熟知，而亚马逊作为跨境电商的第一大平台也成了大量新卖家入驻的第一选择，了解平台的如下特点有利于新卖家在亚马逊的顺利运营。

(1) 注重产品的实用性。亚马逊平台极其注重产品，这与国外的购物习惯有关，不论新店还是老店，只要卖家的产品描述完善，介绍刚好是客户需要的，就会被平台大力地推荐给买家，提高产品以及店铺的曝光率。

(2) 注重产品展示。对于产品的详情展示，基本围绕产品的性能、材质和图片等方面进行描述，让客户了解对该产品的实际需求，无须客服介绍产品，客户只通过邮件的形式与卖家沟通，经营中及售后不需要在客服上花太多的时间。

(3) 兼顾对客户和卖家的利益维护。亚马逊平台注重客户的购物偏好和需求，平台也要求产品节约化，不能存在夸大和美工特效，从而在很大程度上减少了不必要的纠纷；亚马逊的产品都有自己的独立页面，包括了商品详情、客户评论、卖家报价及其他信息。平台同样注重对卖家的扶持，当买家搜索产品时弹出页面中产品所属的卖家不需要支付任何推广费用，就能增加曝光，卖家只需要专注于产品销量提升的路径。同时，亚马逊平台对刚入驻的卖家有3个多月的新手保护期。

四、兰亭集势

1. 兰亭集势平台介绍

兰亭集势（LightInTheBox）是以技术驱动、大数据为贯穿点，整合供应链生态圈服务的在线 B2C 跨境电商公司。兰亭集势成立于 2007 年，总部设在上海，在我国的北京、深圳、苏州、成都、香港特别行政区和美国等地设有分公司。兰亭集势业务涵盖兰亭主站、兰亭全球买家平台、兰亭智通、移动端互联网购物 App 和共享海外仓业务等（见图 3－4）。

图 3－4　兰亭集势主页

兰亭集势在全球的网站用户来自 200 多个国家和地区，日均国外客户访问量超过 100 万，访问页面超过 200 万个。网站已经拥有来自世界各地的注册客户数千万人，累计发货目的地国家和地区多达 200 个，遍布北美洲、亚洲、西欧、中东，涉及电子产品、机械设备、五金交电、家用电器、纺织品、服装服饰、日用品、工艺美术品、珠宝首饰、文体用品及器材、建筑材料、化工产品的批发；佣金代理、进出口及相关配套业务。提供经济贸易信息咨询、企业管理咨询、实业项目投资管理咨询、企业策划、市场营销策划、技术推广咨询、国际货运信息咨询、计算机软硬件技术咨询、以承接服务外包方式从事系统应用管理和维护、信息技术支持管理、数据处理等信息技术和业务流程外包服务。

2. 兰亭集势平台特点

（1）高效的供应链管理模式。兰亭集势高效的供应链管理模式：一方面能够直接从制造商进货缩短供应链，实现较高的毛利率水平；另一方面针对订制品和非定制品，兰亭集势和供应商分别建立了独特的合作模式，在保证生产效率的基础上，能有效地降低库存风险，并实现超高的库存周转率。此外，兰亭集势积极寻找一些规模较小但极具发展潜力的制造商，提供包括成本核算、长期可持续发展战略、改进管理和生产流程等方面的支持，将设计到出货的时间缩短至 3 个月以内，相对于传统外贸单笔过万的起订量，在兰亭集势平台只需下几千件就能生产，有效地提高了周转，降低了库存，逐渐成为更加适应 B2C 电商需求的制造商。

（2）精准的网络营销。兰亭集势团队擅长 SNS、BBS 等社会化营销工具的运用。Facebook、推特和 Linkedin 等网络社区，都是平台的营销途径。兰亭集势北京分公司雇用了大量外国职员，主要通过语言优势，拓展网络营销渠道。

（3）占据了背靠全球工厂的地利。依托长三角地区、珠三角地区把货源的优势发挥出来，再通过海外市场推广，就可以达成交易。兰亭集势 70% 的商品直接来自工厂，在绕过外国进口商和外国批发商等中间环节后，以海外市场的定价标准直接卖给客户，从而获得较高的毛利率。

五、网易考拉海购

考拉海购成立于 2015 年初，是阿里巴巴旗下以跨境业务为主的会员电商，2019 年 9 月，阿里巴巴集团以 20 亿美元全资收购考拉海购。2020 年 8 月，考拉海购正式宣布战略升级，全面聚焦“会员电商”。销售品类涵盖母婴、美容彩妆、家居生活、营养保健、环球美食、服饰箱包、数码家电等。考拉海购以

100% 正品，天天低价，30 天无忧退货，快捷配送，提供消费者海量海外商品购买渠道，助推消费和生活的双重升级（见图 3－5）。

图 3－5　考拉海购首页

考拉海购主打自营直采的理念，在美、德、意等欧美国家和日、韩、澳等亚洲国家以及中国香港、中国台湾等地区设有分公司或办事处，深入产品原产地直采高品质、适合中国市场的商品，直接从原产地运抵国内省去诸多中间环节。一方面从源头上保障商品质量，在海关和国检的监控下储存在保税区仓库；另一方面则通过考拉上线蚂蚁区块链溯源系统严格把控产品质量。

2015 年 6 月，中国（杭州）跨境电子商务综合试验区实施方案正式出炉，考拉海购被授予“跨境电商综试区首批试点企业”。作为“杭州跨境电商综试区首批试点企业”，考拉海购在经营模式、营销方式、诚信自律等方面取得了不少建树，获得由中国质量认证中心认证的“B2C 商品类电子商务交易服务认证证书”，认证级别四颗星，是国内首家获此认证的跨境电商，也是目前国内首家获得最高级别认证的跨境电商平台之一。

考拉海购拥有自营模式、定价优势、全球布点、仓储、海外物流和资金等优势的同时，良好地解决了商家和消费者之间信息不对等的现状。在经营模式方面，考拉海购主打自营直采，成立专业采购团队深入产品原产地，对所有供应商的资质进行严格审核并设置了严密的复核机制，从源头上杜绝假货，进一步保证了商品的安全性。过去的一年里，考拉海购已与全球数百个优质供应商和一线品牌达成战略合作。

在全球布局方面，考拉海购坚持自营直采和精品化运作的理念，在旧金山、东京、首尔、悉尼和我国香港等地区成立了分公司和办事处，深入商品原产地精选全球优质尖货，规避了代理商、经销商等多层环节，直接对接品牌商和工厂，省去中间环节及费用，还采用了大批量规模化集采的模式，实现更低的进价，甚至做到“海外批发价”。

在海内外仓储和物流方面，考拉海购通过保税的模式，既可以实现合法合规、又能降低成本，实现快速发货。考拉海购在杭州、郑州、宁波和重庆的保税区仓储面积超过 15 万平方米，为行业第一。目前，考拉海购已经成为跨境电商中拥有巨大保税仓规模的企业之一。在海外，考拉海购初步在美国建成国际物流仓储中心，并将在韩、日、澳以及欧洲等国家和地区开通国际物流仓储中心。在海外物流方面，考拉海购已经快速融入阿里巴巴的基础设施，技术底层全部迁至阿里云，全球物流、仓储等业务已经和菜鸟打通。

在定价方面，考拉海购主打的自营模式拥有自主定价权，可以通过整体协调供应链及仓储、物流、运营的各个环节，根据市场环境和竞争节点调整定价策略。考拉海购不仅要降低采购成本控制定价，还要通过控制利润率来控制定价的策略，做到不仅尊重品牌方的价格策略，更重视中国消费者对价格的敏感和喜好。

在资金方面，考拉海购借助雄厚的资本，在供应链、物流链等基础条件上投入建设，同时也能持续采用低价策略。虽然考拉海购有雄厚资金做后盾，但其一开始并没有大动作，反而花了大半年的时间，主要集中精力做基础准备工作，如拿地建仓、外出招商、梳理供应链。

在服务方面，考拉海购提供跨境支付、供应链金融、线上运营和品牌推广等服务，不仅很好地解决了传统电商的供应链和平台销量问题，通过优质的服务增进用户端的沟通，将商品信息传递给消费者，解决海外商家进入中国的障碍，省去了他们独自开拓中国市场面临的语言、文化差异、运输等问题。通过文本、视频或网红直播带货等丰富的媒体手段，更好地阐述商品信息，帮助消费者全面了解商品用途以消除信息隔阂。

第四章　农产品跨境 C2C 电商主要交易平台

第一节　跨境 C2C 的特点和发展趋势

跨境 C2C（Customer to Customer），是消费者之间进行的电子商务活动，个人卖方通过第三方电子商务交易平台发布并售卖产品，不同边境的个人买家再通过平台搜索、筛选，通过该电商平台达成交易，进行支付结算，通过跨境物流送达商品，最后完成交易过程的一种国际商务活动。比如，个人卖家通过网络进行交易，把一把红木靠椅出售给不同边境个人买家，此种交易类型就称为“跨境 C2C 电子商务”。

一、C2C 模式的特点

1. 个性化

传统 B2C 模式强调的是标准化的商品和服务，注重生产线作业且看重效率，但随着社会的发展，商品种类快速递增，越来越多的产品趋于同质化，商品的核心竞争力逐渐由批量化向个性化方向转移，而 C2C 模式则致力于满足消费者的细致化、多样化的私人定制需求。

2. 去中介化

C2C 模式依托信息技术的发展与应用，在很大程度上突破了信息不对称的束缚，精简商品流通程序，提高商品周转率，减少中间商库存成本，让利消费者。同时，该模式所有相关交易过程都会被后台记录下来，可以随时审核、查看，有效保证了交易的透明度和公正性，为买卖双方良性让利提供了重要保障。

3. 去中心化

在 C2C 模式中没有绝对的卖方与买方，参与个体既可以是产品的提供者，也可以是产品的需求者。这种扁平化关系淡化了交易中心的概念。因而，该模式涉及人员共同参与、相互作用也是其他跨境电商模式所不具备的特点之一。

二、C2C 模式的发展趋势

1. C2C 市场向移动网络平台拓展

伴随着移动端 5G 业务的普及，手机端 C2C 交易将与 PC 端交易一样顺畅，以更加快速地满足消费者的网络购物需求。目前，6G 网络技术的研发已经提上日程，随着时间的推移，C2C 市场势必在移动网络平台加速拓展。

2. 市场竞争日趋集中化

从近年来 C2C 市场的快速扩张可以看出竞争激烈的态势有增无减。C2C 市场的竞争优势主要源于卖方在第三方平台积累的信用等级和高质低价的产品，进一步拉拢固定消费群，建立自己的商业壁垒，巩固行业垄断地位。可以预见未来 C2C 的买方用户增长趋于缓慢，大量业务将逐渐集中到少数处于垄断地位卖方的手中，导致市场竞争日渐集中化。

3. 逐渐向 B2C 模式转化

卖方为了实现自己在日趋激烈的国际竞争中长期生存，均致力于建立信誉和品牌，完善交易品类和服务质量，因而越来越多的 C2C 运营商已经开始向

B2C 模式转变。消费者也从单纯追求物美价廉的购物初衷向信誉与质量并重的偏好转变。C2C 模式在价格方面的优势将逐渐被 B2C 模式中的品牌和信誉等优势所替代，市场中更适应当前发展规律的模式最终会胜出。

第二节　跨境 C2C 主要平台简介

雅宝拍卖网作为中国开通最早、规模最大的在线竞价交易平台，开创了国内 C2C 互联网商业模式。

一、雅宝网的商务模式

“在线拍卖”是消费者对消费者或商家对消费者的商务模式。该模式满足了商家、消费者售出或买入收藏品、二手物品或一些特殊物品的需求，由于互联网接入了数量庞大的人群，从而形成大范围的讨价还价，使达成一笔好交易的可能性大大增加。

二、雅宝网的特点

雅宝网站结构清晰，页面内容丰富而不繁杂，尤其是有关商品的信息十分详细。它的成功是基于实物地面的零售方式向在线零售方式的转变。这一转变主要对用户便利，但这不会对实物地面的零售方式产生巨大影响。但其建立的环境是地面环境所不存在的，所有对网上购物感兴趣的人都会对此感兴趣。“站点导航”可以引导用户到任何他们想去的地方。

三、雅宝网的服务功能

雅宝为方便其注册用户，不断强化网上服务，具备的四项服务功能包括优先式代理出价、分类物品市场行情、邮件订阅系统并开设用户“聊天室”。

“优先式代理出价服务”就是在竞拍过程中，出价最接近预先标价者为最后的成交者。例如，某用户委托网站出拍某物品，预价为100元，网站便可在竞拍出价中代为选择最接近100元出价者为最后的成交者，使买卖双方都对交易成果满意；“分类物品市场行情”是帮助用户在竞拍物品的同时了解所竞拍物品的实时市场价格，为用户随时提供该物品的最新市场报价；“邮件订阅系统”可为用户实时提供最新的物品拍卖信息；“聊天室”则是为用户开辟一个可以自由交流竞拍心得的理想场所。

第五章　按运营方式划分的跨境电商模式和典型平台

以运营方式划分，包括农产品在内的跨境电商平台的运营模式有自营模式、直营模式、导购返利模式和闪购模式等。

第一节　跨境自营模式的概念、特点和平台介绍

一、跨境自营模式的概念

跨境自营模式是对产品进行统一生产、展示和在线交易等操作，通过物流将产品配送至终端客户的商业运营模式，实现产品的垂直供应，使终端用户获得更优的产品和服务。该模式下的跨境自营平台自主销售产品、自主提供售后服务，并且独自运营店铺。

二、跨境自营模式的特点

1. 产品质量有保证

自营式跨境电商平台通过制订相应的商品准入标准和原则，提升品牌进驻门槛，规范买方市场的产品质量和信誉，提升消费者线上购物的满意程度。

2. 品牌氛围浓厚

跨境电商平台的发展需要众多优质品牌作为支撑，在自营式跨境电商平台

的商家，不仅需要拥有自己的品牌，而且几乎所有品牌都以消费者真实需求为依据，通过品牌打造产品新亮点，提升产品的整体价值。

3. 交易流程完善

高新技术的出现及其在跨境电子商务领域应用，使商品在交易过程中的产品分类、上架、支付和售后服务等重要环节逐渐形成完整的应用实践体系；同时，大型仓储物流体系的系统化、数据化管理，促使跨境自营模式的不断完善，日益形成自营模式生态体系。

伴随近年来商业环境的不断变化，跨境“自营 + 招商”模式应运而生，即企业通过邀约国内外知名品牌入驻，维护自身形象，促进平台发展。该模式的特点在于内部发挥企业自身优势，外部借助其他企业优势对自身短板进行辅助。其中，最具代表性的是苏宁海外购跨境平台。

三、跨境自营模式典型平台介绍

苏宁海外购是苏宁集团旗下专注于打造高品质生活方式的跨境电商平台，品类涵盖美妆、母婴、食品、保健、家居日用、服饰和箱包等。2014 年，苏宁拿到了国内首个国际快递牌照，成立了跨境电商项目组，采用“自营 + 招商”模式进军热门跨境电商领域，重点打造国内产品外销的跨境电商和国外产品进口的海外购。苏宁海外购的主要优势有两个方面：一是通过企业在美国、日本和中国香港等地区的子公司，向当地产品生产商和供应商直接采购；二是邀约海外品牌商入驻苏宁海外购平台，经过品牌资质审核，以及与海外商家约定正品保障等流程顺利入驻平台后，海外商品可以直接通过保税仓或直邮的方式购入。

2015 年 7 月，苏宁首家海外购线上线下相结合体验店开业，消费者不仅能看到海外商品的虚拟出样，还在店内现场展示了包括电子产品、个人护理、美妆、母婴和涉农产品等，保税实务多达上百种。庞大的市场潜力和国家政策支持，都对包括农产品在内的跨境电商的快速发展起到了巨大的推动作用。

苏宁的“自营 + 招商”模式，正是在充分发挥自身供应链和资金链等优势的同时，结合自身情况，并通过全球招商对国际商用资源不足进行有效弥补。以国家快递牌照建立完善的海外流通体系，充分利用自由支付工具和门店优势开拓国内国际市场，苏宁是最好的例证之一。目前，苏宁集团也开展了海外购直营等业务，都包含在苏宁易购之中（见图 5－1）。

图 5－1　苏宁海外购自营界面

第二节　跨境直营模式的概念、特点和平台介绍

一、跨境直营模式的概念

跨境直营模式是指跨境电商企业直接参与海外产品采购和管理等交易流程的商业模式。采用该商业模式的平台通常拥有独立的物流监控和支付结算体系。与跨境自营平台的区别显而易见，在该模式下，具备一定规模和品牌影响力的企业，在跨境平台上成立直营店，将平台作为第三方媒介销售本企业的产品并提供售后服务。

二、跨境直营模式的特点

1. 资源统筹协调下的管理更加便利

采用跨境直营模式的企业实施标准化管理，由总部掌握品牌经营权和所有权，统一调配资金份额进行产品研发设计和战略管理，统一进行资源规划、盈余核算和经营决策。这一模式的企业在资源统筹和管理效率方面的优势十分明显。

2. 渠道扁平下的平台利润持续扩大

跨境直营模式由海外品牌商直接供货，跨境电商企业直接销货，促使产品经营渠道扁平化，有效降低了中间流通环节的利润损失，减少了产品流通和维护成本，为经营主体提供更大的产品定价空间，既可以通过降低价格拓展现有市场、也可以在保持原价的基础上获得更多利润。

3. 无障碍沟通下的产品和服务更有保证

跨境直营模式的产品供应商在入驻平台后直接面对买家，有利于买卖双方的信息沟通和反馈，品牌供应商的直营产品的产品质量也更有保障，激动企业与时俱进地调整销售策略和服务，消费者的购物体验也因此得到不断改善。

经济社会的长期、有序发展增加了广大人民群众的收入水平，使进口商品的消费能力也随之提升，通过多途径购买进口商品的行为越来越普遍。由这一需求产生的供给，主要表现为跨境电商企业通过国家大力发展自由贸易区和保税物流政策支持，建立进口商品直营中心，将海外产品通过海关进口，采用通过保税专线运输，存放于保税仓储中心，以“围网”管理方式为企业提供展示交易平台，为消费者提供更多的优质廉价的进口产品。其中，以聚美优品为代表，依托保税区政策和海关检验检疫多种优势，曾经实现了保税区与跨境直营的完美结合。

三、跨境直营模式典型平台介绍

2010 年 3 月，聚美优品成立；2014 年 5 月，在美国纽约证券交易所挂牌上市后，陆续低调上线海淘网站海外购，同年 9 月，通过首页开通独立频道全面发力海外购同时，聚美优品与河南保税物流中心完成对接；2016 年，河南保税区物流为聚美优品开建上万平米自理仓库，每天处理的进口货物规模达到 8 万包。聚美优品通过保税物流可以大大缩短买家从下单至收货的时间，加上海外直发的便捷服务，购买周期由原来的 15 天缩短至 7 天以内，物流信息可全程追踪。

然而，黑天鹅事件的出现打破了这一切。2018 年 3 月，北京市消协公布其 2017 年在聚美优品购买的 12 种比较试验样品中，7 种不达标，不达标率为 58.3%。不达标样品包括麦纱纱、迪瑞羊等品牌的 2 种羊绒衫以及花笙糖和淘气麦兜等品牌的婴童服装。

2020 年 4 月，聚美优品正式退市，宣布完成私有化，成为买方团拥有的私人控股公司。如今的聚美优品仍然从事电商业务，是国内最大的化妆品电商平台，并成长为一家多元化的时尚科技集团，业务范围逐步扩展，聚美集团先后在电子商务、影视娱乐、共享经济等创新赛道持续发力，孵化出一系列行业领军企业（见图 5－2）。

图 5－2　聚美优品首页

第三节　跨境导购返利模式的概念、特点和平台介绍

一、跨境导购返利模式的概念

跨境导购返利购物模式是新时代互联网电子商务的创新模式。该模式采用购物返现金的形式聚集大量网购会员，会员从这里去各大网上商城购物，订单完成后，在无退货的情况下，跨境导购返利平台作为该商城的合作伙伴，可以

从该商城得到一定比例的销售返利金额，跨境导购返利平台再把返利金额的绝大部分返还给会员。这就是现金返利模式，不单会员可以得到返利福利，而且不影响会员本该享受到的优惠。

二、跨境导购返利模式的特点

1. 交易提成透明

用户在导购返利平台与卖家达成交易后，确认收货且固定期限内未退货或申请售后保障，平台会对这种给商家带来实际销售量的交易中获取一定比例的提成；如果订单没有成交或出现退货情况，商家则不支付任何交易费用。

2. 商品种类多样

导购返利平台不需要备货、物流、仓储或保税仓等硬件设施，只需要相对较少的技术人员和平台资金投入，对多个平台的优质商品进行整合，一些商家主动联系导购返利平台，并通过返利的形式吸引用户关注自己的产品，进而形成产品种类丰富多样的局面。

3. 提升购物效率

导购返利平台通过大数据技术进行产品筛选，以合理的方式进行产品分类布局，为登录网页的注册会员推荐好评多、性价比高的商品，节省用户筛选和比较商品的时间，提高购物效率，使其获得安全、经济且省时省力的购物体验。

三、跨境导购返利模式典型平台介绍

55 海淘网成立于 2011 年，是一个整合全球商品优惠信息，针对国内消费者提供海外购物返利的网站，作为国内领先的海淘返利平台，拥有高人气海淘社区，为上亿消费者提供全面的海淘攻略。现合作海内外主流电商超 7000 家，精选全球正品优惠折扣信息，用户可以在 55 海淘轻松浏览全球商品，并在购买后获得返利，降低购物成本。

导购返利模式是一种比较年轻的电子商务模式，技术门槛相对较低。可以分为引流与商品交易两部分，企业在 B 端与境外电商建立合作，在 C 端从用户中获取流量。目前，55 海淘网不仅在返利额度上具备优势，在与商家合作方面的特色也开始逐渐显现。

2020 年新冠肺炎疫情期间，55 海淘开通防控疫情专版，启动 24 小时全球搜索模式，持续更新紧缺物品信息，填补市场紧缺，同时为用户提供返利补贴，降低用户购物成本（见图 5－3）。

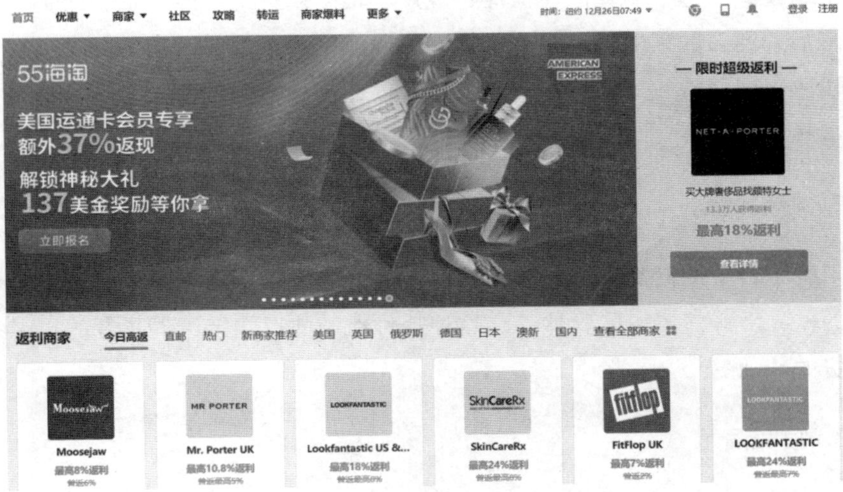

图 5－3 海淘网首页返利界面

第四节 跨境闪购模式的概念、特点和平台介绍

一、跨境闪购模式的概念

闪购模式也称“限时抢购模式”，始创于法国奢侈品闪购网站 Vente Privée。闪购模式是以互联网为媒介的 B2C 电子零售交易活动，以限时特卖的形式，定时定期推出国际知名品牌的商品，这些商品一般以原价 1～5 折的价格供专属会员限时抢购，每次特卖时间持续 5～10 天不等，先到先买，限时限

量，售完即止。顾客在指定时间内必须付款，否则商品会重新放回待销售商品的行列待其他用户选购。

二、跨境闪购模式的特点

1. 以电子商务的便捷性和国际品牌稀缺性为发展基础

闪购模式因电子商务的便捷性，规避了很多现场特卖的不足和缺失，又因其国际品牌商品的稀缺性，营造了良好的线上抢购氛围，满足了众多消费者的购物快感，同时造就了一大批准时蹲点、以在线抢购限量国际名品为消费习惯的闪购一族。

2. 特价促销

闪购平台中的商品大都具有绝对价格优势，消费者意识到货品原价和现价之间的差异后必然产生购物冲动，这种特价促销的形式带给消费者的更多是对于消费的冲动。

3. 限时限量

闪购平台的另一特点在于通过“机会越少，价值越高”的短缺心理暗示，即害怕失去某物的想法往往比得到同等价值物品的想法更加强烈，以限量抢购的形式吸引消费者的注意力，加之抢购时间不断减少引发的心里紧迫感，激起买家的消费行为。

三、跨境闪购模式典型平台介绍

唯品会创立于 2008 年，在中国开创了“名牌折扣 + 限时抢购 + 正品保障”的创新电商模式，并持续深化为“精选品牌 + 深度折扣 + 限时抢购”的正品时尚特卖模式，在线销售服饰鞋包、美妆、母婴、居家等各类名品。唯品会目前累计合作品牌已有近 3 万家，注册会员 3.4 亿，用户复购率提高到了 90%。截至 2019 年，活跃用户数为 6900 万，同比增长 14%。

唯品会公司总部设立广州荔湾区，占地面积1万平方米。唯品会率先在国内开创特卖这一独特商业模式，加上其“零库存”的物流管理以及与电子商务的无缝对接模式，使其得以在短时间内在电子商务领域生根发芽。唯品会所销售的商品均从品牌方、代理商、品牌分支机构、国际品牌驻中国办事处等正规渠道采购，并与之签订战略正品采购协议。同时，唯品会对供应商的资质都进行严格审查，营业执照等五证、产品检验报告及品牌授权许可文件缺一不可。对于进口的商品，还必须要供货商提供进关单据等进关文件。对于3C、化妆品、食品等产品，均依据国家规定要求供应商提供相应商品特殊资质证书。

2014年，艾瑞咨询发布中国首份《中国网络限时特卖市场研究报告》显示，唯品会占据中国特卖市场38.1%的市场份额。电子商务研究中心于2018年6月发布的《2017年度中国网络零售市场数据监测报告》显示，唯品会在B2C市场份额占有率持续保持第三位。2019年7月，唯品会通过收购杉杉奥莱，深度整合线上特卖与线下特卖，进一步强化特卖体系。2019年全年，唯品会实现净营收为930亿元人民币，总订单数量为5.663亿单，用户复购率提高到了90%。2020年第二季度，唯品会净营收为241亿元人民币，净利润13亿人民币，同比增长24.3%，连续31个季度实现盈利。用户数据方面，二季度活跃用户数增至3880万人。订单方面，第二季度唯品会总订单量为1.705亿单，同比增长15%。唯品会以传承品质生活，提升幸福体验为目标，逐渐向全球一流的电子商务平台迈进（见图5-4）。

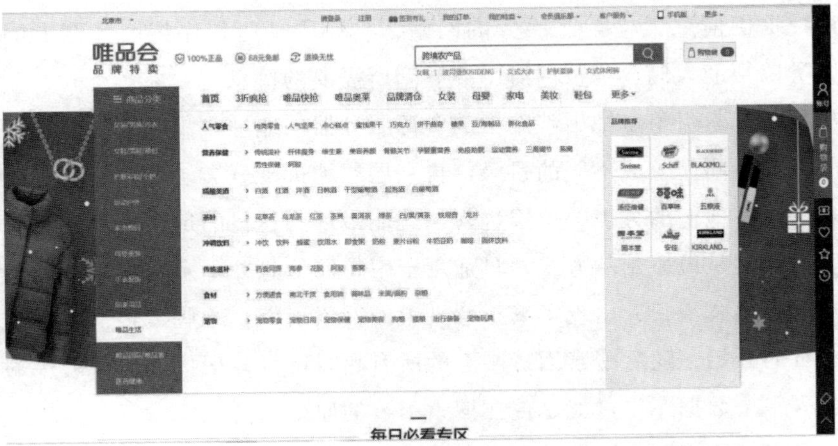

图5-4 唯品会首页界面

第六章　农产品跨境电商网络营销

通过正确使用搜索引擎了解海外市场和产品数据，判断特定关键词的竞争程度以及了解行业整体情况，是包括农产品在内的跨境电商的重要环节。本章将介绍使用搜索引擎进行竞争对手和海外市场分析的方法，说明使用搜索引擎寻找国外潜在买家的方法，判断特定关键词的竞争程度，并在介绍国外主要的社交平台的基础上说明利用社交平台寻找潜在买家的方法。

第一节　搜索引擎

一、搜索引擎

搜索引擎（search engines）是对互联网上的信息资源进行搜集和整理，以供查询的系统，包括信息搜集、信息整理和用户查询三个部分。搜索引擎是一个为用户提供信息“检索”服务的网站，它使用某些程序把因特网上的所有信息归类以帮助人们在茫茫网海中搜寻到所需要的信息。

早期的搜索引擎是把因特网中的资源服务器的地址收集起来，由其提供的资源的类型不同而分成不同的目录，再一层层地进行分类。人们要找自己想要的信息可以按他们的分类一层层进入，就能最后到达目的地，找到自己想要的信息。这其实是最原始的方式，只适用于因特网信息并不多的时候。随着因特网信息以几何式增长，出现了真正意义上的搜索引擎。这些搜索引擎知道网站上每一页的开始，随后搜索因特网上的所有超级链接，把代表超级链接的所有词汇放入一个数据库。这就是现在搜索引擎的原型。

二、搜索引擎营销

搜索引擎营销（Search Engine Marketing，SEM），是包括农产品在内的跨境电商网络营销的一种方法。它根据用户使用搜索引擎的习惯，采用付费形式或者技术手段，使网页在关键词搜索结果中排名靠前，引导用户点击，从而达到品牌展示和促进销售的目的。

搜索引擎营销的基本思想是让用户发现信息，并通过搜索引擎进行搜索、点击进入网站或网页，进一步了解所需要的信息，使用户以最小的投入在搜索引擎中获得最大的访问量并产生商业价值。SEM 的方法主要包括搜索引擎优化（SEO）、点击付费广告（PPC）、竞价排名，以及付费收录等。

三、搜索引擎营销的价值

美国知名搜索引擎营销专业服务商 iProspect 和市场研究公司 Jupiter Research 联合调查结果表明，62%的搜索用户只点击搜索结果第一页链接，2004 年的这一比例是 60%，2002 年是 48%。此外，高达 90%的搜索者只查看搜索结果前三页，2004 年和 2002 年分别是 87%和 81%。这意味着互联网用户使用搜索引擎越来越没有耐心，越来越多的互联网用户仅关注搜索引擎结果第一页的内容，如果第一页面没有满意的结果，立刻变换关键词或者更换搜索引擎重新进行检索。

因此，通过 SEM 营销手段让用户的网站在搜索结果中排到靠前的位置是十分必要的，这样搜索引擎才可能为用户带来更多的关注和点击，也带来更多的商业机会。

四、利用搜索引擎分析市场

Google，对于大部分出口型企业，不是一个陌生的名词。在多数人记忆中，Google 就是搜索关键词的竞价广告，要付出大量的成本才能得到相应的推广效果。事实上，Google 还有很多免费的工具供用户选择和使用，便于用户了解产品及行业情况，指导用户找到最精准的推广方式。

1. Global Market Finder 和 Think with Google

通过 Global Market Finder 进行全球商机洞察，可以得到的信息包括：产品在哪些国家热度最高；产品在每个国家的竞争程度；产品在每个国家的本地化语言表达；关于本产品，每个国家的热搜词。卖家通过这些信息可以锁定产品的需求国家。后来，Google 的 Global Market Finder 无法正常使用，其功能被 Think with Google 替代。

2. Google Trends

通过 Google 趋势可以了解的内容包括：产品在不同时期的搜索热度变化；产品在不同国家和地区的需求状况，以及产品在一个国家或地区的不同城市的需求状况（见图 6-1）。

图 6-1 Google Trends 首页界面

例如：在上图中搜索栏中输入"芒果"，点击"Enter"键；然后点击区域对应的下三角，选择"全球"，点击时间对应的下三角，选择"2004 年至今"，会弹出如图 6-2 所示界面。

由图 6-2 可以发现芒果的全球搜索热度在过去 10 多年时间存在起伏，总体呈上升趋势，全球前五分别是菲律宾、印度尼西亚、加纳、孟加拉国和马来西亚。如果将区域由"全球"改为"中国"，会弹出如图 6-3 所示界面。

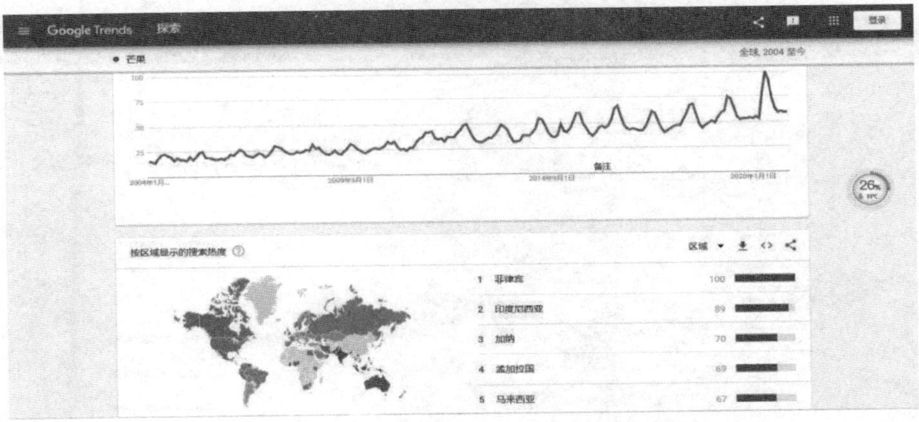

图 6－2　2004 年至今全球芒果搜索热度变化情况

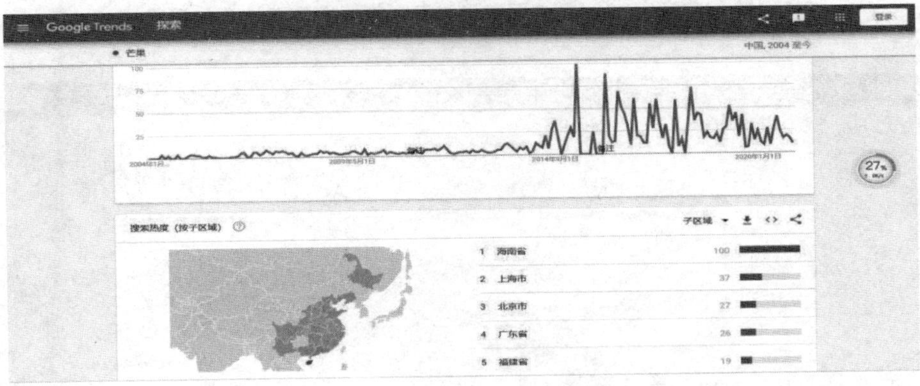

图 6－3　2004 年至今中国芒果搜索热度变化情况

从图 6－3 可知，自 2004—2013 年，这 10 年中国芒果的搜索热度变化不大，但从 2014 至今，芒果的搜索热度波动十分剧烈。进一步在比较区域输入"苹果（水果）"，会弹出如图 6－4 界面。

从图 6－4 可知，苹果的搜索热度一直高于芒果，而且芒果搜索热度较高的地区主要有海南、广西、云南、四川和湖南等，而即使在这些芒果搜索热度较高的省份，与苹果相比，搜索热度依然相对逊色。

从图 6－5 可知，苹果的搜索热度在过去 10 多年的热度是遥遥领先的，只有浙江、江苏、广东、上海和北京少数几个地区的苹果汁搜索热度相对较高，但相对于苹果来说，苹果汁的搜索热度可以忽略不计。

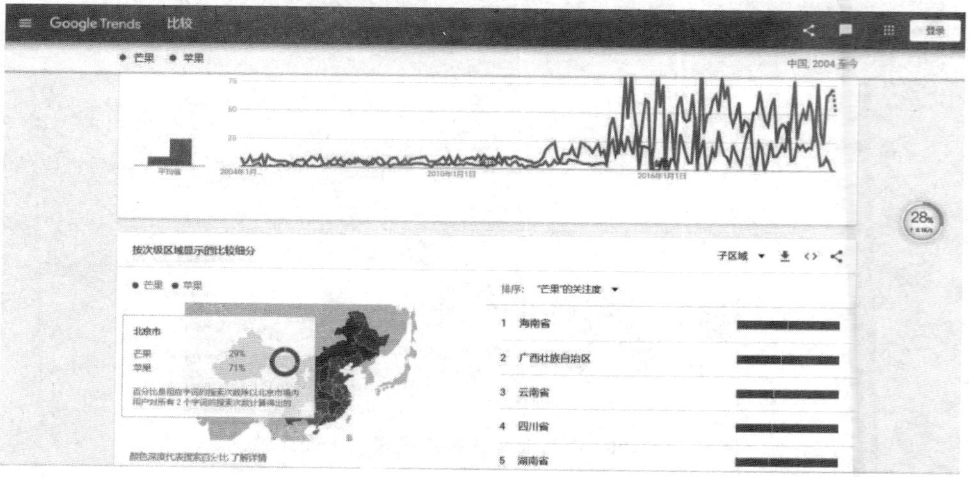

图 6－4　2004 年至今中国芒果与苹果搜索热度对比变化情况

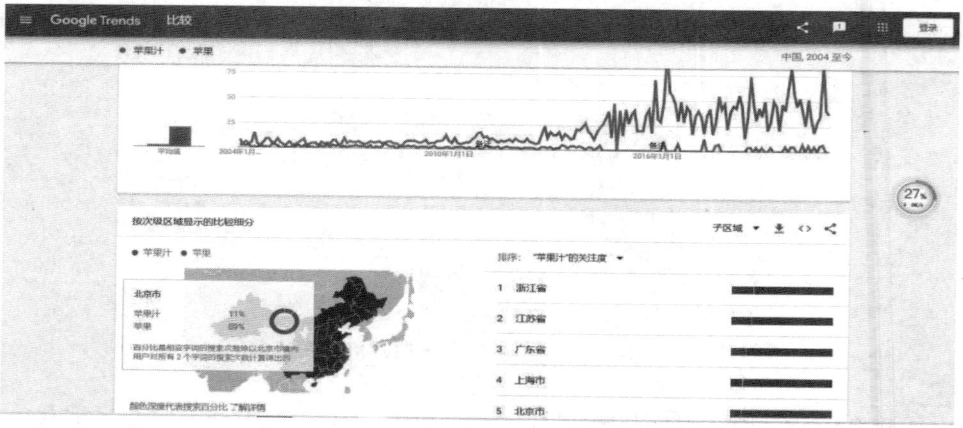

图 6－5　2004 年至今中国苹果与苹果汁搜索热度对比变化情况

对于某一国外水果或果汁生产商，要想打开国际或中国市场，可以从上述趋势分析不同水果和果汁的热销地区，有针对性地进行跨境营销。需要注意的是，看待 Google 趋势和全球商机洞察应该理性，由于 Google 记录的是全球的搜索量和搜索趋势，很多时候终端用户的搜索量占比很高，因此总的来说这种分析对 B2C 的意义要大于 B2B。

五、利用搜索引擎分析竞争对手

做企业做网站或者任何行业都会有竞争对手。竞争对手之间也在互相学习共同进步。外贸行业也是如此，在决定进入一个外贸行业之前，首先要做的就是研究行业趋势。当对一个行业进行了仔细的分析，发现这个行业有着良好的发展趋势后，下一步需要做的就是要研究潜在的竞争对手，正所谓“知己知彼，百战不殆”。

确定竞争对手其实很简单。在搜索引擎中搜索产品的核心关键词，排在前两页的网站就是你的主要竞争对手。如果跳过了分析行业以及研究竞争对手这两个环节，就容易形成拍脑袋贸然进入一个行业。没有一个良好的规划就开始做网站、做推广，最后可能导致两个方面的结果：一方面是想做的关键词排名怎么都上不去；另一方面是认为不错的关键词，排名做到了第一也没有什么流量，进而也不会带来询盘或者订单。

六、利用搜索引擎寻找买家

除了参加世界各地的展会，购买阿里巴巴、中国制造等第三方平台的会员等方法外，外贸从业人员还应该掌握一个强大又经济划算的工具：用搜索引擎来搜索客户，在后面的内容中本书会从几个方面详细介绍如何用搜索引擎帮您寻找到全世界的买家。

1. 关键词法

深度挖掘关键词，如搜索“solar energy products”，Google 将根据算法给出热度较高的关键词推荐，当选中我们关注的关键词后，会在搜索结果中找到除“wiki”“Youtube”之外的权重较高的企业网站和行业论坛，这些企业很可能成为我们产品在相应国家的代理商，需要记录该企业的邮箱和电话；包括行业内论坛也一样，很多潜在买家会在论坛中发布求购信息。

2. 纵向法

利用纵向思维。以实木家具为例，思考潜在买家。一般新房装修会用到，房主可能会在装修公司的推荐下购买、也可能去建材商城购买，那么装修公司和建材商极可能成为潜在买家，通过 Google 搜索这两类公司发布的广告，取得联系并建立合作关系，拓宽挖掘潜在客户的渠道。

3. 横向法

充分考虑客户需求的延展性。比如，搜索到客户的求购信息是办公桌，那按照类推逻辑，该客户可能需要办公椅，再比如，有些客户求购金属相框，那该客户也有可能对木制相框感兴趣，从而拓展潜在用户。

但横向法切记“欲速则不达”，也许目前客户并没有购买意愿，卖家要做的就是耐心与潜在客户沟通，给对方留下深刻的印象，假以时日客户有采购需求时将第一时间想到我们的产品。

第二节　社交网络营销

一、社交网络营销介绍

社交网络营销是指利用社交网络建立起产品和品牌的粉丝群，以粉丝群形式进行话题互动，提高产品知名度和曝光率的营销手段。社交网络营销是一种非常时髦并且高效的营销方式。社交网络主要是根据人脉理论，通过朋友介绍来认识新的朋友，并且这个关系网可以无限的扩展下去。

因为社交网络这个关系网是基于真实存在的人，所以比起传统的广告渠道社交网络可以找到更精准的客户，提高成交率，并且因为社交网络具有很强的互动性，使卖家的广告可以得到快速反馈。

社交网络营销可以帮助企业推广品牌，使潜在客户对商家的品牌有一个很强的认知度。在某些情况下，即便不能够直接快速带来询盘，社交网络也可以与其他营销渠道结合带来很好的推广效果（如社交网络营销与搜索引擎优化相结合）。很多时候潜在客户会在社交平台反复看到企业的品牌，甚至与卖家进行过互动，即使当时这个潜在客户并未有采购需求，当他某一天有采购需要的时候，可能会直接在搜索引擎中搜索该企业的品牌从而直接带来询盘甚至订单。在这整个过程中，虽然SEO是询盘来源的直接渠道，但是不能够否认社交网络营销在推广品牌方面有着不可替代的作用。

二、社交网络营销的特点

1. 平台互动性强

社交网络是一个共享、互动的平台，通过用户之间的沟通和交流，使用户成为社交营销的参与者和贡献者，极大地提高了用户的归属感，聚集更多人气的同时，获得更好的口碑。

2. 用户资源丰富

社交媒体没有事先预设用户群体，因而用户分布十分广泛，通过社交网络营销，在使用社交网络过程中，每一位用户拥有独立的社交圈，以社交圈的辐射带动作用快速形成大型网络群体集合，可以为被营销产品提供有力宣传。

3. 易形成用户黏性

社交网络通过不断更新话题，逐步积累人气和资源。用户可以通过社交网络结识很多志同道合的朋友，经常进行互动性话题研究，在此条件下进行社交网络营销，容易形成特定用户群体，提高网站用户黏性。

4. 商品可信度高

一般来说，社交网站上推出的产品均有消费者亲身体验，向其他感兴趣的消费者提供最真实可靠的用户反馈。在日益复杂的网络购物环境下，面对评价不一的商品，社交网络媒体越来越成为消费者甄别商品的一条比较可靠的途径。

由于社交网络营销的上述特点，消费者可以将产品用户体验、评价感知通过社交网络迅速分享给其他用户，这种呈几何倍数增长的宣传效果对企业非常有利。所以这种新的产品营销模式逐渐受到越来越多的商家关注。

[案例]

小红书

小红书是一个生活方式平台和消费决策入口，2013年6月于上海成立。截至2019年7月，小红书用户数已超过3亿个。截至2019年10月，小红书月活跃用户数已经过亿个，其中70%新增用户是90后。在小红书社区，用户通过文字、图片、视频笔记的分享，记录了这个时代年轻人的正能量和美好生活，小红书通过机器学习对海量信息和人进行精准、高效匹配。小红书旗下设有电商业务，2017年12月，小红书电商被《人民日报》评为代表中国消费科技产业的“中国品牌奖”，海外购物社区分享已经成为小红书区别其他电商平台的重要标志。

和其他电商平台不同，小红书是从社区起家。一开始，用户注重于在社区里分享海外购物经验，小红书启动电商模式的5个月时间里，销售额已达到2亿多元人民币。随着平台业务的不断发展，小红书上出现了关于运动、旅游、家居、旅行、酒店和餐饮等的信息分享，触及了消费经验和生活方式的方方面面。2016年小红书参加大促销的商品数量是1万件，截至2017年5月，小红书营收近100亿元。2017年6月6日，小红书周年庆当天，开卖2小时后，销售额达到1亿元。2017全年参加促销的商品数量增长到了15万件。

小红书采取品牌授权和品牌直营模式并行，确保用户在小红书购买到的都是正品。小红书拥有真实用户体验分享社区，社区中积累了大量商品的用户体验分享，以此形成了巨大的用户口碑库。全世界有几十万的用户帮助小红书主动使用和发现新品，并有成百上千万用户为自己喜欢的产品投票。小红书在搜集用户的浏览、点赞和收藏等行为产生大量底层数据的基础上，通过大数据技术，精准地分析出用户的需求，保证采购的商品是深受用户推崇的。

小红书也致力于推动中国的品牌走向世界。小红书上已经聚集了一批优秀的国产品牌。借助于小红书社区的口碑模式，这些品牌不必将大量的资源投入广告营销中，而是可以专注于设计和品质。小红书平台努力将最好的设计、最优的品质和消费者对接，助力一个个具有市场潜力的中国品牌冉冉升起。

三、社交网络平台介绍

1. Facebook（脸谱）

脸谱公司创立于2004年2月，总部位于美国加利福尼亚州门洛帕克。从2006年9月起，任何用户输入有效电子邮件地址和自己的年龄段，即可加入。Facebook自2009年以来一直被中国屏蔽，其被禁的原因有社会和政治等方面的因素，但Facebook也从未间断与中国科技企业界的联系，期望通过投资中国科技企业等方式获得中国政府的开闸。Facebook在大多数年龄段的用户分布相当均匀。年龄在18～49岁的美国人中，有超过75%的人使用Facebook。Facebook数据显示，2019年，平均每月有超过24.5亿人次登录该平台，相较于2018年的23.2亿人次略有增加。另外，每天有超过162万人活跃在Facebook上，该数字相比2018年也有所增加，同比增长9%。2020年7月，福布斯2020全球品牌价值100强发布，Facebook排名第五位。阿里巴巴国家站、敦煌网都开通了Facebook官方专页，Facebook海外营销受到了越来越多跨境电商企业从业者的关注。需要注意的是，面对俄罗斯乃至中东市场的客户时，应首先考虑俄罗斯社交网站VK，该网站是这些地区人们的首选社交网站。

2. Twitter（推特）

推特是全球最大的微博网站，拥有超过5亿的注册用户。2020年第三季度，推特的可货币化日活跃用户达到1.87亿个。推特用户发布的每条推文字符数不能超过140个，但这并不影响各大企业通过这一平台进行产品促销和品牌营销。2013年，戴尔官方网站上已拥有65个推特群组，并通过推特获得了近百万美元的销售收入。推特开发了“品牌频道”，企业可以在推特构建品牌页面，同时组建多种品牌小组，同一品牌的粉丝能够聚合在一起。而企业通过平台可以向用户发送各种新品、促销信息，推特的即时性和分享性让一个消息可以迅速遍布有相同兴趣爱好的社群。这种方式增加了公司品牌直接接触消费者的机会，有利于维护品牌认知和客户忠诚度。平台经常能接到各大企业的电话，要求购买推特的媒体广告。推特还允许个人用户通过在个人页面中插入广告获利，用户可以自主邀请广告主购买个人网页的广告位，双方协商投放时间和收取费用，推特平台仅仅收取其中5%作为服务费。随着社会化媒体的兴起，推特也发展成为“品牌舆情”的重要阵地，帮助企业迅速触摸到消费者心理、对产品的感受，以及最新的需求，获取市场动态乃至公关危机的先兆。

3. LinkedIn（领英）

领英成立于2003年，是一家面向商业客户的社交网络服务平台，也是全球知名的职场社交平台之一。网站的目的是让注册用户维护他们在商业交往中认识并信任的联系人，俗称“人脉”。用户可以邀请他认识的人成为“关系”圈的人。2020年5月，领英的用户总量已经达到6.9亿个以上，在中国拥有超过5000万个用户。在领英寻找同学、同事、合作伙伴，搜索职位、公司信息，建立并拓展人脉网络，掌握行业资讯，让机会主动与用户相连。2019年5月，在进入中国五周年之际，领英中国宣布从职场社交转向一站式职业发展平台，从品牌重塑、产品升级、职场生态体系建设三方面发力，启动战略升级。面对瞬息万变的中国市场，领英用“一站式职业发展平台”应万变，解决用户在发展中遇到的困难。尤其，对于跨境电商企业，可以成分运用领英的便利条件进行产品营销，通过该平台甚至有机会接触到潜在合作伙伴或供应商。

4. Youtube

Youtube是全球最大的视频网站之一，早期公司位于美国加利福尼亚州，注册于2005年2月。Youtube作为当前行业内在线视频服务提供商，每天要处理上千万个视频片段，为全球成千上万的用户提供高水平的视频上传、分发、展示、浏览服务。新版Youtube增强了分享元素，进入首页后不再是一些推荐视频，而是用户所订阅的频道的动态。进入个人频道，用户可以发布Feed。在视频评论里，用户可以@他人。特别是当用户要分享某个视频时，会直接弹出Google+、Facebook和Twitter的分享按钮和视频地址。如果点分享键时，还有Tumblr、Blogger、Myspace、和Linkedin等社交网站的分享按钮，还有镶入代码和电子邮件可选择。因此，Youtube 是跨境电商不可或缺的营销平台之一，通过 Youtube 频道上传幽默视频或有创意的产品广告吸引粉丝，是非常实用的引流方式。

5. Pinterest

美国图片社交分享网站 Pinterest 创办于 2011 年，起初是一家以兴趣为基础的社交网络平台，也是通过图片墙 Pinboard 或图片瀑布流展示图片的新社交网络，用户基于个人的爱好和兴趣选择喜欢的商品，以图片的形式展示它们，可以点评它们的优缺点，也可以像微博一样与朋友分享互动，以及结识一些兴趣相投的朋友。2011 被评为“美国最受欢迎的十大社交网络”，并以月增长 45% 的速度赶超“Google +”，成为 2011 年美国社交网络中的一匹黑马。由于电商的主要思路是依靠精美的图片吸引消费者，因而非常适合跨境电商网站的营销思路。2013 年 9 月，Pinterest 公司主管宣布尝试帮助商家把广告性质的 Pin（“图钉”）推送到特定用户的 feed（信息流推送）中。2014 年，广告业务正式推出。品牌广告主可以利用图片的方式推广相关产品和服务，用户可以直接通过链接进行购买。Pinterest 通过收集个人用户信息建立偏好数据库，帮助广告主精准营销，这深受跨境电商卖家的青睐，除了建立品牌主页，购买 Pinterest 广告进行产品推广是卖家普遍选择的营销手段之一。

第三节　电子邮件营销

一、电子邮件营销介绍

电子邮件营销（E-mail Direct Marketing，EDM），是在用户事先许可的前提下，通过电子邮件的方式向目标用户传递价值信息的一种网络营销手段。电子邮件营销包括三个基本因素：用户许可、电子邮件传递信息、信息对用户有价值。电子邮件营销是利用电子邮件与受众客户进行商业交流的一种直销方式。同时也广泛地应用于网络营销领域。该方法早于绝大部分网站推广和网络营销形式，也称为网络营销中最古老的渠道之一。

电子邮件营销是一个广泛的定义，凡是给潜在客户或者是客户发送电子邮件都可以被看做是电子邮件营销。尽管如此，电子邮件营销这个术语仍通常涉及以下几个方面：一是以加强与商人和目标客户的合作关系为目的发送邮件，从而鼓励客户忠实于他或者重复交易；二是以获得新客户和使老客户立即重复购买为目的发送邮件；三是在发送给自己客户的邮件中添加其他公司或者本公司的广告；四是邮件通过互联网发送。据统计，早在 2006 年，美国在电子邮件营销领域花费多达 40 亿美元。所以，电子邮件营销仍然具备很大的发展前景。

二、电子邮件营销的特点

1. 营销范围广

随着国际互联网（Internet）的迅猛发展，中国的网民规模已达到 5.6 亿个，全球已经超过 22 亿个。面对如此巨大的用户群，作为现代广告宣传手段的 E-mail 营销正日益受到人们的重视。只要拥有足够多的 E-mail 地址，就可以在很短的时间内向数千万目标用户发布广告信息，营销范围可以是中国全境乃至全球。

2. 操作简便效率高

在电子营销过程中，如能合理运用邮件群发软件，单机可实现每天数百万封的发信速度。操作不需要懂得高深的计算机知识，不需要烦琐的制作及发送过程，发送上亿封的广告邮件一般几个工作日内便可完成。

3. 营销成本低且适用范围广

E-mail 营销是一种低成本的营销方式，所有的费用支出就是上网费，成本比传统广告形式要低得多。此外，由于广告的载体就是电子邮件，具有信息量大、保存期长的特点，使电子邮件营销具有长期的宣传效果，而且收藏和传阅非常简单方便，因而适合各行各业运用。

4. 针对性较强

电子邮件本身具有定向性，可以针对某一特定的人群发送特定的广告邮件，也可以根据需要按行业或地域等进行分类，然后针对目标客户进行广告邮件群发使宣传一步到位。这样做可使营销目标明确，效果非常好。

5. 精准度高

电子邮件是点对点的传播，因而可以实现高精准的传播，可以对具备某种特点的人群发送特定邮件，也可以根据需要按行业和地域等因素进行分类，然后对目标客户进行邮件群发，使宣传一步到位。

三、电子邮件营销技巧

随着互联网竞争的不断增大，人们也在探索新的推广渠道和方式。电子邮件营销在悄然间已经被很多人广泛应用，但并非所有通过该方式进行营销的主体都能获得理想的效果。想要做好电子邮件营销抓住客户，需要掌握的技巧主要包括以下几点。

（1）不要不分时间阶段狂轰滥炸发送邮件。在正式群发邮件之前，可以先测试一下每隔多长时间发送 E-mail 效果最好。例如，网店站长可以测试不同的时间段（一周、两周、三周等）给用户发送邮件，试验哪个时间段间隔用户的点击率最高，这样在实际操作时就采用这样的发送频率，效果远好于不经过思考乱发一通。

（2）分众发送邮件。通过以往发送邮件的经验，测试哪些用户对哪种促销最感兴趣，再适当地调整你的邮件营销策略。如果那些喜欢购买物美价廉商品的消费者，你一味地给他们发奢侈品的广告无疑是事倍功半的。可以给阅读邮件的用户群再分类：狂热支持的和一般喜欢的。对于几乎阅读了大部分邮件的受众，可以给他们发送最有利润的产品广告；对稍感兴趣的用户可以发送利润稍低一点的产品和服务。对于几乎不感兴趣的受众还是定期发送邮件，争取拉拢一点客户过来，进而实现 E-mail 群发的转化率最大化。同时，在发送测试邮件时，可以放入不同档次的产品并附上跟踪链接以追踪点击用户。

（3）抓住20%的黄金用户。虽然理论上对用户群分类得越细，邮件营销的效果也就越好。但分得越多，付出的精力也就越大，包括为每种用户设计不同的登录页和欢迎邮件等。事实上，经过长时间的分析和实验，邮件营销也有二八定律，大部分的收件人对不同的广告其实反应都差不多，只有20%的用户才会对定制的邮件反应敏感。因此不用特别花精力在设计独特的邮件上面，监测用户的点击率，抓住20%的黄金人群会对下一步的策略调整起重要的作用。

（4）邮件未经测试不要轻易发出。邮件的设计最好是简洁明了、开门见山，另外得仔细检查邮件内容。如果有图像，则确保打开邮件时图像可以显示；如果有链接，则确保是已经加了超链接的格式。同时，邮件内容要言简意赅。客户时间宝贵，在看邮件的时候多是走马观花，所以言简意赅的邮件才能充分吸引客户的兴趣。在发送前一定要仔细检查邮件内容，语句通顺，没有错别字。

（5）保证邮件的到达率。鉴于全球严峻的反垃圾邮件趋势，导致很多正常邮件也被错杀。记得和业界领先的E-mail服务商合作，确保绝大多数用户能够收到你的邮件。

（6）设计有价值的内容。发送的邮件尽量做到有价值，是对用户有意义的内容，让用户看后不觉得后悔，所以标题、首段、正文每个地方都要再三斟酌才可能获得理想的效果。

（7）及时回复。在收到E-mail的时候，要养成顺手回复的习惯，即使是“谢谢，来信已经收到”这种简单的回复，也会起到良好的沟通效果。通常E-mail应该在一个工作日之内回复客户，如果碰到比较复杂的问题，要一段时间才能准确答复客户，也要简单回复一下并说明情况。实在没有时间回复，则可以采用自动回复E-mail的方式。

（8）避免无目标投递并附上联系方式。不采用群发的形式向大量陌生E-mail地址投递广告，不但收效甚微，而且变为垃圾邮件、损害公司形象。另外，信件一定要有签名并附上电话号码，以免消费者需要找人协助时，不知如何联络。

（9）尊重客户及其隐私并及时认错。不要向同一个E-mail地址发送多封同样内容的信件，当对方直接或者间接的拒绝接受E-mail的时候，绝对不可以再向对方发送广告信件，此外，在征得客户首肯前，不得转发或出售发信人名单与客户背景。加之，若未能立即回复客户的询问或寄错信件，要主动坦承错误并致歉。不能以没有收到邮件做借口，不但无法吸引客户上门，反而把客户拒之门外。

（10）积蓄实践中获得的经验。邮件发得越多，越会积累到丰富的经验。每一封发出去的邮件都值得总结，只有在实践中不断完善、修改、微调邮件营销的策略，才会越做越好。电子邮件只有经过不断优化，才能做好获得更好的营销效果。

第七章　全球速卖通平台

速卖通（AliExpress）是阿里巴巴跨境电商业务的重要组成部分，于 2010 年正式运营。上线初期，速卖通仅对阿里巴巴跨境 B2B 平台中的中国供应商提供服务。随着阿里巴巴战略的调整，速卖通平台逐渐成为阿里巴巴帮助中小企业接触外终端，拓展利润空间而全力打造的融合订单、支付、物流于一体的外贸在线交易平台，是一个面对所有消费者的跨境 B2C 平台。通过互联网方式缩短外贸产业供应链，帮助中国供应商获得更高的利润。本章内容主要包括平台新规则介绍、店铺装修、物流和运费模板设置、产品发布和优化、产品营销和推广等内容，帮助初学者了解速卖通平台操作的整体流程。

第一节　全球速卖通平台招商规则的新变化

速卖通平台所有上线产品只面向非中国境内的买家，也就是说，中国籍的用户可以下载、访问这个平台，但无法在平台上购买任何商品（见图 7－1）。

图 7－1　速卖通交易平台界面

平台规则旨在促进开放、透明、分享、责任的新商业文明，维护和优化速卖通平台的经营秩序，更好地保障广大用户的合法权益。规则包括：基础规则、行业标准、知识产权规则、禁限售规则、营销规则、招商规则和卖家保护政策等。可通过登录速卖通首页，点击速卖通规则进行查看。

速卖通平台独立之初是一个免费的平台，直到成立 5 年之后，阿里巴巴对外宣布从 2016 年开始，对所有平台用户按照所属的行业，分别收取技术服务费。2019 年 11 月，速卖通新发布的 2020 招商规则中指出：申请入驻的新商家，商家无须向平台缴纳年费，仅按照卖家规则提供保证金即可。保证金按店铺入驻的经营大类收取，收取标准参照现有的年费标准（见表 7－1）。每个速卖通账号只准选取一个经营范围经营，并可以在该经营范围下经营一个或多个经营大类。如果入驻多个经营大类，则保证金为多个经营大类中的最高金额、不做叠加。保证金规则适用于 2019 年 11 月 27 日后入驻的新卖家，针对之前已经入驻的卖家，仍适用年费规则。

表 7－1　　速卖通 2020 年度各类目保证金一览表

经营范围	2019 年经营大类	保证金（元）	经营大类下可发布的类目
1	珠宝手表 （含精品珠宝）	1 万	珠宝饰品及配件 手表 以下类目可共享发布： 服饰配饰（男/女/儿童配件，婴儿配饰/婴儿服装） 男装 女装 新奇特及特殊用途服装 男女内衣/家居服/袜子 婚庆配饰 腕带 智能手表
2	服装服饰	1 万	服装配饰（男/女/儿童配件，婴儿配饰/婴儿服装）、男装、女装、新奇特及特殊用途服装、男女内衣/家居服/袜子 以下类目可共享发布（详见下载表格）： 珠宝饰品及配件、手表 箱包部分类目 孕婴童 > 儿童服装（2 岁以上）> 亲子装 男女鞋类目 泳装类目 服装面辅料和纺织品

续表

经营范围	2019 年经营大类	保证金（元）	经营大类下可发布的类目
3	婚纱礼服	1 万	婚礼及重要场合 以下类目可共享发布： 流行饰品 服装面辅料和纺织品
4	美容个护 （含护肤品）	1 万	工具/配件 纹身及身体彩绘 护肤工具 剃须及脱毛产品 卫生用纸 口腔清洁 美甲用品及修甲工具 彩妆 头发护理/造型 沐浴用品 香氛/除臭芳香用品 护肤品 部分类目（详见下载表格） 以下类目可共享发布： 按摩 按摩产品 按摩器具
5	真人发 （定向邀约制）	5 万	
6	化纤发 （定向邀约制）	1 万	化纤发
7	母婴玩具	1 万	孕婴童 玩具 以下类目可共享发布： 鞋子
8	箱包鞋类	1 万	箱包 鞋子 以下类目可共享发布： 童鞋 男装 女装 婴儿鞋 配饰（男/女/儿童配件，婴儿配饰/婴儿服装） 世界民族服饰 舞台表演服和舞蹈服

续表

经营范围	2019年经营大类	保证金（元）	经营大类下可发布的类目
9	健康保健	1万	健康保健 以下类目可共享发布： 安全/避孕 护肤工具
	成人用品	1万	成人用品 以下类目可共享发布： 情趣服装（不要发布日常穿着的性感内衣）
10	3C数码	1万	安全防护 办公文教用品 电话和通信 电脑和办公 消费电子
	内置存储，移动硬盘，U盘，刻录盘	1万	内置存储（包含内置固态硬盘、储存卡、存储卡配件（读卡器、存储卡卡套/适配器/转卡器/内存卡盒）、固态硬盘托架和支架） 移动硬盘，U盘，刻录盘（包含刻录盘、外置机械移动硬盘、外置固态硬盘、硬盘壳包、硬盘盒、U盘）
	电子烟	3万	电子烟
	手机	3万	手机
11	电子元器件（定向邀约制）	1万	电子元器件
12	汽摩配	1万	汽车、摩托车
13	家居家具、家装灯具工具	1万	家具和室内装饰品 家居用品 家装（硬装） 照明灯饰 工具
14	家用电器	1万	家用电器
15	运动娱乐（含电动滑板车）	1万	运动及娱乐 平衡车 电动滑板车
16	特殊类		特殊类

第二节　全球速卖通账号注册认证和权限申请

由于速卖通后台对谷歌 Chrome 浏览器兼容性比较好，所以建议使用谷歌浏览器操作。登录速卖通平台主页，在页面下方可找到“立即入驻”选项（见图 7－2），或者通过商家账号注册页面链接①，目前仅支持企业或个体工商户在速卖通开店，个人无法开店。

图 7－2　速卖通平台入驻界面

对于一般的中国商家，应根据页面提示，在公司注册所在国家的多个选项中，选择“中国大陆”，然后点击“下一步”（见图 7－3）。

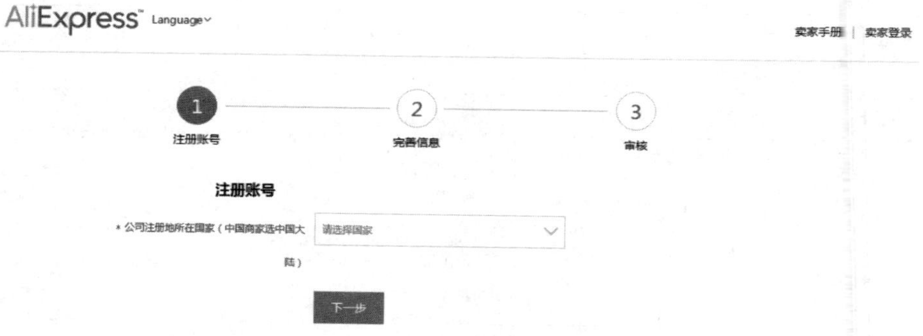

图 7－3　速卖通平台注册界面

① https://login.aliexpress.com/join/seller/unifiedJoin.htm?_locale=zh_CN&_regbizsource=&_regFrom=AE_MAINLAND.

如果不是淘宝或天猫商家，可以直接填写信息注册（如图 7－4 所示）。需要注意的是，注册邮箱中不能出现 aliexpress、taobao 或 alibaba 这样的字母，若出现则不会注册成功，比如 Aliexpress01@ ABC. com。另外，目前一个邮箱注册阿里集团旗下平台的账号数量是有一定规则的，为避免重复过多的注册，建议使用一个新的邮箱来注册速卖通账号。

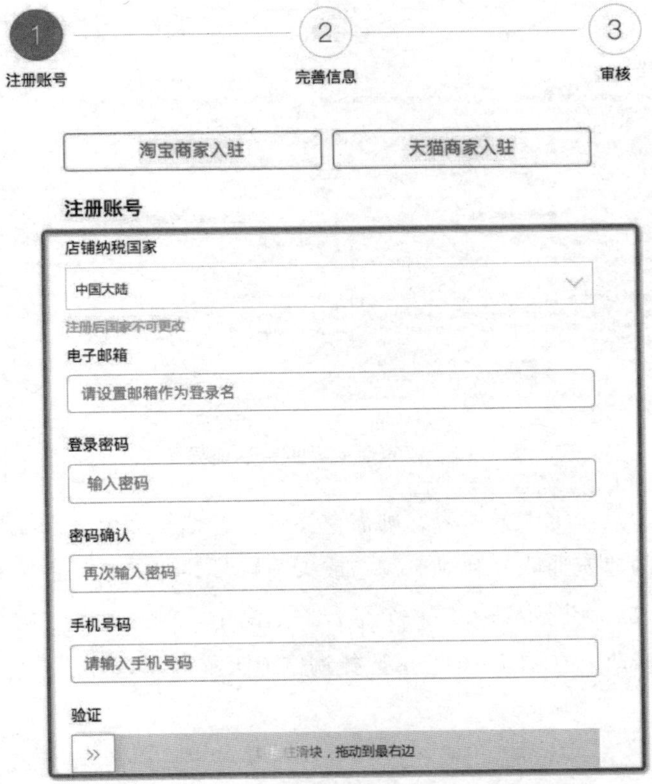

图 7－4 速卖通交易平台买家信息填写界面

资料填写完成后进入认证页面，按页面提示完成认证。认证方式有企业支付宝授权认证和企业法人支付宝授权认证两种，两者的主要区别有两点：一是企业支付宝授权认证，需要提前在支付宝申请企业支付宝账户，申请完成之后在速卖通认证页面登录企业支付宝账号即可，实时认证通过；二是企业法人支付宝认证，无须有企业支付宝账号，只要在认证页面提交相关资料和法人的个人支付宝账号授权，资料审核时间是 2 个工作日（见图 7－5）。

认证时需要注意：一个企业只能认证6个速卖通账号（主账号）；认证主体不允许变更，不允许认证的公司从A公司变为B公司，统一社会信用代码从A变为B，如果统一社会信用代码不变，只更改公司名称、法人名称是允许的。

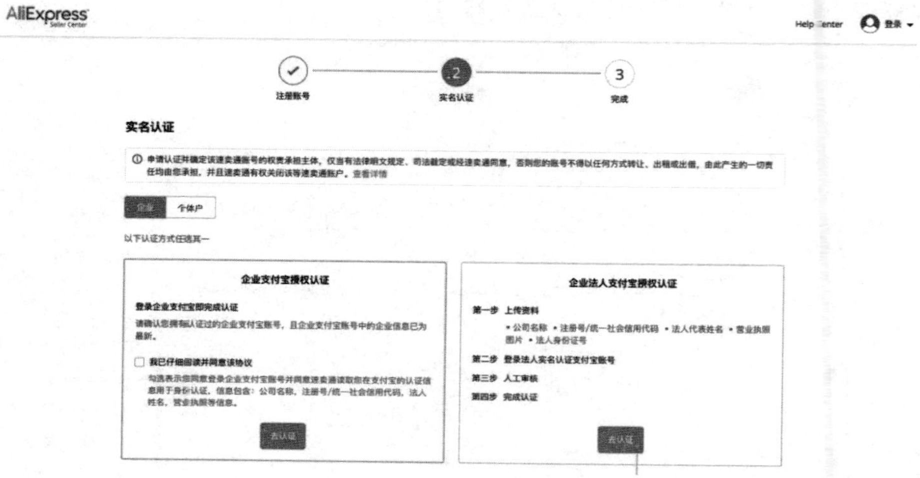

图7-5　速卖通交易平台认证界面

如果入驻的是淘宝天猫商家，则需要注意，若选择淘宝或天猫账号激活入驻，那新激活的速卖通账号和对应淘宝或天猫账号共用邮箱、手机和密码，在某一个平台修改后会同步到另外一个平台，如淘宝账号修改了密码，速卖通账号密码也会被修改。如图7-6所示选择淘宝或天猫商家入驻。

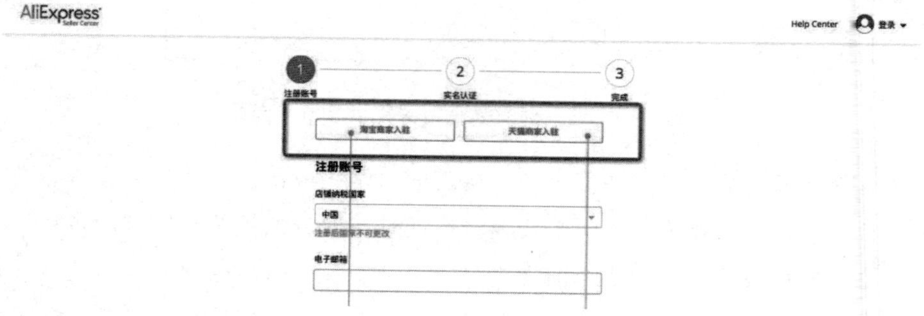

图7-6　速卖通交易平台淘宝、天猫商家入驻界面

登录淘宝或天猫账号按页面提示完成认证即可（见图 7－7）。

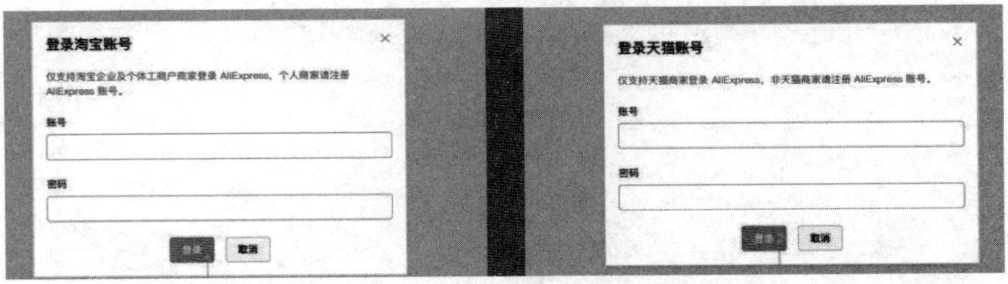

图 7－7　速卖通交易平台淘宝、天猫商家认证界面

成功认证的用户可登录“我的速卖通”，点击“账号及认证”—“账号设置”；再点击基本资料的“展开详情”，查询认证时的证件类型和证件号码（见图 7－8）。

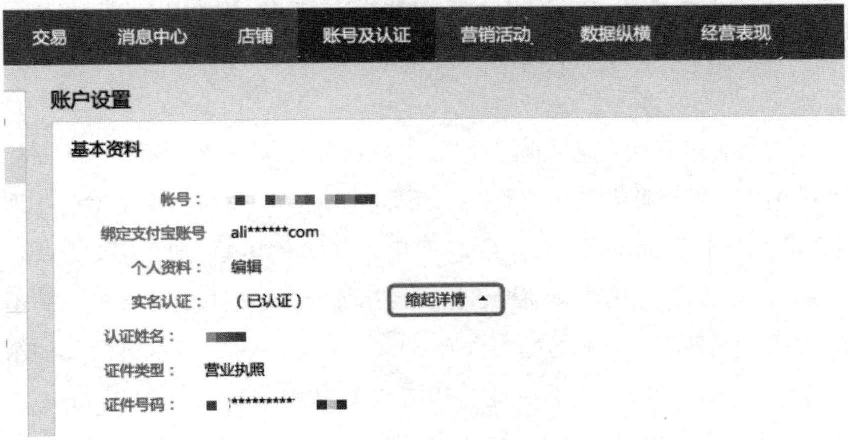

图 7－8　速卖通交易平台商家信息查询界面

权限申请主要包括大类申请和品牌申请两部分。首先是经营大类申请，账号认证完成后需要入驻类目。如图 7－9 所示，在账号及认证页面，点击“我的申请—新申请”按钮，根据详情确认下分类目。从下分类目可回溯确认要入驻哪个经营大类。

在申请经营大类应注意根据经营方向，申请经营大类权限。不同经营大类对应保证金不全相同。单店只能选择一个经营范围，第 9、第 10 经营范围下存在多个经营大类，可同时申请经营，但是单店只会收一笔保证金，就高收

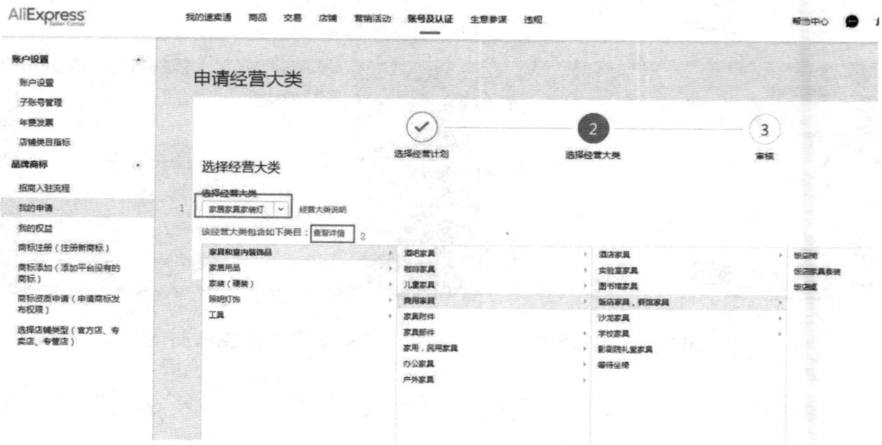

图 7-9　速卖通交易平台商家经营大类申请界面

取。例如：A 选择第 10 经营范围，同时申请开通 3C 数码和手机类目。3C 数码对应保证金为 1 万元，手机类目对应保证金 3 万元，平台只冻结 1 笔 3 万元的保证金。

在申请品牌过程中，速卖通平台的“商标”要求包括：英文注册商标；注册地为中国或海外；拥有商标注册证（简称“R 标”）或商标注册申请受理通知书（简称“TM 标”）；2016 年 12 月 31 日前，仅拥有中文注册商标的产品仍可发布，但应尽快注册对应的英文商标，不支持添加纯图形商标；注册的品牌不能涉及行业大词（例如运动行业商标中含有 running、run 等）、搜索热词（如箱包行业商标中含有 pack 等）、人名、地名或者已知品牌名称（类似于 jimmy chow、nike 等）。待上述流程完成，店铺就会开启，就可以去发布对应类目的商品了。

第三节　全球速卖通资金账号和子账号设置

一、资金账号设置

资金账号设置对于买卖双方达成交易至关重要。如果资金账号不完善，一方面有可能导致外国客户在购买商品时，买家订单页面没有支付按钮；另一方面有可能使客户用美元交易时，无法成功支付，这都会导致成交失败。以下对国际支付宝进行简要介绍。

阿里巴巴国际支付宝（Escrow）由阿里巴巴与支付宝联合开发，是为了保护国际在线交易中买卖双方的交易安全所设的一种第三方支付担保服务，全称为 Escrow Service。如果卖家已经拥有国内支付宝账户，则只需绑定国内支付宝账户即可以收取货款，无须再申请国际支付宝（Escrow）账户。

1. 国际支付宝（Escrow）的交易流程

国际支付宝（Escrow）的服务模式与国内支付宝类似，交易过程中先由买家将货款打到第三方担保平台的国际支付宝（Escrow）账户中，再由第三方担保平台通知卖家发货，买家收到商品后确认，货款放于卖家，至此完成一笔网络交易。简要过程如下：

确认订单—买家付款—卖家发货—买家收货—卖家收款。

2. 使用国际支付宝（Escrow）的优势

（1）支持信用卡、银行汇款多种支付方式。目前国际支付宝（Escrow）支持的支付方式有信用卡，T/T 银行汇款，PayPal。后续将会有更多的支付方式接入进来。

（2）先收款后发货，全面保障卖家的交易安全。国际支付宝（Escrow）是一种第三方支付担保服务，而不是一种支付工具。它的风控体系可以保护卖家在交易中免受信用卡盗卡的欺骗，而且只有当且仅当国际支付宝（Escrow）收到货款，才会通知卖家发货。

（3）线上支付直接到账，足不出户即可完成交易。使用国际支付宝（Escrow）收款无须预存任何款项，速卖通会员只需绑定国内支付宝账号和美元银行账户就可以分别进行人民币和美元的收款。国际支付宝（Escrow）提现无须申请，买家确认收货且物流妥投，国际支付宝（Escrow）将直接把钱汇到卖家的国内支付宝账户或绑定的银行账户中。

（4）背靠阿里巴巴和支付宝两大品牌，海外潜力巨大。此外，国际支付宝（Escrow）支持部分产品的小额批发、样品、小单、试单交易；同时，国际支付宝（Escrow）支持 EMS、DHL、UPS、FedEx、TNT、SF、邮政航空包裹等国际运输方式，只要能够通过这七种运输方式发货的产品，都可以使用国际支付宝（Escrow）进行交易。

二、子账号设置

速卖通子账号的开通，便于有多人需要操作速卖通平台或规模较大公司的运营，子账号可以使用速卖通发布和管理属于自己的产品和订单，有自己独立的账号 ID 和密码，也可以使用子账号登录阿里旺旺。管理员账号可以查看下属所有子账号的产品和订单，子账号无法进行美元提现，商铺管理、产品分组等相关操作。首先要创建岗位，如果选择官方默认岗位，则无须创建岗位。点击子账号管理页面右上方“新建岗位”（见图 7－10），进入岗位创建页面。

图 7－10　速卖通交易平台商家方位创建界面

填写岗位名称、描述并勾选相应页面的访问权限（见图 7－11），如需创建多个岗位，则重复操作即可。

图 7－11　速卖通交易平台商家访问权限设置界面

完成岗位创建后，可新建子账号，输入相应信息，并选择先前已创建的岗位；如需创建多个子账号，则重复操作即可（见图 7－12、表 7－2）。

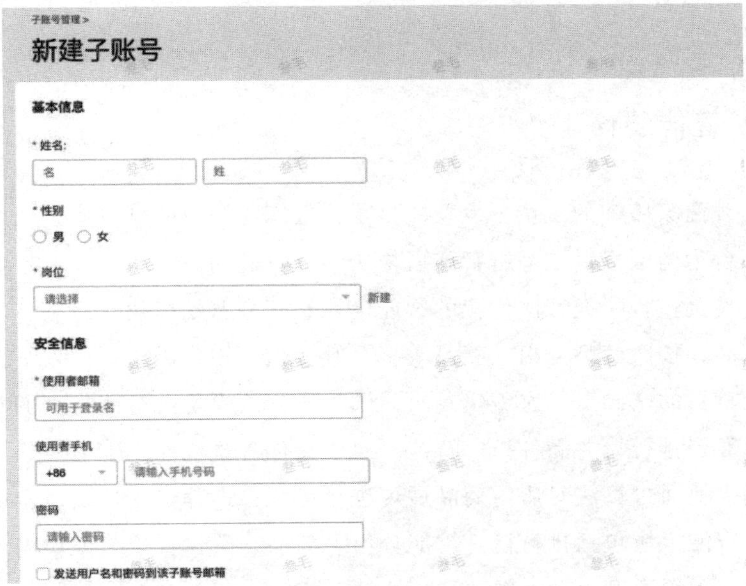

图 7－12　速卖通交易平台商家子账号设置界面

表 7－2　　速卖通主账号与子账号的功能与权限对比

账号类型	商品	交易	营销	数据纵横	违规	买家会话	店铺
主账号	可以看到所有产品并使用所有功能	可以看到所有订单，并且有权进行资金账号管理	可以管理营销活动相关内容	可以查看	可以查看	主账号可以看到所有消息并且可以回复	可以操作店铺页面所有功能
子账号	只能看到自己的产品，无权进行橱窗产品推荐，无权设置产品分组，无权管理素材中心	只能看到自己的订单，无权进行资金账号管理	无权限进入营销页面	可以查看	可以查看	子账号只能看到并回复自己的消息	无权进行店铺装修，无权店铺资产管理，可以查看店铺表现

将主账号与子账号在产品发布与管理、交易和营销等方面进行对比（见表 7－2），可以进一步明确子账号的功能与权限。

第四节　全球速卖通店铺装修

一、智能装修

为提升商家店铺的流量分发及流量承接效率，同时降低商家运营成本，店铺装修后台为商家提供了一键智能装修店铺首页的功能。

智能首页包含了经算法优化的智能模块和部分营销模块，有利于主推店内的热销商品，按照商品分组、新品等多个维度引导用户浏览。此外，商家还可以在智能首页的基础上二次编辑首页，添加所需的模块。智能首页的页面结构包括优惠券、排行榜、满件折、智能分组、猜你喜欢等。

智能模块通过算法对店内商品展现进行优化，推荐给用户最适合最感兴趣的商品。智能模块包括排行榜、智能分组、新品、猜你喜欢。模块内容由系统自动填充，无须商家手动编辑。

首先，进入商家管理后台—店铺—店铺装修及管理（见图 7－13）。

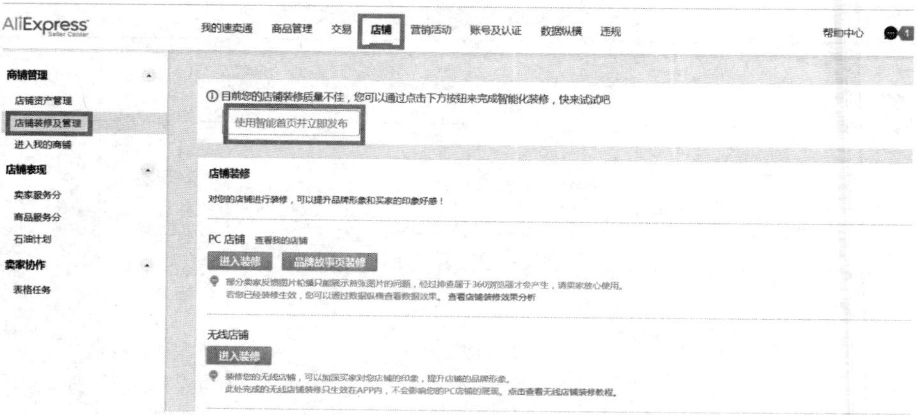

图 7－13　店铺装修起始界面

选择“使用智能首页并立即发布”，在弹出的界面中点击“一键智能装修”（见图 7－14）。

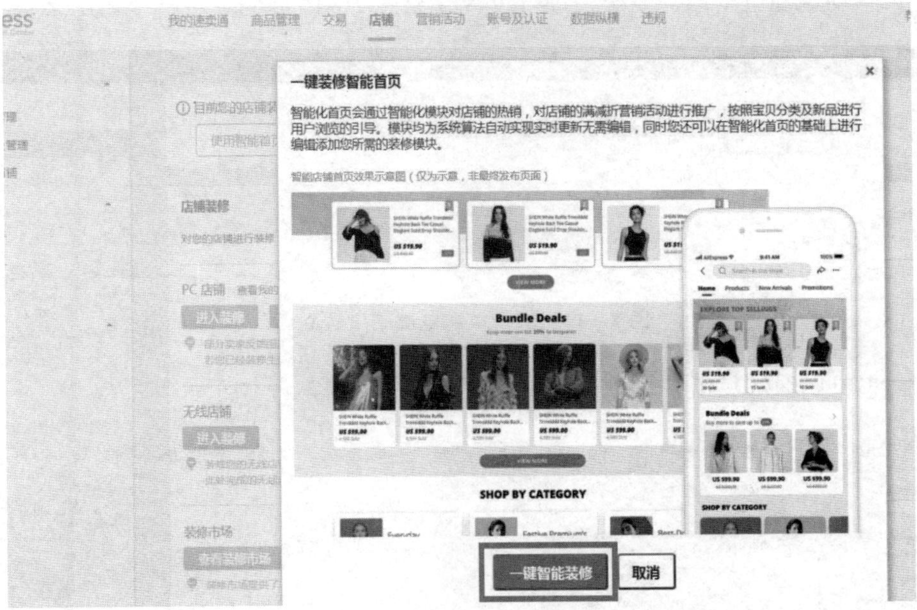

图 7－14　智能装修界面

跳转到新版店铺装修首页后，可以进入一键装修首页进行装修（见图 7－15）。

图 7－15　店铺一键装修界面

移动端和电脑端需要分别进行设置（见图 7 – 16）。

图 7 – 16　移动端和电脑端设置界面

也可以通过点击“回到旧版”恢复原店铺首页（见图 7 – 17）。

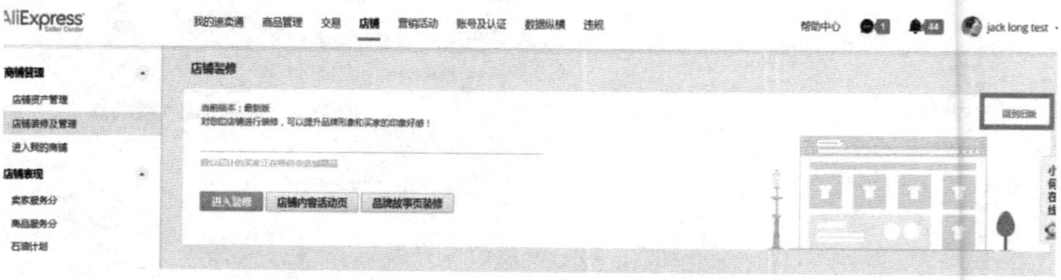

图 7 – 17　原店铺首页界面

进入店铺装修后，各个模块可以根据页面提示进行操作（包括店招模块、轮播图模块、文本模块、图文模块、热区模块、商品列表模块等）。

二、店铺装修产品新功能

页面模块自由增减功能：可在编辑页面时可以根据展示需求增减对应的功能模块，不再局限于模板内的模块构成。

PC& 无线独立展示功能：PC& 无线页面独立编辑、展示，根据不同端的展现需求设置独立的页面布局。

定时发布功能：增加页面编辑后一周内定时发布功能。

首页和自定义页升级至新装修后台（自定义页无法设置为首页），品闪活动页仍使用老版装修后台。全新的交互方式，全新的界面，支持多语言、多端的店铺信息展示，实现了商家装修效率的提升及品牌形象的建立。

三、分行业店铺设计效果指导

1. Fashion 行业

首先，Fashion 行业的 Logo 在字体选择上最好偏向更加现代感的衬线字体。其次，首页 banner 大图对于店铺购买转化来说非常重要，所以图片尺寸建议为 1920mm × 750mm；图片上的字体要清晰可见。再次，主推产品可以直接通过大图的方式展现，但要注意的是，图片应使用清晰的实际穿戴拍摄图片。最后，可以把要营销的产品组合打包成一个场景。例如跑步是一个生活方式的场景，然后把相关功能放到一起组成一个场景，将整个营销转变成营销一种生活方式，这样更容易引起买家的共鸣。

2. 3C 行业和家居行业

3C 行业的 Logo 尽量使用纯色，结构线条不要复杂，也可以直接使用字体，推荐字体包括 OpenSansBold、RobotBold 和 Amata 等纤细的字体；合理的字母间距设置也非常重要（最好将 letter - spacing 设置为 2）。首页 banner 大图对于 3C 店铺购买转化也非常重要，图片尺寸和图片上的字体要求与 Fashion 行业一致。在主要分类入口方面，3C 行业的配件类目很多，应让买家对店铺有清晰的认知，快速找到自己想要的产品。主推产品最好是直接通过大图的方式展现，但要注意的是，图片应使用清晰的实际穿戴拍摄图片。场景营销对 3C 产品同样重要，与 Fashion 行业一样，尽可能地将整个营销转变成营销一种生活方式，引起买家的共鸣。家居行业与 3C 行业的设计策略基本一致。

3. 鞋类运动行业

运动行业店铺 Logo 用色尽量使用纯色，结构线条不要复杂，店招可以使用黑色或灰色。首页 banner 大图仍然非常重要，图片尺寸和图片上的字体要求与上述行业一致。产品分类入口设计尽可能让用户快速形成对店铺的认知，了解店铺的经营范围、产品类型和产品对应的生活方式等。新品上架区域可以采用一张主推商品图，加上新品以瀑布流的方式呈现，新品一般没有折扣展示。如果新品比较多，则可以在装修工具里面复制出一个这样的模块。

第五节　全球速卖通物流

一、物流模板设置

运费模板是针对交易成交后卖家需要频繁修改运费而推出的一种运费工具。通过运费模板，卖家可以解决不同地区的买家购买商品时运费差异化的问题，还可以解决同一买家在店内购买多件商品时的运费合并问题。运费模板是根据货品重量的不同，使用卖家设置的到各地区的运费费率来计算运费的。当买家下单订购时，根据所购货品的总重量以及发货到买家收货地址的对应运费费率，系统将自动计算出最后需要的运费。

产品发布前必须要设置好运费模板，否则无法提交要发布的产品。运费模板的精细度直接与利润相关联。一个店铺可以同时存在多个运费模板。但是一个产品链接只可以选择一个运费模板，一个运费模板可以包含多种物流渠道。具体产品链接的运费模板可以随时修改，但是活动的情况下除外。

1. 普通运费模板

在发布新产品之前，需要先完成运费模板和服务模板的设定。进入卖家后台—产品管理—运费模板，点击“新增运费模板”（见图 7－18）。

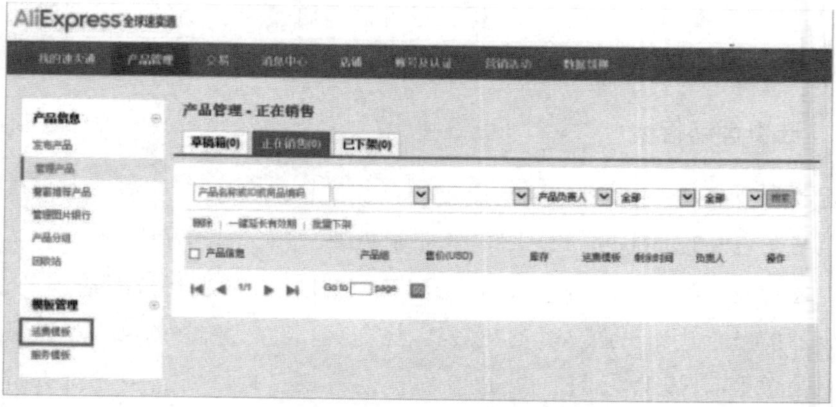

图 7－18　卖家后台界面

输入运费模板的名称并点击“保存”（见图7-19）。

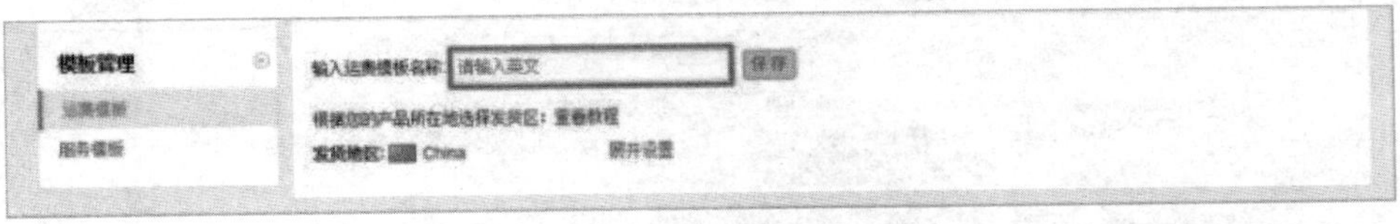

图7-19　运费模板名称输入界面

保存模板名称后，可看到下方出现了多家物流公司的列表，分为经济类物流、简易类物流、标准类物流、快速类物流四类，每类物流下面又包括多家公司，可以对其中一家或多家公司分别设置运费（建议多设几家以供发货时选择）。

需要注意以下两点：一是需要先勾选某家物流公司，然后才能对其进行设置。可以设标准运费、卖家承担运费或自定义运费（见图7-20）。

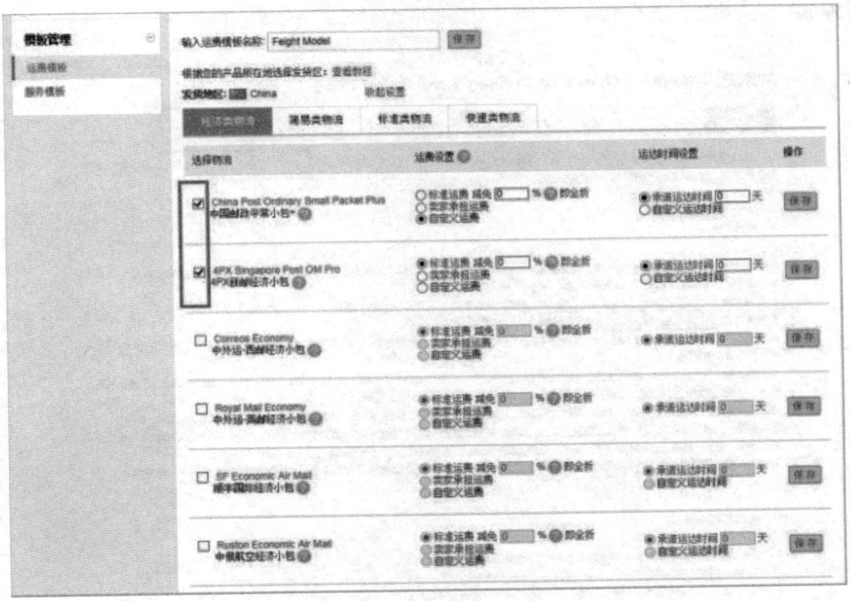

图7-20　物流方式输入界面

二是每家物流支持送达的国家地区，以及对单件包裹的限重都是不同的。因此在设置前，可以点击物流公司名称后面的符号“?”，查看其详情。如图7-21所示。

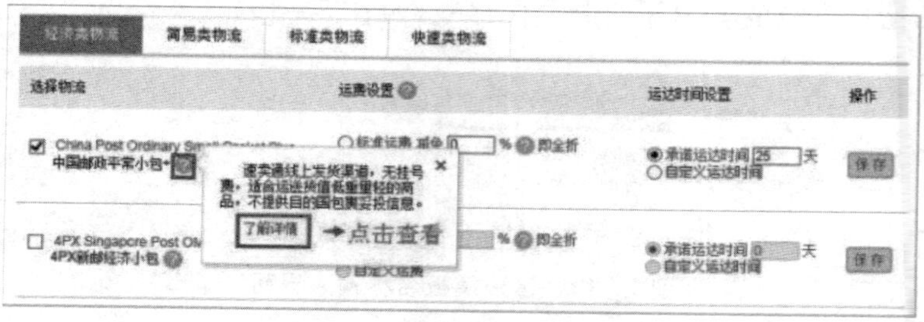

图 7－21　物流详情了解界面

详情里的内容对于货物的发运是非常重要的。例如图 7－22 所示的“中国邮政平常小包”，它只能运送订单金额 5 美元以下、重量 2 公斤以下的小件商品。也就是说，如果要销售的产品单件的金额超过了 5 美元，或者单件的产品重量（可以在产品详细资料文档中查到）超过了 2 公斤，那么是无法使用“中国邮政平常小包”来运输的，运费模板中必须再多选择别的物流公司，否则买家就无法购买该产品。

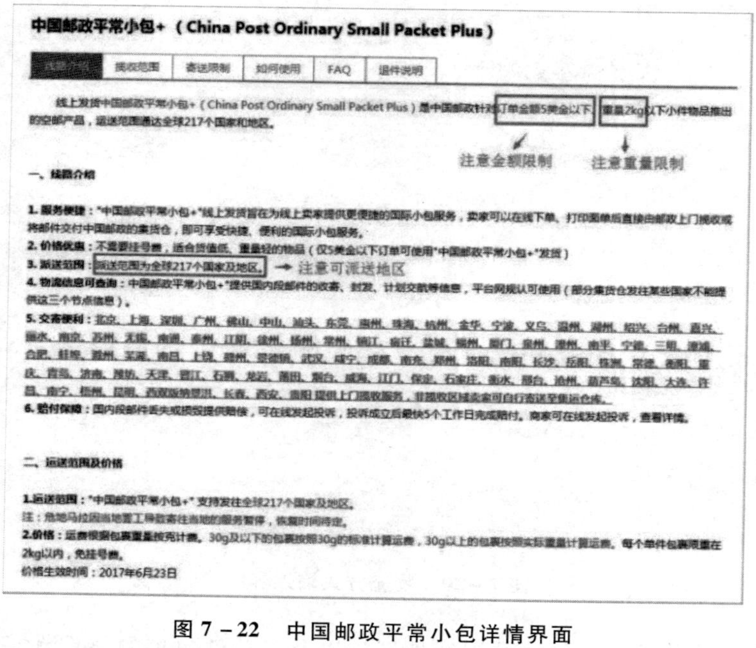

图 7－22　中国邮政平常小包详情界面

因此，在设置运费模板时，考虑到不同类型的产品（如价值比较高的，比较重的），可以针对这些产品分别设置多个运费模板，以便在发布不同类型产品时选用。

另外，如果想试算到某个国家地区的运费，可以点击界面上的“物流方案选择”（见图 7－23）。

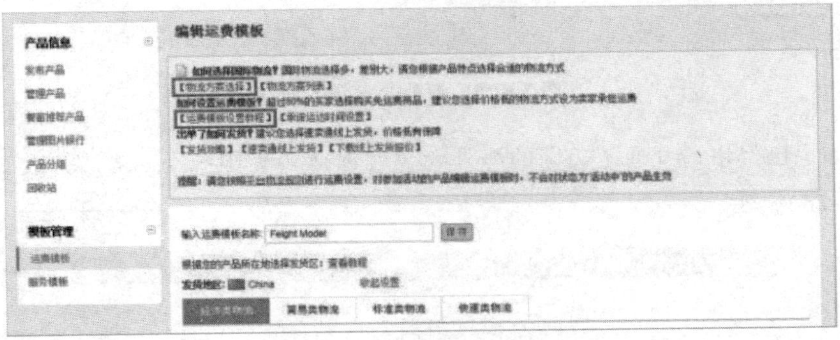

图 7－23　编辑运费模板界面

2. 海外仓运费模板

如果申请开通了海外仓，需要在运费模板中增加相应发货地，否则无法接到海外仓订单。进入卖家后台—产品管理—运费模板，可以在原来已有的运费模板的基础上增加海外仓发货设置（点击“编辑”），也可以另外新增运费模板（见图 7－24）：

图 7－24　管理运费模板界面

在原有发货地区的基础上，点击“增加发货地”（见图 7－25）：

图 7－25　海外仓设置界面

如果已经申请开通了美国的海外仓，就选择“美国”，点击“确认”（见图 7－26）。

图 7－26　海外仓发货地选择界面

添加成功后，点击对应发货地区右侧的“展开设置”（见图 7－27、图 7－28）。

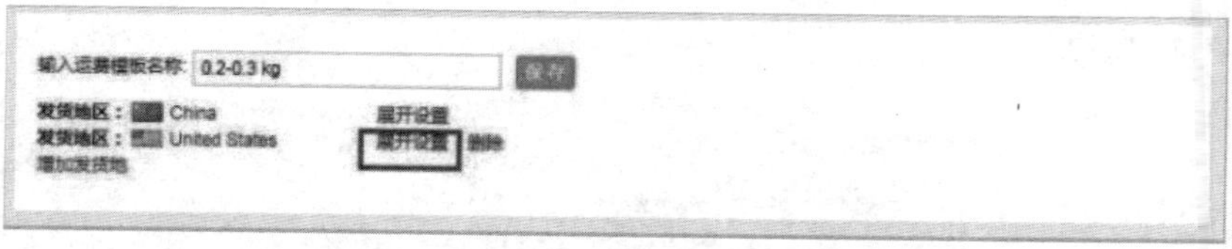

图 7－27　海外仓展开设置界面

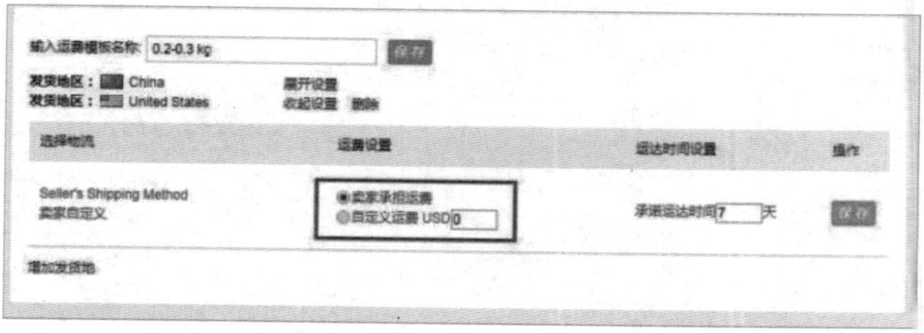

图 7－28　海外仓具体设置界面

对其运费进行设置，设置完成点击“保存”即可。这样，采用该运费模板的产品，如果有来自该国家的订单，就可以从该国海外仓进行发货了。

二、速卖通发货流程

（1）进入“我的速卖通”—“交易”，选择“等待您发货”状态的订单。将看到所有等待卖家发货的订单明细。选择需要发货的订单，点击“发货”（见图 7－29）。

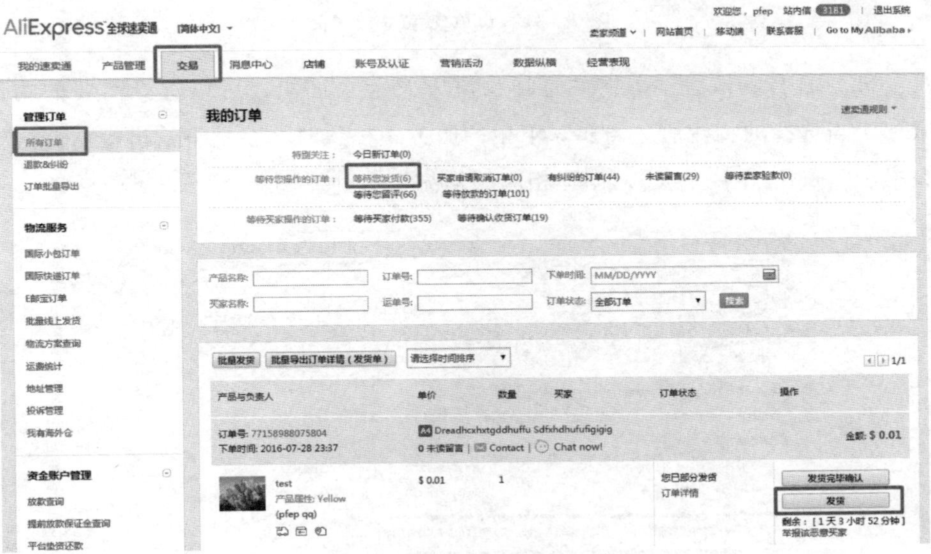

图 7－29　速卖通订单处理首页

之后将看到下方页面，请选择“线上发货”（见图 7－30）。

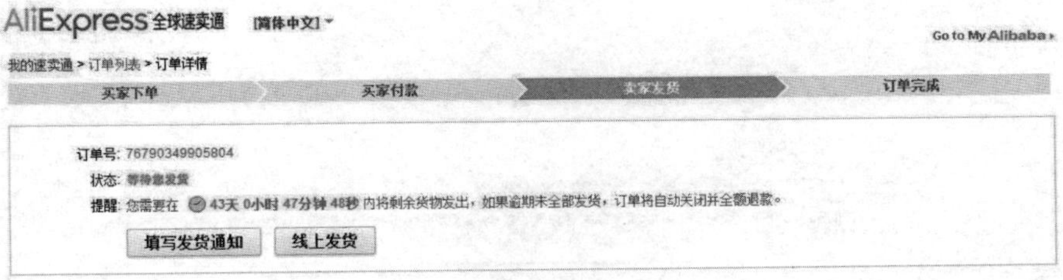

图 7－30　订单详情界面

对于已部分发货的商品，将会看到“填写发货通知”“发货完毕确认”和“线上发货”三个按钮。可选择“线上发货”，即可进入选择物流方案的环节（见图7－31）。

图7－31　订单卖家发货界面

（2）选择物流方案。在“选择物流方案”页面里，可以选择需要的物流服务。当选择的物流服务与买家下单的服务不一致时，系统将给出提示。选择完毕后，点击“下一步”，创建相应的物流订单（见图7－32）。

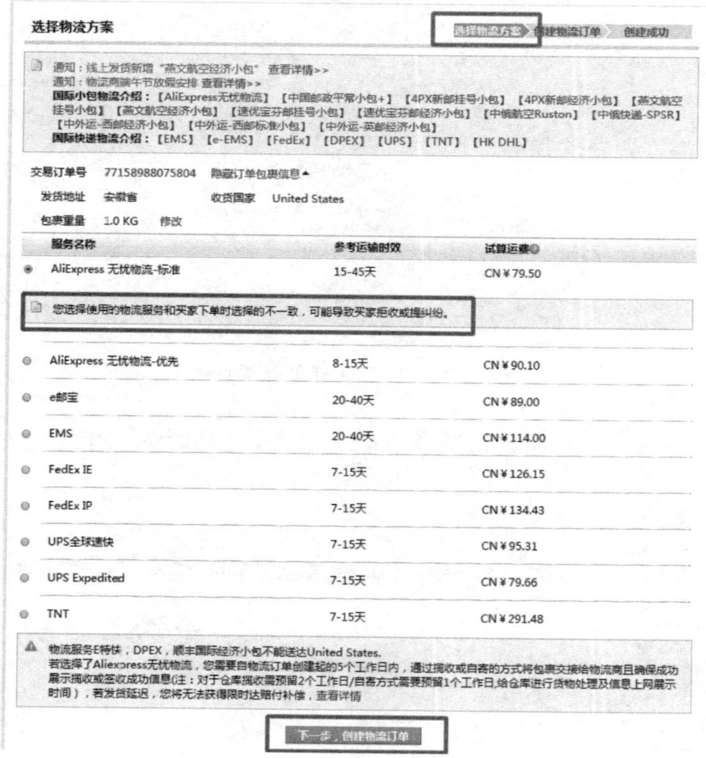

图7－32　物流方案选择界面

（3）创建物流订单。选择“创建物流订单”之后，会出现下方页面（见图 7 – 33）。

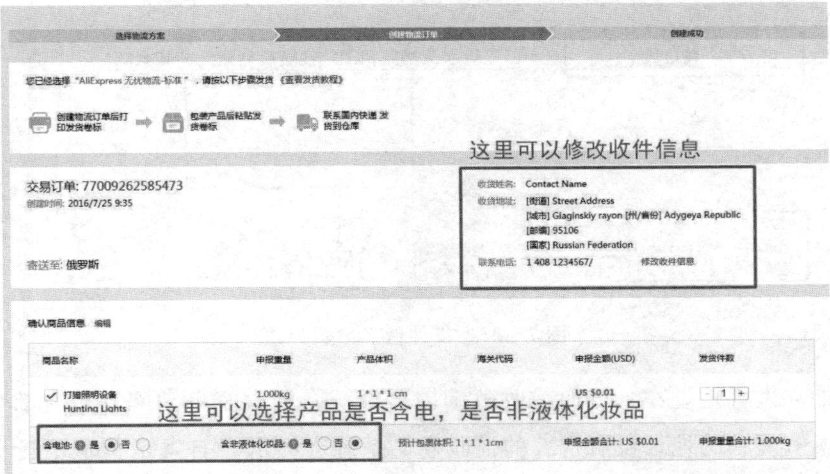

图 7 – 33　创建物流订单界面

如果需要修改买家收件信息，可以点击“修改收件信息”，会显示下方弹窗，可以在此编辑收件信息（见图 7 – 34、图 7 – 35）。

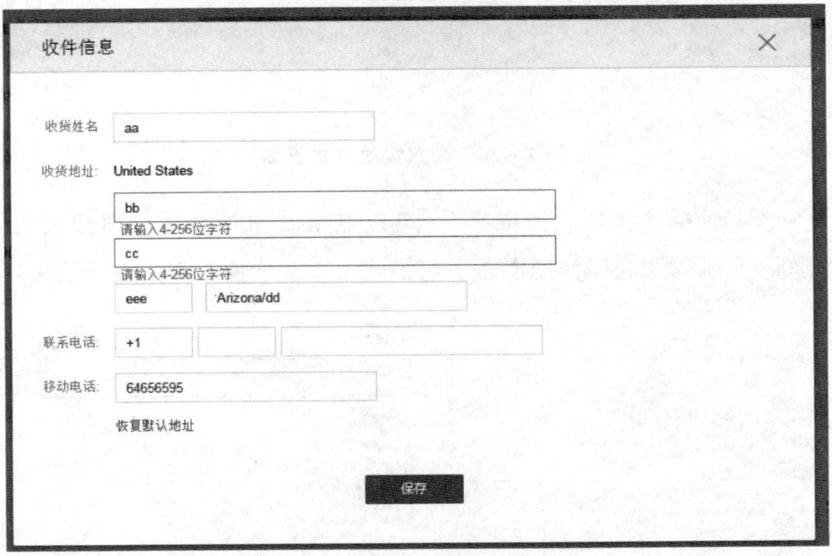

图 7 – 34　收件信息编辑界面

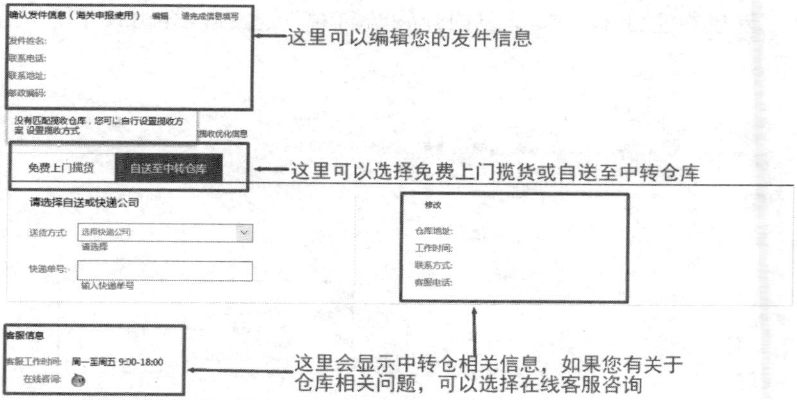

图 7－35　发件信息编辑界面

如果发件地址在物流商揽收范围内，系统会为卖家自动配置对应的仓库。如果卖家所在的地址没有推荐的揽收仓，系统会提示“自寄至指定中转仓库”（见图 7－36）。

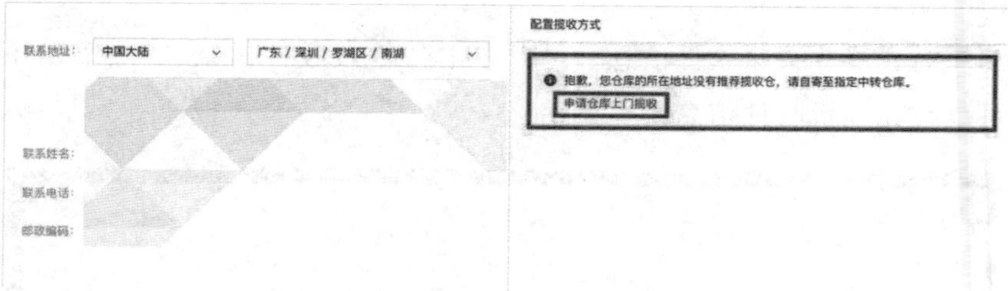

图 7－36　配置揽收方式界面

如果依旧选择“免费上门揽收”，可以点击“申请仓库上门揽收”。申请揽收仓库，必须先与仓库沟通能否上门揽收，以免仓库拒单（见图 7－37）。

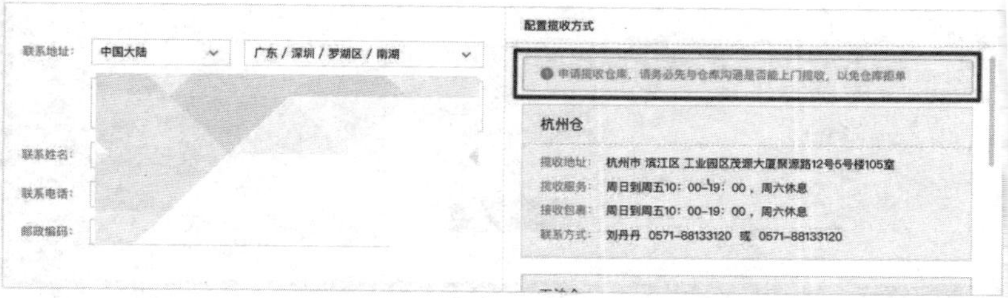

图 7－37　揽收方式提示界面

在创建物流订单的时候，在页面底部有关于无法投递的包裹处理方案。可以根据需要选择是否需要将包裹退回，或在海外销毁。当选择“退回”时，每单会收取固定金额的退件服务费，对于选择退回的包裹，一旦发生目的国无法投递的情况，将不再收取退回运费。当选择“销毁”时，不产生退件服务费，将会免费销毁包裹（见图 7－38）。

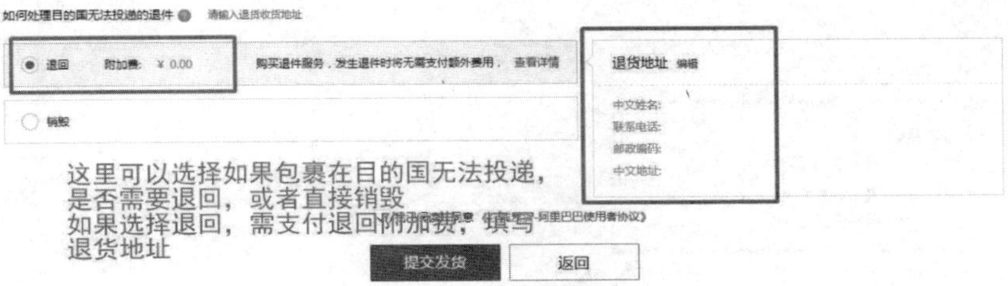

图 7－38　退货处理界面

以上选择全部完毕之后，可以勾选“我已阅读并同意《在线发货—阿里巴巴使用者协议》”，并选择“提交发货”。至此，物流订单创建完毕。

（4）查看国际物流单号，打印发货标签。在物流订单创建完毕之后，会出现下方页面，提示“成功创建物流订单”。可以点击“物流订单详情”链接，即可看到生成的国际物流单号，打印发货标签（见图 7－39 至图 7－41）。

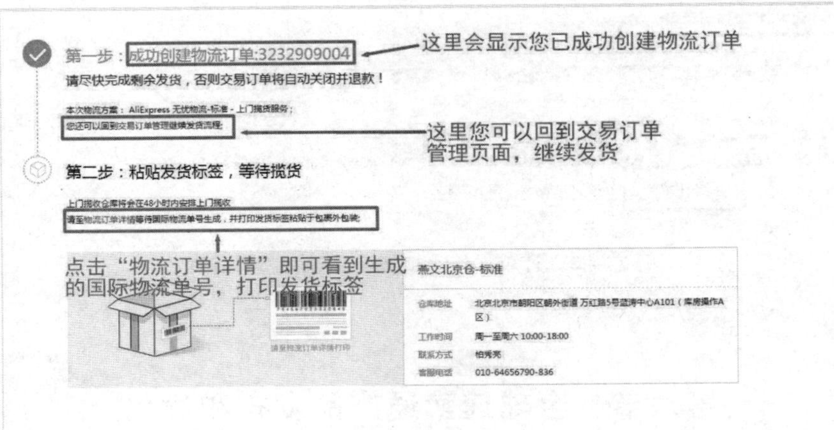

图 7－39　成功创建物流订单界面

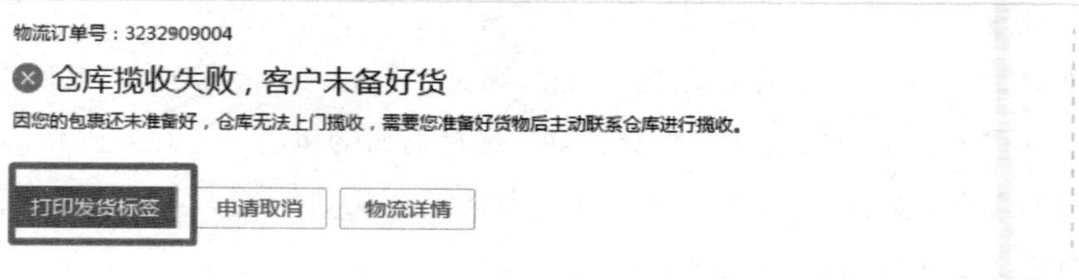

图 7－40　打印发货标签界面

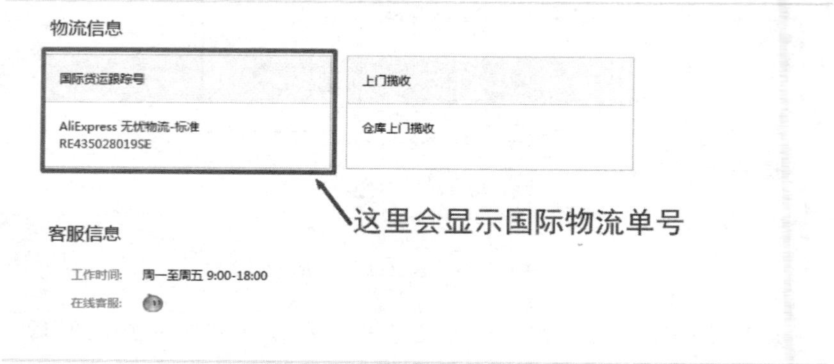

图 7－41　国际物流单号显示界面

（5）填写发货通知。物流订单创建成功后，系统会生成运单号给卖家，卖家在完成打包发货，交付物流商之后，即可填写发货通知（见图 7－42）。

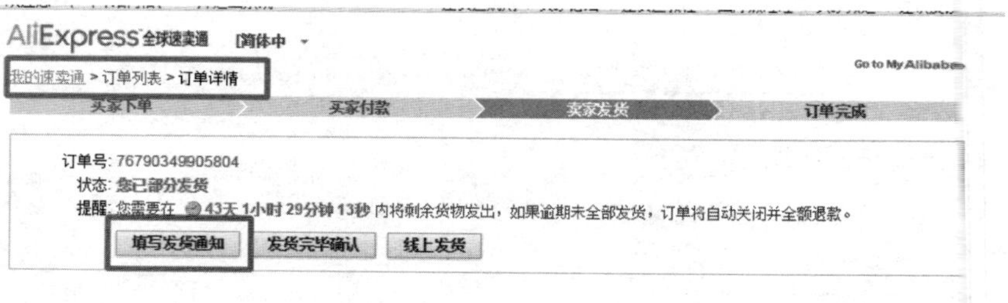

图 7－42　订单详情中填写发货通知操作界面

第六节　全球速卖通产品发布和优化

在产品管理页面点击发布产品。该场景适用于发布单条产品（见图 7－43）。

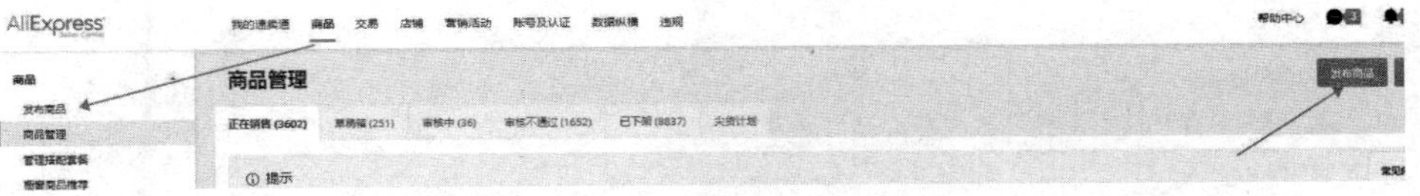

图 7－43 商品管理界面

商品发布编辑板块为：基本信息，价格与库存，详细描述，包装与物流，其他设置。

一、基本信息

基本信息板块包括商品标题、类目、商品图片、产品视频和产品属性。标题是买家搜索并吸引买家点击进入卖家商品详情页面的重要因素。一个优秀的产品名称应该包括准确的产品关键词、能够吸引买家的产品属性、服务承诺以及促销语。整个产品名称的字数不应太多，尽量准确、完整、简洁，128 个字符以内，如果标题是复制粘贴，建议放入记事本去除格式后填写。标题可设置多国语言，系统提供自动翻译功能，一旦设置了其他语言，则不直接同步英文，且有地球符号 提醒。

在类目选择时，应选择合适的产品发布类目（见图 7－44）。

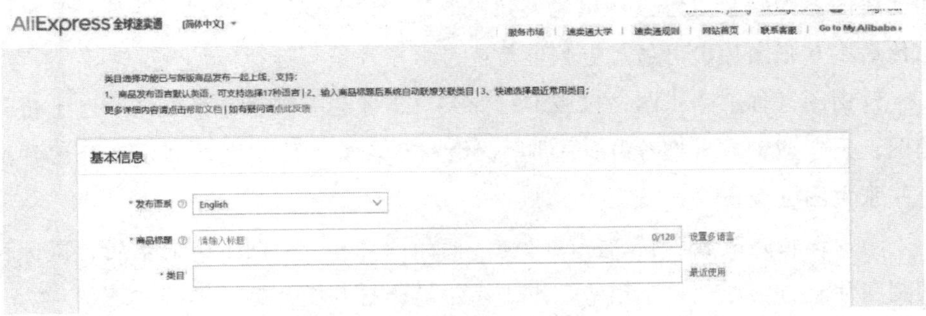

图 7－44 产品发布初始界面

类目选择方式主要有四种：一是在类目列表手动选择；二是输入类目名称或拼音首字母进行搜索；三是输入英文产品关键词，如 mp3；四是从最近使用的 10 个类目中选择（见图 7－45）。

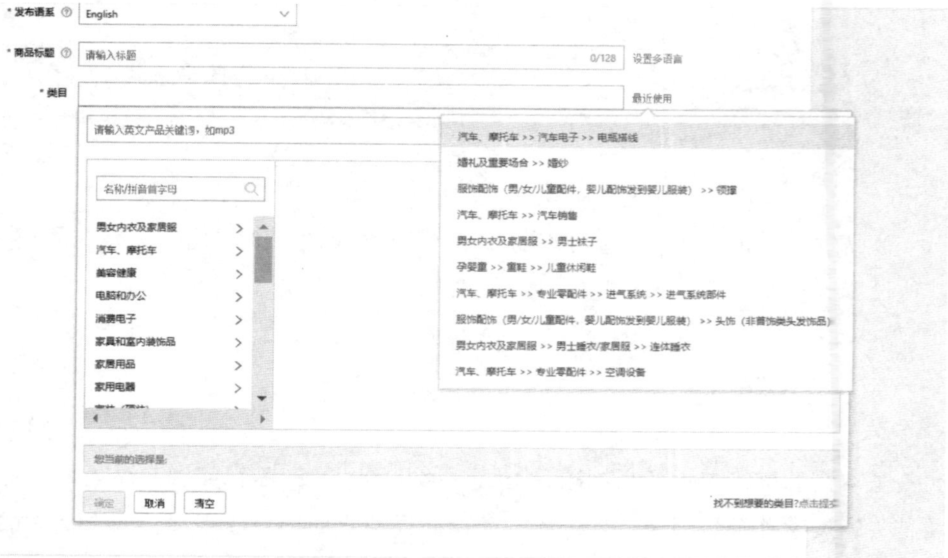

图 7－45　产品发布语言、标题和类目界面

产品的图片要能够全方位、多角度展示卖家的商品，才能大大提高买家对商品的兴趣。图片大小要求在 5M 以内 JPG、JPEG 格式；横向与纵向比例 1∶1（像素大于 800×800）或 3∶4（像素大于 750×1000），且所有图片比例一致。产品主体占比建议大于 70%，风格统一，不建议添加促销标签或文字。切勿盗图、涉嫌禁限售或侵犯他人知识产权，以免受网规处罚。一款产品同时上传最多 6 张图片，可通过电脑上传或者从图片银行选择。

营销图又称第 7 张图，仅服饰行业类目下才会展现，非必填。若已上传营销图，则在搜索或者推荐 list 中展示营销图；若未上传则默认展示商品图片的第一张主图（见图 7－46）。

图片编辑是改版后新增加的功能，商品图片和营销图上传成功后，鼠标移动到图片上方会浮现出小铅笔，点击小铅笔会打开图片编辑器（见图 7－47）。

图片编辑过程中，可进行图片的裁切（按固定比例裁切或自由拖拽裁切）、抠图、旋转和镜像。操作过程中需要说明以下几点：一是再次点击抠图可取消抠图；二是点击四次旋转可恢复成原图；三是点击两次镜像可恢复成原图；四是点击重置可将全部图片编辑操作还原（见图 7－48）。

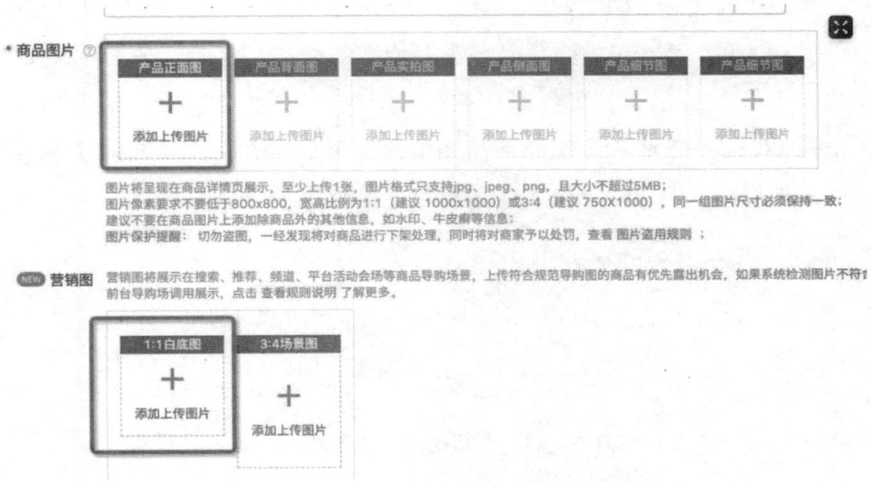

图 7－46 产品展示图和营销图上传界面

图 7－47 图片编辑界面

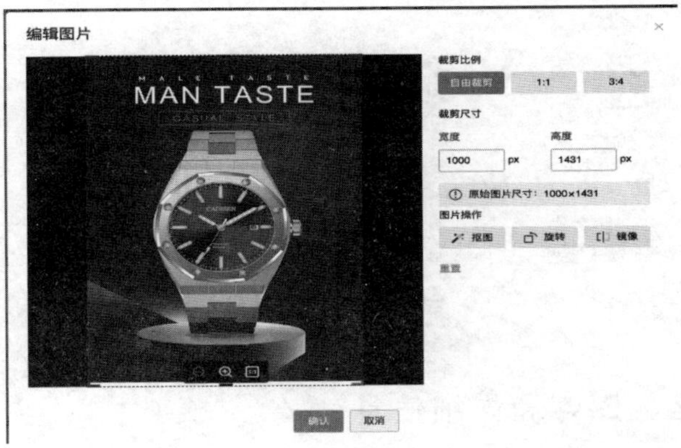

图 7－48 编辑后确认界面

产品视频大小要求2GB以内，avi、3gp、mov等格式。建议视频长宽比与商品主图保持一致，时长30秒以内。若上传产品视频则会展示在前台商品主图区，建议上传产品视频，可提高用户转化。需要注意基本信息中的产品视频，无论是PC端、还是App端，产品详情页面都展示在主图区域。商品详描中也可以添加视频，且PC端和App端可以分别单独设置（见图7－49）。

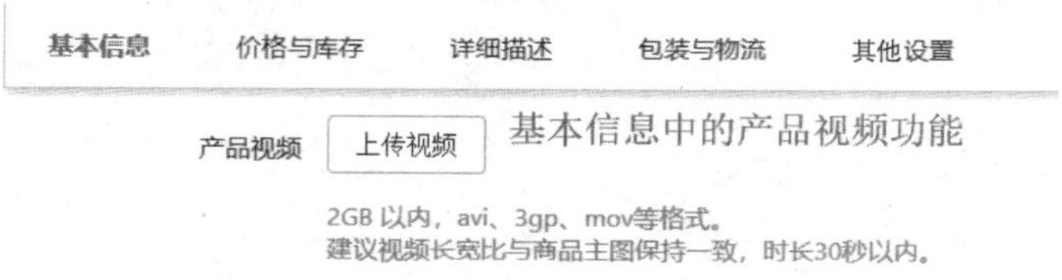

图7－49　产品视频上传界面

产品属性是买家选择商品的重要依据。分为必填属性（以“＊’表示）、关键属性（以“！”表示）、非必填属性（系统有展示，但无特别标注）、自定义属性（补充系统属性以外的信息）。建议详细准确填写产品属性，完整且正确的产品属性有助于提升产品曝光率。若系统属性中没有合适的属性或者属性值，可提交类目问题反馈（见图7－50）。

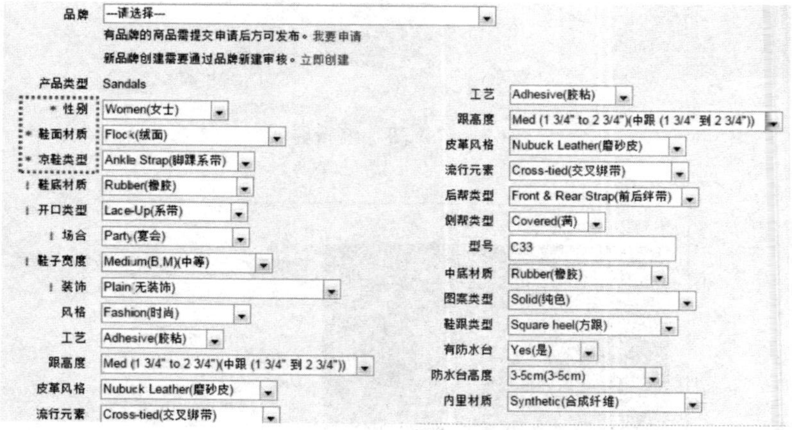

图7－50　产品基本属性界面

二、价格、库存和详细信息

价格与库存版块包括最小计量单元、销售方式、颜色、尺寸（部分类目)、发货地、零售价（USD)、库存数量、商品编码、区域定价、批发价。其中，最小计量单元是所售卖的产品的最小度量单位（即单个产品的量词)。销售方式一般根据重量、体积和货值决定，单件或打包出售。产品单价较高，重量和体积较大的产品适合单件卖；而产品单价较低，重量和体积较小的产品（例如珠宝首饰、3C 配件等）适合多个组成一包出售。颜色可以选择一个或多个主色系，并设置对应的自定义名称或上传 sku 自定义图片，图片可通过电脑上传或者从图片银行选择。自定义 sku 图片大小不能超过 200KB，格式支持 jpg 和 jpeg 格式。若上传了自定义图片，在买家页面优先展示图片，若未上传则在买家页面展示自定义名称，若两者都没有设置，则展示系统默认色卡图片和名称（见图 7－51）。

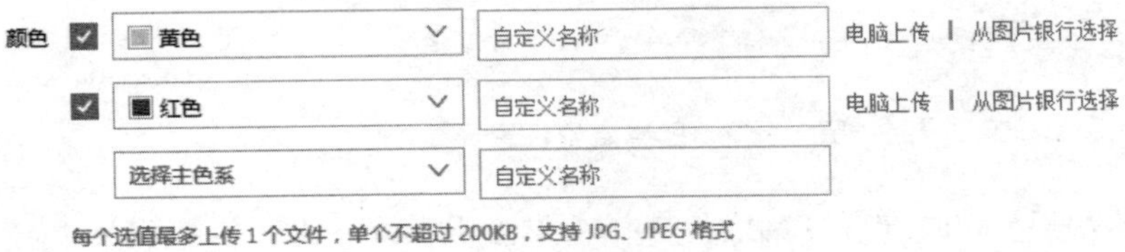

图 7－51　产品属性操作界面

对于服装等需要设置尺码的类目会展示尺寸属性。可以勾选通用尺寸，也可以自定义属性值名称，自定义属性值只允许含字母和数字。卖家还可以根据实际情况选择一个或多个发货地。零售价即原价（包含交易手续费)。实际收入＝零售价×(1－佣金费率)。多 SKU 商品在设置价格时，首先在标题栏填写价格、库存等信息之后，点击“批量填充”，则全部 SKU 价格被填充（见图 7－52)。

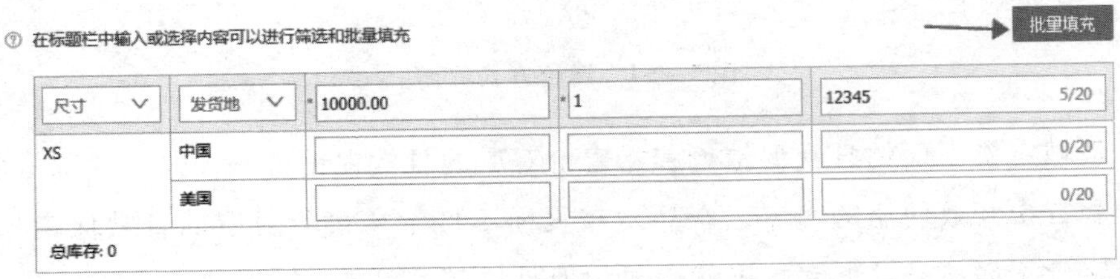

图 7－52　多 SKU 商品价格批量填充界面

对于库存数量的设置，库存表示特定属性的商品是否有货。日常促销价属于非必填属性。零售价和区域定价都可以设置日常促销价，该功能目前仅针对部分卖家开放。设置日常促销价后前台 detail 页面展示划线打折价格的效果。在营销活动里设置折扣价格依然以零售价和各国区域化定价作为基准价，不参考日常促销价。营销活动折扣的优先级高于日常促销价。区域定价是在商品发布端，按照“ship to”区域不同，向卖家提供差异化定价的能力（见图 7－53）。

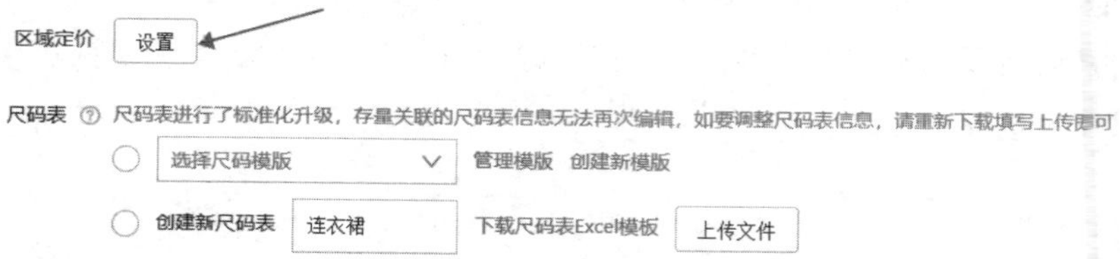

图 7－53　区域定价设置界面

根据图 7－53 界面进行区域定价操作，先点击设置，选择需要设置差异化定价的国家。然后选择直接报价、调整比例、调整金额中的一种方式进行调价（见图 7－54）。

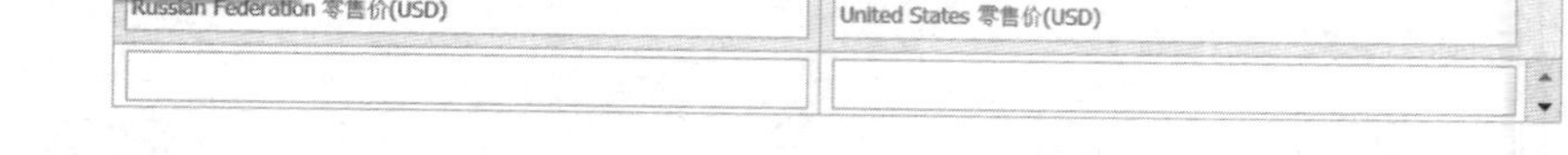

图 7－54　调价方式界面

区域定价下面的日常促销价和零售价对应的日常促销价一样仅针对部分卖家开放，未开放使用的卖家，产品发布页面不展示零售价对应的日常促销价，区域定价下面的日常促销价虽然会显示但是置灰不可选择（见图 7－55）。

对于日常促销价和区域化定价设置范围，需要说明以下几点：一是日常促销价需要设置零售价的 50%～100%；二是国家区域化定价需要设置零售价的

图 7－55 未开放日常促销价产品批量填充界面

70% 以上；三是如果设置区域化定价对应的日常促销价，则日常促销价需要设置区域化定价的 50% ~100% 。

在批发价的设置上，对于支持批发的商品，可勾选“支持”。可以在弹出的窗口中设置起批数量和批发价格。批发价格以折扣形式填写。例如，零售价为 $100，“批发价在零售价基础上减免 10%，即 9 折”，表示批发价为 $90。

产品详细描述是要将买家关注的产品特色、功能、服务、包装及运输信息等展示出来，主要作用是让买家全方面了解商品并有意向下单的重要因素。优秀的产品描述能增强买家的购买欲望，加快买家下单速度。促成买家下单的详细描述大都包含以下几个方面：一是商品重要的指标参数和功能介绍（例如服装的尺码表，电子产品的型号及配置参数）；二是 5 张及以上详细描述图片；三是合理的服务模板设置。填写的内容一定不能涉嫌禁限售或侵犯他人知识产权，详细描述的字符限制是 6 万字符。提交成功后会进入审核。

三、包装与发货

包装与发货板块包括发货期、物流重量、物流尺寸、运费模板、服务模板（见图 7－56）。

发货期又称“发货时间”，从买家下单付款成功且支付信息审核完成（出现发货按钮）后开始计时。假如发货期为 3 天，如订单在北京时间星期四下午 17：00 支付审核通过（出现发货按钮），则必须在 3 日内填写发货信息（周

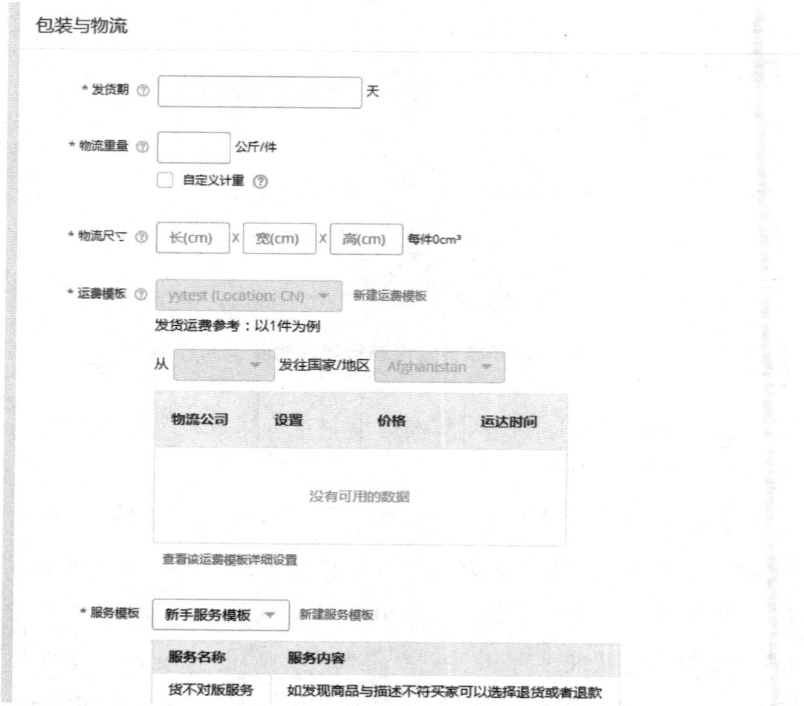

图 7-56 产品包装与物流设置界面

末、节假日顺延），即北京时间星期二下午 17：00 前填写发货信息。若未在发货期内填写发货信息，系统将关闭订单，货款全额退还给买家。建议及时填写发货信息，避免出现货款两失的情况。合理设置的发货期是避免产生成交不卖情况的关键。

物流重量和尺寸需要准确计量，准确填写包装后重量和产品包装尺寸，避免因填写错误而造成的运费损失和交易性降低。当卖家完整填写自定义计重的信息后，系统会按照卖家的设定来计算总运费，忽略产品包装尺寸；对于体积重大于实重的产品，请谨慎选择填写，可以计算出体积重后填写。物流尺寸的计算方式为长度乘以宽度，再乘以高度，计量单位都是厘米。

运费模板的选择也要谨慎，只有填写了物流重量及物流尺寸情况下才可以选择运费模板。可选择已创建的运费模板或者直接点击“新建运费模板”跳转至新增运费模板页面。服务模板可以选择新手服务模板或者已创建的服务模板。

在产品发布页面填写信息时可随时点击“保存”。已保存的该条产品信息可以在商品管理的草稿箱中查看和操作编辑、删除。发布产品时若提示有非英文字符，可以从以下几个方面判断：一是键盘切换至英文状态下输入；同时建议先检查输入的内容，包括标点符号，还有像“@”这样的特殊符号是否都在英文状态下输入。二是所有插入图片命名的名称必须是英文格式命名，中文命名是不可以的。三是由于直接拷贝可能会带一些网络的特殊格式，所以最好不要从其他网页直接拷贝内容。若一定要拷贝，建议先将内容粘贴在记事本里将格式去掉，再添加到详细描述里。如果以上方法都尝试过还是不能解决，则可以更换成 IE 或谷歌的浏览器并重新打开浏览器试下。另外，还可以将产品信息拷贝到 Word 文档里检查，通过“判断字体是否相同”的功能来确认是否为非英文字符。如果通过以上方法还是找不到非英文字符，但系统仍然提示有非英文字符，建议清理下浏览器的 cookies。

信息全部填写完毕可操作“提交”，提交前支持预览。需要注意的是，若点击“提交”时有任何必填属性未填写，页面左侧会显示红色“必填项不能为空”提示列表，每个未填写的必填属性下方也会有红色“必填项不能为空”的提示。点击某条提示即可定位到对应板块（见图 7－57、图 7－58）。

图 7－57　产品信息填写界面

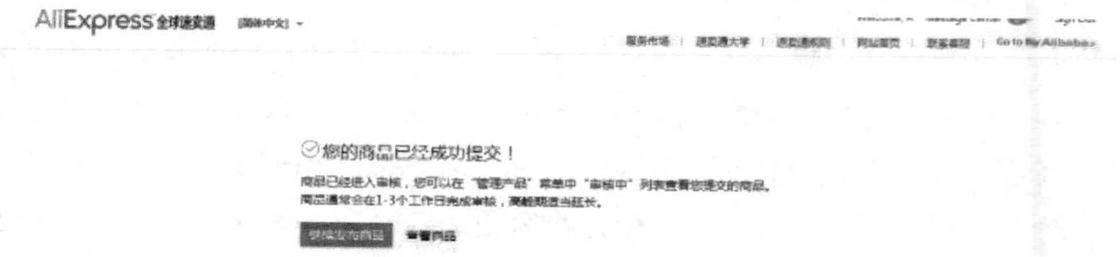

图 7－58　产品信息成功提交界面

第七节　全球速卖通产品营销和推广

一、单品折扣

登录商家后台，点击“营销活动”，在弹出的界面中点击“店铺活动”，然后点击“单品折扣活动”（见图 7－59）。

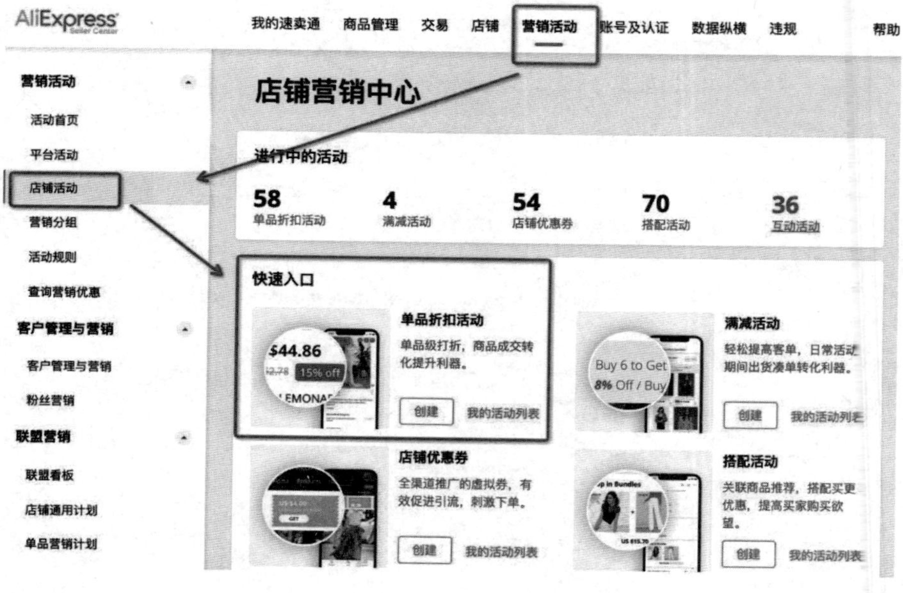

图 7－59　单品折扣快速入口界面

在创建店铺单品折扣活动的基本信息设置中，可点击“创建活动”进入活动基本信息设置页面；注意活动名称最长不要超过32个字符，只供查看，不展示在买家端；活动起止时间为美国太平洋时间；最长支持设置180天的活动，且取消每月活动时长、次数的限制；活动设置的时间开始后，活动即时生效；点击“提交”后即可进入设置优惠信息页面（见图7-60）。

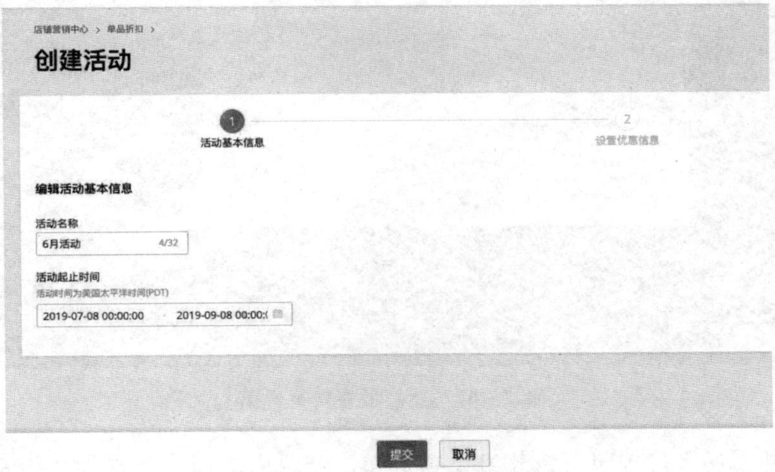

图7-60　单品折扣活动创建初始界面

在活动优惠信息设置过程中，可筛选全部已选商品和未设置优惠商品，支持商品id搜索（见图7-61）。

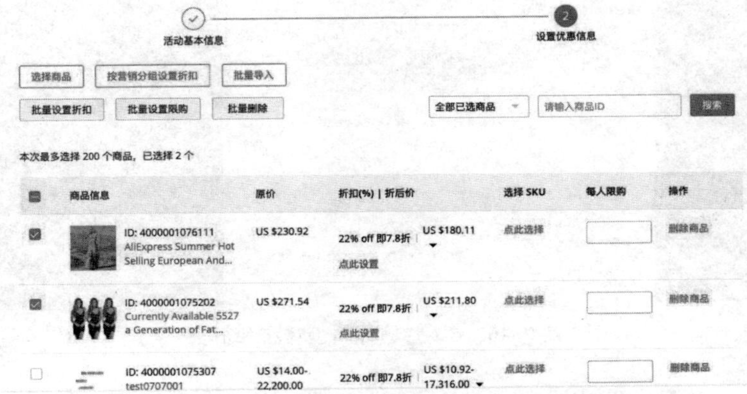

图7-61　单品折扣活动设置优惠信息初始界面

同时支持单个商品、根据营销分组、表格导入形式设置；支持批量设置折扣、批量设置限购、批量删除，并且默认所有 sku 都参加活动（见图 7－62）；

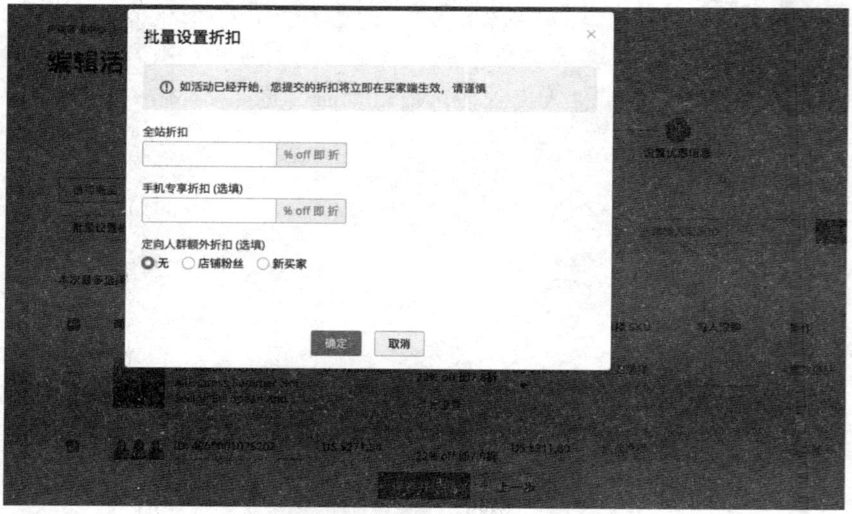

图 7－62　折扣批量设置界面

另外，还支持按照营销分组设置折扣，分组内的商品会被导入至活动内；目前设置 App 折扣不具备引流功能，因此营销分组设置折扣处取消了设置 App 折扣的功能。如需设置 App 折扣，可回到单品选择页面设置。如果只设置全站折扣，即 PC 和 App 均展示同一个折扣（见图 7－63）。

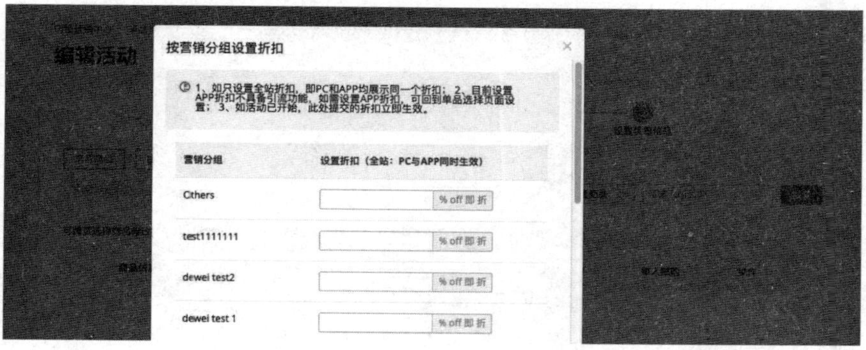

图 7－63　按营销分组设置折扣界面

支持通过表格形式批量导入，下载模板后要注意各项是否为必填或选填（见图 7－64）。

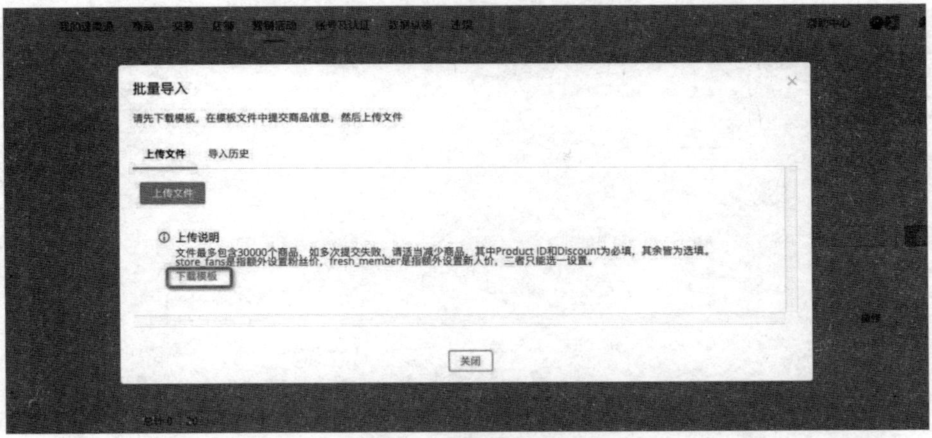

图 7－64　产品折扣模板下载界面

Product ID 为必填项，可以在商品管理处获取 id；Product Title 为非必填项，可以复制商品的标题；Discount 为必填项，填写商品折扣率，比如卖家希望设置 10% off，填写“10”即可；Mobile Discount 为非必填项，填写 App 端折扣率，若不设置则默认 App 和 pc 端折扣率一致；Target People 为非必填项，此处填写 store_fans 或者 fresh_member，store_fans 是指额外设置粉丝价，fresh_member 是指额外设置新人价，两者只能选一设置；Extra Discount 为非必填项，定向人群额外折扣，比如想要针对新人设置额外折扣 1%，那么可以在此处填写“1”，在第五列填写 fresh_member；Limit Buy Per Customer 为非必填项，每个买家限购数量；如果希望设置每个买家限购 2 件，则输入“2”即可。文件最多包含 3 万个商品，如多次提交失败，请适当减少商品，且注意表格不要带有空格，不要随意调整表格格式。

导入历史处可查看错误报告（见图 7－65）：

支持单个商品设置粉丝/新人专享价；不支持部分 sku 参加活动，不想参加的 sku，可修改商品普通库存数为 0（见图 7－66）。

填写完成后点击“保存并返回”即创建完成活动，等活动开始后即时生效；同一个商品只能参与同个时间段内一场单品折扣活动；可同时参加同个时间段的平台活动，平台活动等级优先于单品折扣，因此会生效平台活动折扣。

图 7－65　折扣活动下载错误报告界面

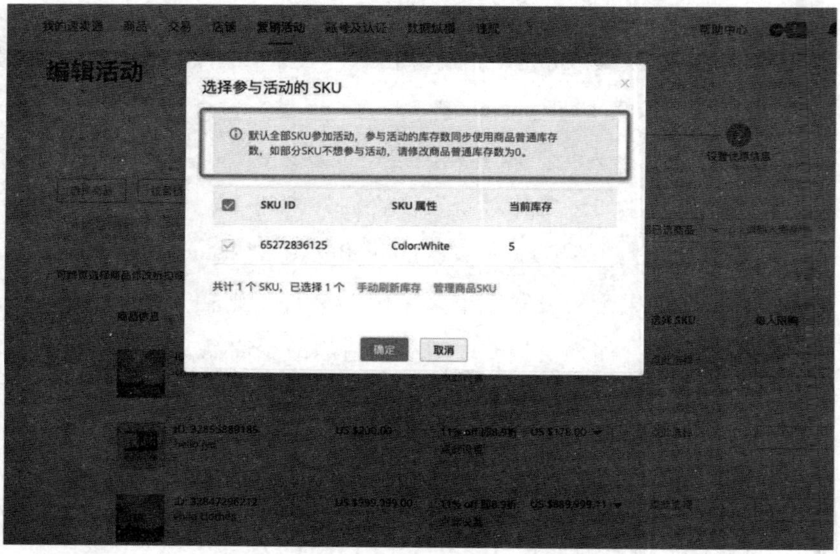

图 7－66　参与折扣活动的 sku 确定界面

活动状态分为：未开始、生效中、已暂停、已结束；未开始状态会展示倒计时，可编辑（进入活动基本信息页）、管理商品（进入优惠信息编辑）、暂停活动；生效中状态可查看活动详情、管理商品、暂停活动，暂停活动适用于快速止损整个活动，如对单个可直接修改；已暂停状态可重新生效活动、查看活动详情；已结束状态可查看活动详情（见图 7－67）。

6月活动	2019-07-08 00:00:00 2019-09-08 00:00:00	未开始 距离开始：14:16:11	管理商品 | 编辑 | 暂停活动
他	2019-07-25 00:00:00 2019-07-26 00:00:00	未开始 距离开始：17 天	管理商品 | 编辑 | 暂停活动
Test_4_store_conf	2019-07-18 06:00:00 2019-07-25 00:00:00	未开始 距离开始：10 天	管理商品 | 编辑 | 暂停活动
test-批量设置	2019-08-01 00:00:00 2019-08-02 00:00:00	未开始 距离开始：24 天	管理商品 | 编辑 | 暂停活动
Test_store_normal_707	2019-08-01 00:00:00 2019-08-02 00:00:00	未开始 距离开始：24 天	管理商品 | 编辑 | 暂停活动
Test_next_707_01	2019-07-07 00:00:00 2019-07-09 00:00:00	生效中	管理商品 | 查看活动详情 | 暂停活动
23	2019-07-24 00:00:00 2019-07-25 00:00:00	未开始 距离开始：16 天	管理商品 | 编辑 | 暂停活动
Test_online_707_qw	2019-12-26 00:00:00 2019-12-26 19:00:00	已暂停	重新生效活动 | 查看活动详情

图 7－67　产品参与折扣活动状态界面

单品折扣包含了原全店铺打折活动以及限时限量的功能，如果需要开展全店铺打折活动，可以通过“按营销分组折扣”快速设置全店铺商品的活动。

二、金币营销

App 内的英文名称是“Coins & Coupons”，是目前 App 端流量排名 TOP 1 的频道，入口见图 7－68。

金币抵扣的优势有三个，一是平台提供领金币、抵折扣或兑换、互动等玩法工具给消费者；二是消费者获得和使用权益时，查看商家广告和购买商家商品时获得折扣；三是商家获得流量、成交、品牌传播（见图 7－69）。

商家设置第一步是创建活动基本信息，可通过开关控制是否全店铺商品参与，2%、5% 和 10% 三个档位选择，勾选后全店铺的商品适用；可支持单个商品特殊配置（见图 7－70）。

图 7－68　App 端金币营销频道界面

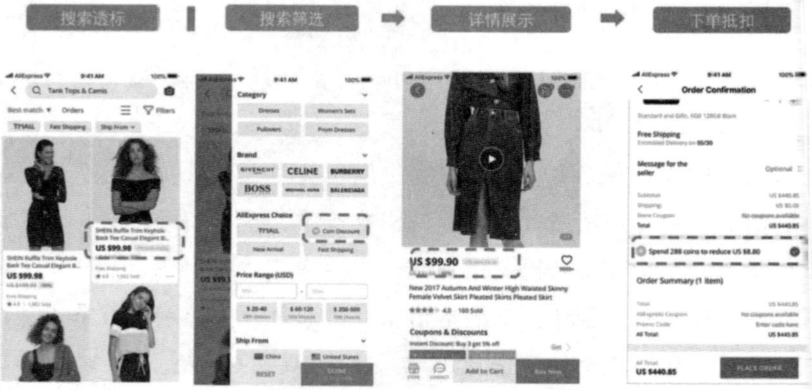

图 7－69　App 端金币营销流程

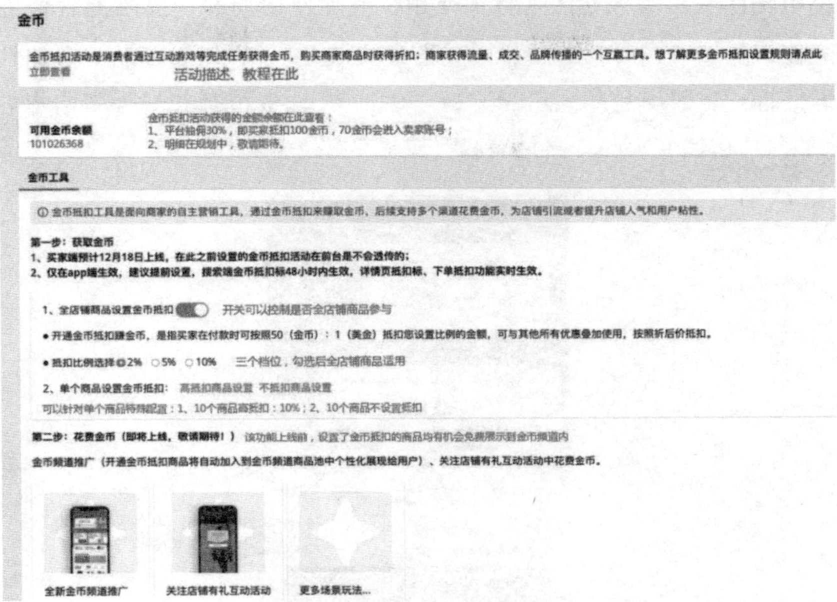

图 7－70　金币营销初始设置界面

单独设置高低扣第一步输入商品 id；第二步点击添加商品。设置完毕后，仅在 App 端生效，详情页抵扣标、下单抵扣功能实时生效，搜索端金币抵扣标 48 小时内生效，建议提前设置；允许在后台随时关闭，次日生效，重新开启后则按照新设置的时效生效（见图 7－71）。

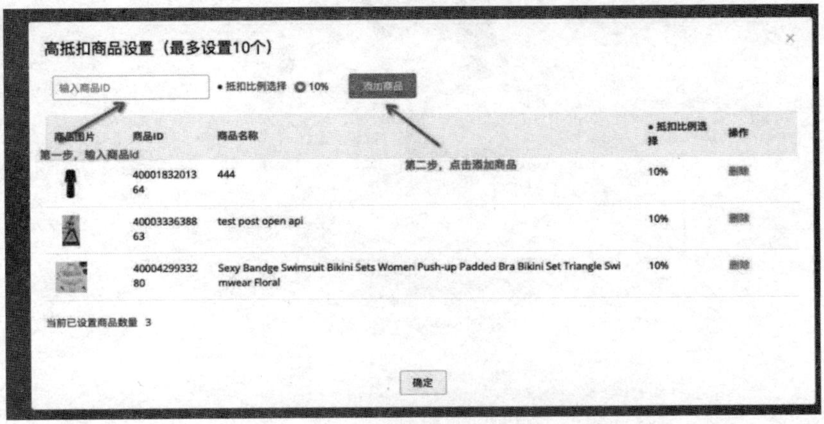

图 7－71　高抵扣商品设置界面

金币支持与其他所有优惠叠加使用，叠加使用期间，按照折后价进行抵扣。具体扣减逻辑：商品级优惠（即平台活动/单品折扣优惠）—石油计划—店铺满件折—店铺满包邮—店满立减—店铺券 —金币抵扣—跨店购物券—平台券/平台（店铺）code—支付满减（见图 7－72）。

图 7－72　金币抵扣商品展示区

金币抵扣后，该金币会转移至商家自己的金币账户。后续该金币可以到金币频道置换流量，花费金币功能上线前，流量免费补贴，不需要置换均有机会展示在金币频道；后续花费功能上线后，商家可使用赚取的金币，置换金币频道流量。

通过抵扣获得的金币，平台会抽佣 30%，即消费者支出 100 个金币，商家实际获得金币数量是 70 个。额外抵扣部分不计入历史最低价。金币抵扣的销量按正常销量计算。目前，虚拟商品暂时无法参加金币抵扣活动。金币抵扣的费用是由商家自行承担，与店铺优惠券类似。金币抵扣具体的计算按照 50 金币等于 1 美元的比例进行抵扣，即 1 金币抵扣 0.02 美元。例如：单折后金额为 100 美元，设置 2% 的金币抵扣，则买家最多可用 100 金币抵扣 2 美元，如买家账户余额只剩 50 金币，则抵扣 1 美元，如有 66 金币，则抵扣 1.32 美元；如果订单折扣金额为 55.5 美元，设置 2% 的金币抵扣，则买家最多抵扣 1.11 美元，换算成金币后为 55.5 金币，则会向下取整，买家只需支付 55 金币。

三、满减活动

1. 满立减

满立减活动是一款店铺自主营销工具，只要卖家开通速卖通店铺，即可免费使用。可以根据自身经营状况，对店铺设置“满 X 美元优惠 Y 美元”的促销规则，即订单总额满足 X 美元，买家付款时则享受 Y 美元优惠扣减。

需要注意的是，满立减的优惠是与其他店铺活动优惠叠加使用的，对于已经参加折扣活动的商品，买家购买时以折扣后的价格计入满立减规则中。所以，同时使用打折工具和满立减工具时，卖家一定要计算一下自己的利润。

创建满立减活动第一步是登录“我的速卖通”，点击“营销活动”，在“店铺活动”选择“满减优惠”，点击“创建活动”（见图 7－73）。

第二步是填写活动的基本信息，其中，在“活动名称”一栏内填写对应

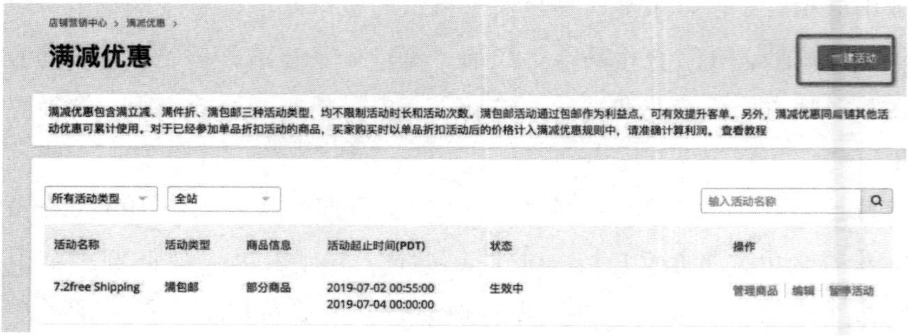

图 7－73　满减优惠设置初始界面

的活动名称，买家端不可见；在“活动开始时间”以及“活动结束时间”内设置活动对应的开始时间以及活动结束时间；活动时间下方，可查看不同时区的时间，便于商家更好地进行国家差异化运营（见图 7－74）。

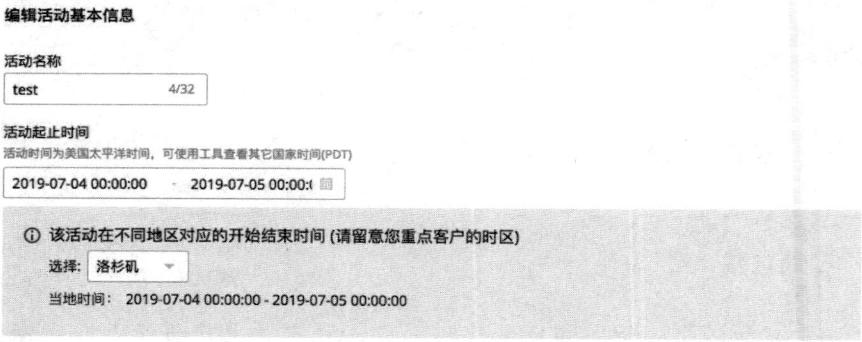

图 7－74　满减优惠活动基本信息编辑界面

第三步是设置活动类型和详情，在“活动类型”中选择“满立减”，如果选择“部分商品”，即为设置了活动的部分商品的满立减活动，订单金额包含商品价格（不包含运费），商品按折后价参与；若选择全店所有商品，为全店铺商品均参与满立减活动，订单金额包含商品价格（不含运费），所有商品按折后价参与。

在设置“满减条件”过程中，可以只设置一个条件梯度，则系统默认是单层满减，在“条件梯度 1”的前提下，可以支持优惠可累加的功能（即当促销规则为满 100 减 10 时，则满 200 减 20，满 300 减 30，依此类推，上不封顶），此外，还可设置多个条件梯度，最多可以设置3梯度的满立减优惠条件。多个条件梯度需要满足有二：一是后一梯度订单金额必须要大于前一梯度的订单金额；二是后一梯度的优惠力度必须要大于等于前一梯度（见图7-75）。

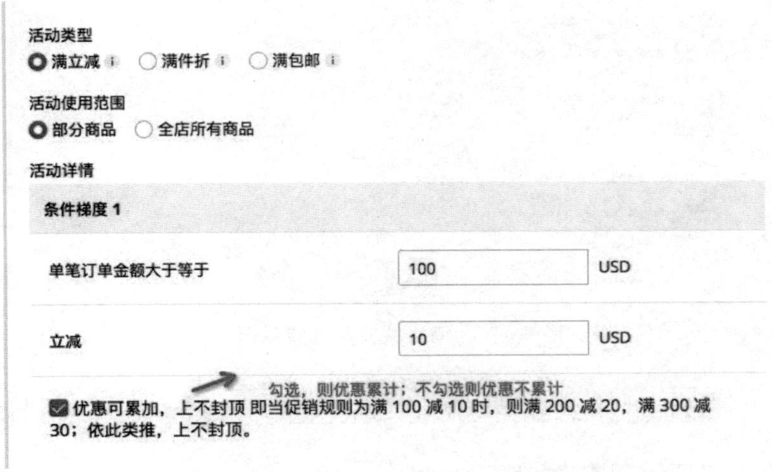

图7-75　满立减优惠设置初始界面

"商品满立减"活动选择商品时，可以通过"选择商品"或者"批量导入"点选商品（见图7-76）。

图7-76　满立减点选商品界面

选择商品，每次选择最多可以选择200个商品；选择次数不限；最多导入10000个商品。选择商品页面如图7-77所示。

也可以通过批量导入excel导入商品，excel一次最多可以导入10000个商品。excel批量导入界面如下，先下载模板，在模板文件中提交商品信息，然后上传文件（见图7-78）。

图 7－77　满立减商品选择界面

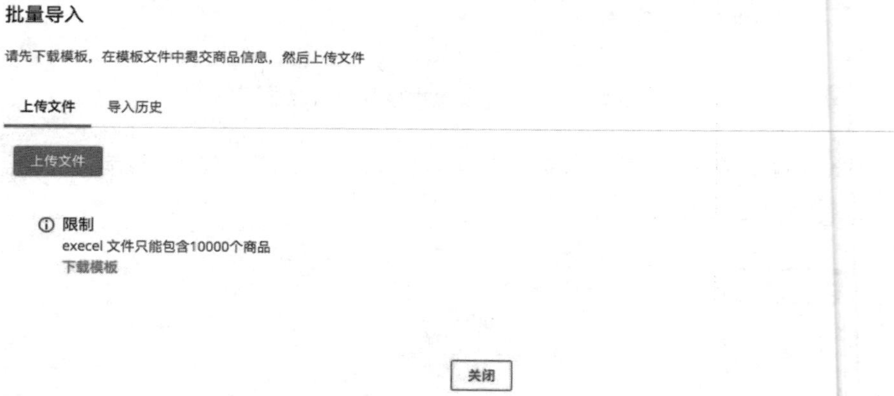

图 7－78　满立减批量导入下载模板、上传文件界面

2. 满件折

满件折活动也是一款店铺自主营销工具。只要商家开通速卖通店铺，即可免费使用。可以根据自身经营状况，对店铺设置“满 X 件优惠 Y 折”的促销规则，“满 X 件优惠 Y 折”，即订单总商品满足 X 件数，买家付款时则享 Y 折优惠，卖家无须修改价格。

与满立减类似，满件的优惠是与其他店铺活动优惠叠加使用的，对于已经参加折扣活动的商品，买家购买时以折扣后的价格计入满件折规则中。所以，同时使用打折工具和满件折工具时，一定要事先考虑自身利润情况。

要创建满件折活动，第一步先登录“我的速卖通”，点击“营销活动”，在“店铺活动”选择“满减优惠”，点击“创建活动”。

第二步填写活动的基本信息，与满立减类似，在“活动名称”一栏内填写对应的活动名称，买家端不可见；在“活动开始时间”以及“活动结束时间”内设置活动对应的开始时间和活动结束时间；活动时间下方，可查看不同时区的时间，便于商家更好地进行国家差异化运营。

速卖通平台要求满立减和满件折两个活动不能同时进行，同一个活动时间内同一个商品（活动开始时间到活动结束时间）只能设置一个满立减活动（含全店铺满立减、商品满立减）或者一个满件折活动（含全店铺满件折、商品满件折）。

第三步在设置活动类型和详情时选择“满件折”，紧接着若选择“部分商品”，即为设置了活动的部分商品的满件折活动，订单金额包含商品价格（不包含运费），商品按折后价参与；若选择全店所有商品，为全店铺商品均参与满件折活动，订单金额包含商品价格（不含运费），所有商品按折后价参与。然后设置“满减条件”，可只设置一个条件梯度，则系统默认是单笔订单件数条件以及立减条件，在“条件梯度 1”的前提下，该类型的满减不支持优惠可累加的功能（即当促销规则为满 3 减 10% OFF 时，则满 6 件仍旧是 10% OFF）。也可设置多个条件梯度，最多可以设置 3 梯度的满立减优惠条件。多个条件梯度需要满足两个条件：一是后一梯度订单件数必须要大于前一梯度的订单件数；二是后一梯度的优惠力度必须要大于前一梯度（见图 7－79）。

“商品满立减”活动在选择商品时，可以通过“选择商品”或“批量导入”点选商品（见图 7－80）。

选择商品，每次活动最多可以选择 200 个商品；选择商品页面如图 7－81 所示。

也可以通过批量导入 excel 导入商品，excel 一次最多可以导入 10000 个商品。Excel 批量导入界面如下，先下载模板，在模板文件中提交商品信息，然后上传文件（见图 7－82）。

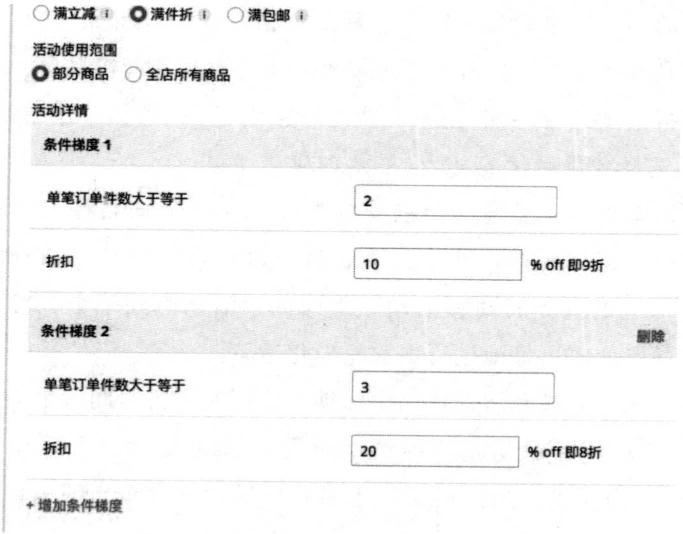

图 7－79　满件折创建活动初始界面

图 7－80　满件折活动点选商品界面

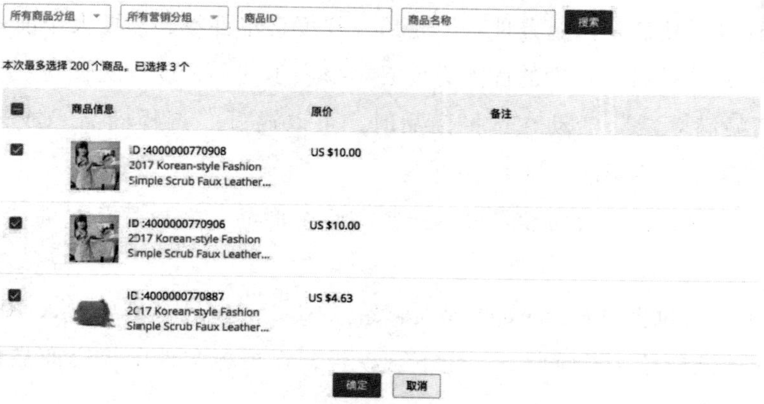

图 7－81　满件折活动选择商品界面

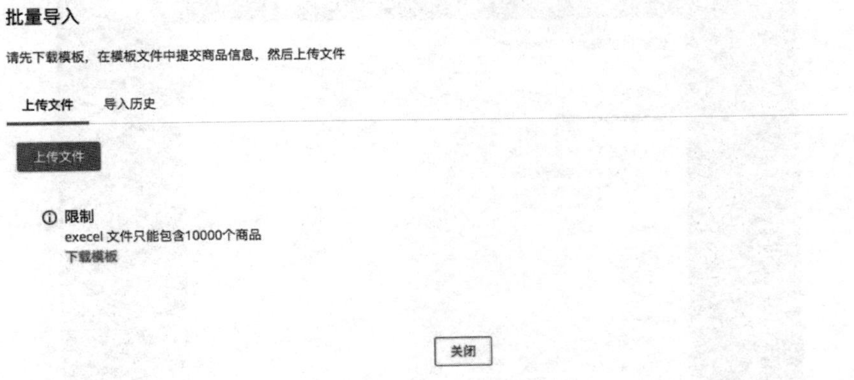

图 7－82 满件折活动批量导入下载模板、上传文件界面

3. 满包邮

满包邮是通过包邮作为利益点，可有效提升客单。卖家可以根据自身经营状况，对店铺设置“满 N 美元/件包邮”的促销规则，买家下单时，若是订单总商品数超过了设置的 N 美元/件，在买家付款时，在指定的地区范围内，系统自动减免邮费。

第一步创建活动，登录“我的速卖通”，点击“营销活动”，在“店铺活动”选择“满减优惠”，点击“创建活动”。

第二步填写活动的基本信息，与满立减和满件减类似，在“活动名称”一栏内填写对应的活动名称，买家端不可见；在“活动开始时间”以及“活动结束时间”内设置活动对应的开始时间以及活动结束时间；活动时间下方，可查看不同时区的时间，便于商家更好地进行国家差异化运营。

第三步设置活动类型和详情，选择“满包邮”，紧接着可以选择“部分商品”，允许挑选部分商品参加满包邮活动，单个活动最多添加 10000 个商品，或者选择全店满包邮。然后设置“满减条件”：一是满件包邮，单笔订单件数大于等于某一件数时包邮；二是满金额包邮，即单笔订单金额大于等于某一数值时包邮。订单金额包含商品价格，但不包含运费（见图 7－83）。

接着设置包邮区域的物流方式，系统默认展示全站成交的国家、包邮区域和物流方式都支持多选（见图 7－84）。

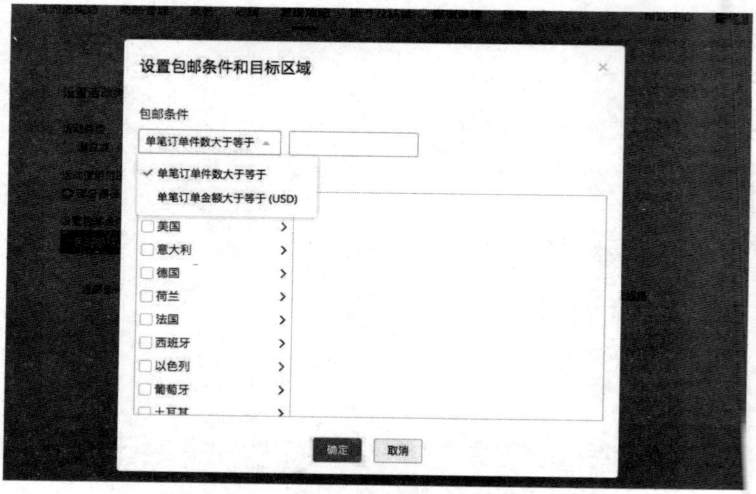

图 7－83　满包邮创建活动初始界面

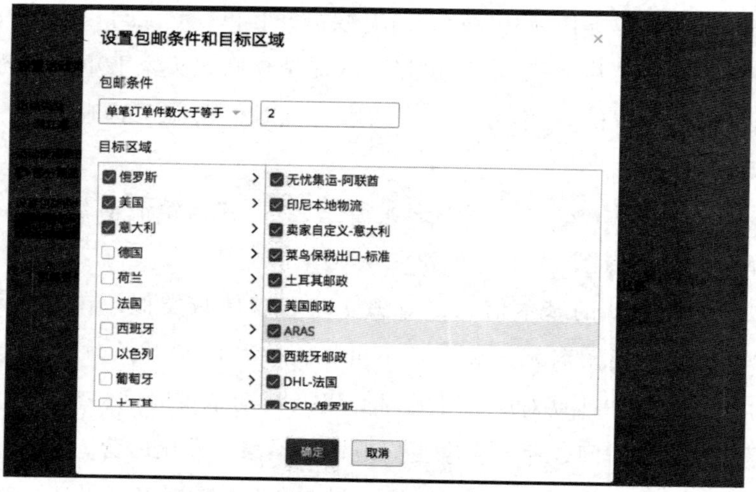

图 7－84　包邮条件和目标区域设置界面

最后设置完活动信息后，点击下放“提交”即可完成创建，而且活动一旦创建无法删除。

满包邮活动状态也分为“未开始”“生效中”“已暂停”“已结束”。活动在“未开始”“生效中”的状态下，可暂停活动；可对活动进行编辑，对商品进行管理。编辑之后根据活动时间即时生效。活动在活动“已结束”，可点击

“查看详情”回览活动详情。

速卖通平台要求同一展示时间内，针对同一个商品，仅支持设置一种包邮活动。例如：1 月 10—11 日，可同时设置针对西班牙、美国，满 100 美元免 via 中国邮政小包邮费。同时，单个商品已经设置某种物流方式的包邮时，不传递营销包邮活动。例如：ABC 商品，设置针对美国参与满 500 美元 UPS 包邮，A 商品单个参与邮政小包包邮，A 商品详情页不显示包邮活动，BC 商品详情页显示包邮活动。

四、优惠券活动

1. 领取型优惠券

创建领取型优惠券第一步依次点击“营销活动”—“店铺活动”—“店铺优惠券”—“创建店铺优惠券”（见图 7－85）。

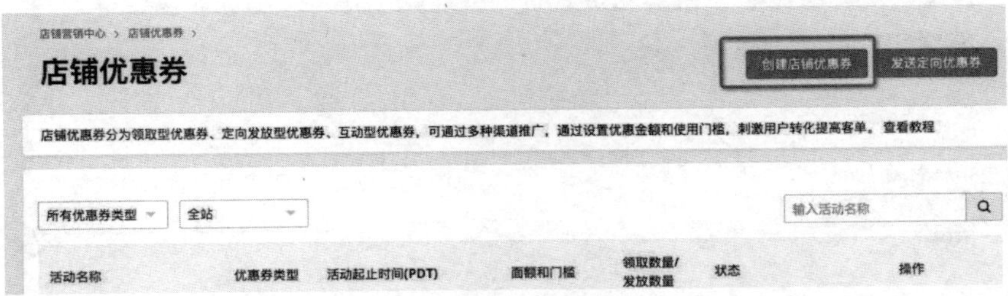

图 7－85　创建店铺优惠券活动初始界面

第二步填写活动基本信息（见图 7－86）。

第三步设置优惠券详情，可以根据不同会员等级设置优惠券，只有对应等级及以上的买家才可以看到。例如，设置铂金等级的，那么铂金和钻石的买家可见，金牌和银牌的买家不可见。优惠券使用范围可以选择全店商品，也可以圈选部分商品（见图 7－87）。

面额即优惠券的优惠金额，若优惠券为满 X 美元优惠 Y 美元时，这里的面额指的是 Y；优惠券的使用条件可设置为不限，也可设置为有最低金额门槛，满 X 美元优惠 Y 美元，这里的最低金额门槛指 X。发放总数可任意设置（见图 7－88）。

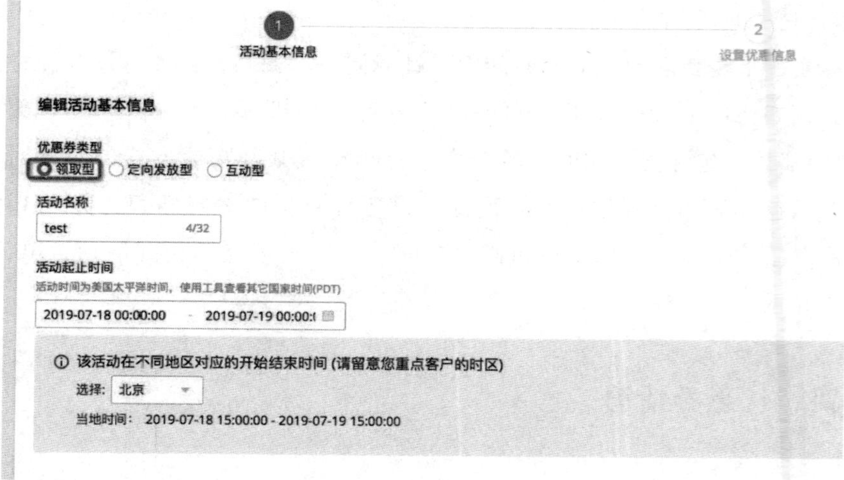

图 7 – 86　领取型优惠券活动基本信息填写界面

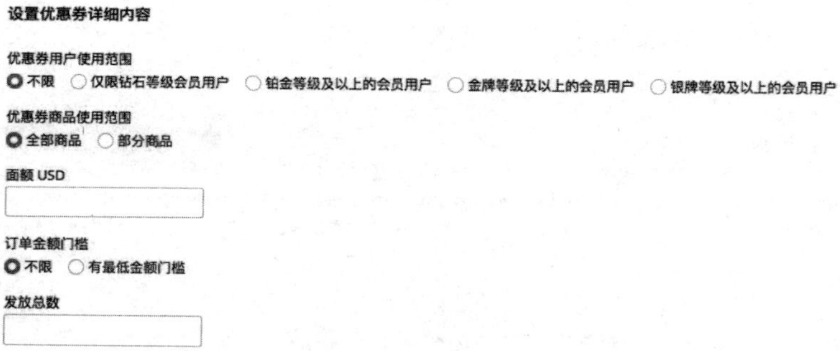

图 7 – 87　领取型优惠券详细内容设置界面

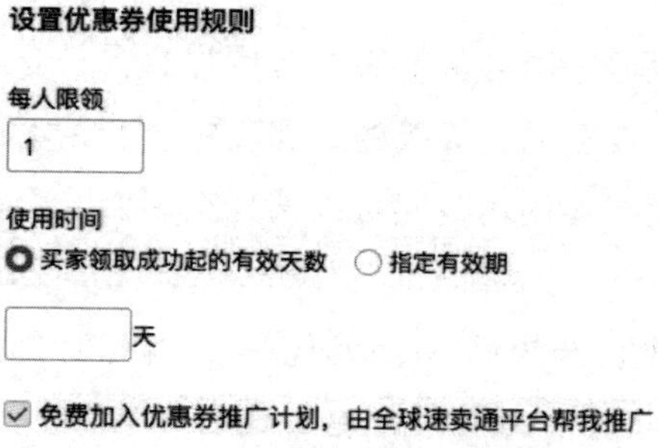

图 7 – 88　领取型优惠券使用规则设置界面

优惠券使用规则设置包括每人限领和使用时间两项。如图 7－88 所示，每人限领下栏数量为 1，表明优惠券每人限领一张。使用时间可设置有效天数，即买家拿到手后多少天可以用；也可以设置指定有效期，即优惠券只能在设置的使用时间内进行使用，其他时间不可使用。设置完毕点击提交，完成设置。

2. 定向发放型优惠券

针对指定用户发放优惠券，凡是与店铺有过交易、加过商品到购物车或者 Wish List 的买家都可作为定向发放对象，用于人群定向营销。卖家只需创建优惠券活动、选择发放对象、点击发放，三步操作便可利用优惠券实现新老买家的主动激活维护。定向发放型优惠券分为“直接发放”和“二维码发放”两种。

第一种直接发放的优惠券，由卖家直接触发给予客户，这时候建议配合客户营销邮件一起给予买家进行优惠券的营销，刺激买家前来下单。

创建直接发放型优惠券活动第一步与领取型优惠券一致，登录“我的速卖通”，点击“营销活动”，在“店铺活动”选择“店铺优惠券”，点击“创建活动”。

第二步填写活动的基本信息，优惠券类型选择“定向发放型”，发放方式选择“直接发放”（见图 7－89）。

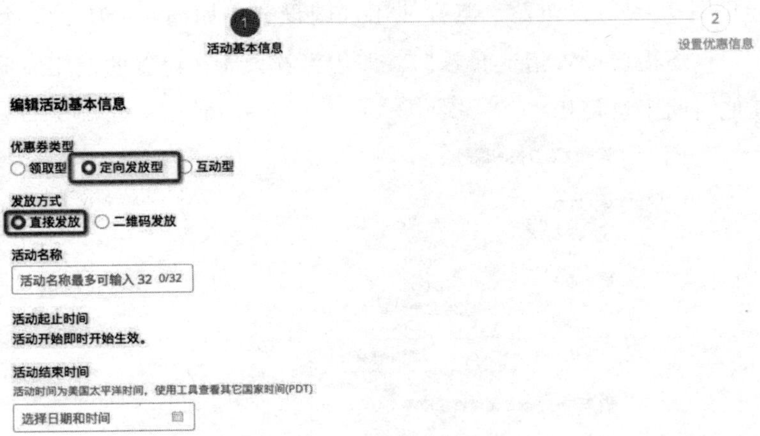

图 7－89 定向直接发放型优惠券基本信息编辑界面

活动名称最多可输入 32 字幅，只卖家可见，不会同步到买家前台；活动开始时间为美国太平洋时间，即时生效；活动结束时间自行设置（见图 7－90）。

图 7－90　定向直接发放型优惠券详细内容设置界面

第三步设置优惠券详情。一是商品使用范围，优惠券使用范围可以选择全店商品，可以圈选部分商品；二是优惠券面额和门槛设置，其中，面额即优惠券的优惠金额，若优惠券为满 X 美元优惠 Y 美元时，这里的面额指的是 Y；三是使用条件，可设置为不限（订单金额满优惠券面额＋0.01），或设置有最低金额门槛，满 X 美元优惠 Y 美元，这里的最低金额门槛指 X。发放总数可任意设置（见图 7－91）；四是优惠券使用规则设置，如图 7－91 设置每人限量数量为 1 张；还需要设置指定有效期，即优惠券只能在设置的使用时间内进行使用，其他时间不可使用。

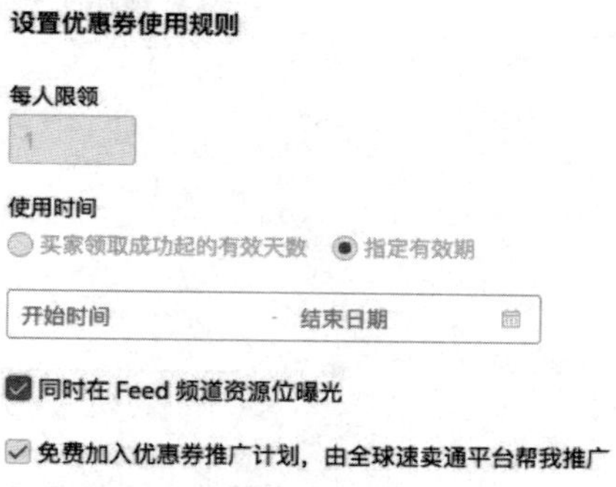

图 7－91　定向直接发放型优惠券使用规则设置界面

第四步点击“提交”，完成设置。

第五步选择买家进行优惠定向发放。回到店铺优惠券列表页，在页面右上方，点击“发送定向优惠券”（见图 7－92）。

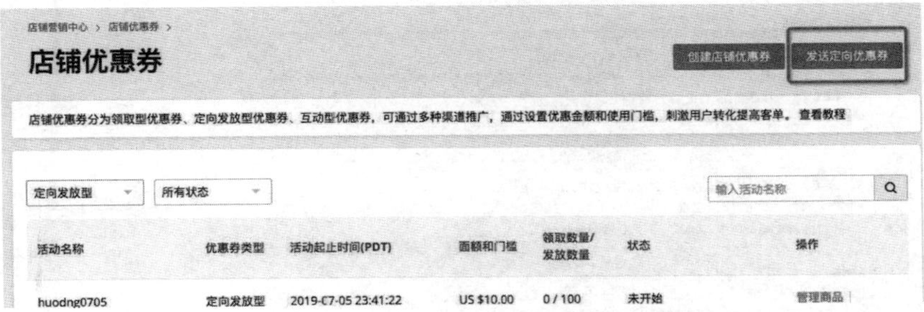

图 7－92　定向直接发放型优惠券发送界面

在定向优惠券页面，“选择分组”，勾选自己想要的分组，若要新建分组，点击“客户分组”（见图 7－93）。

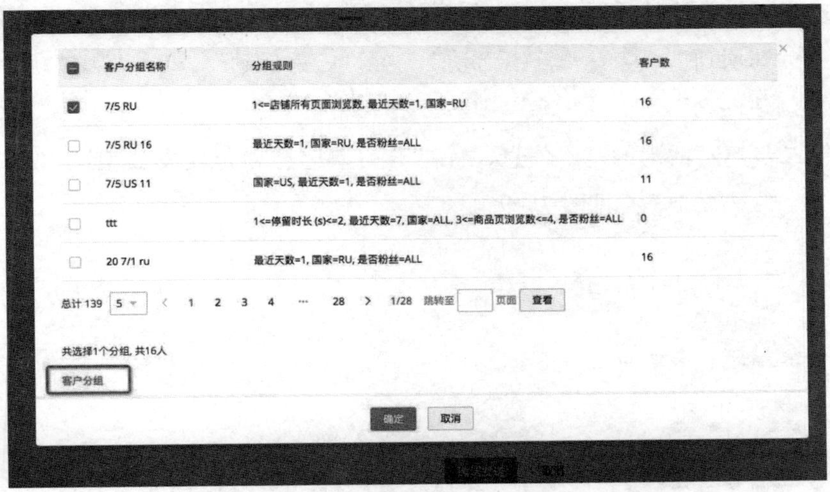

图 7－93　定向直接发放型优惠券客户分组选择界面

返回“发送定向优惠券”页面选择之前创建的活动，点击“确认发送”，则完成定向发放优惠券（见图 7－94）。

第二种二维码发放型优惠券，给予买家的是二维码，优惠券建议搭配在发送给予客户的包裹中，买家通过扫码的形式就可以领取到优惠券了。

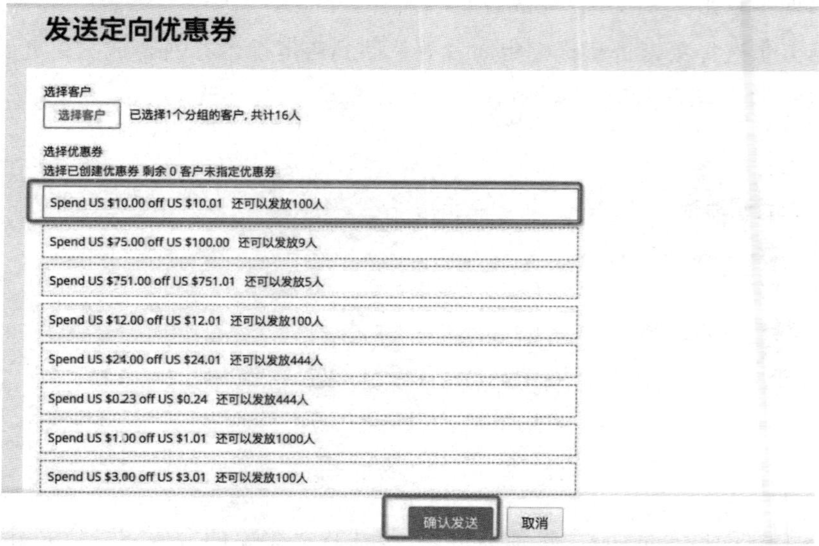

图 7-94 定向直接发放型优惠券确认发送界面

二维码发放型优惠券创建活动的第一步与前两种优惠券发放类型一致。登录“我的速卖通”，点击“营销活动”，在“店铺活动”选择“店铺优惠券”，点击“创建活动”。

第二步填写活动的基本信息，优惠券类型选择“定向发放型”，发放方式选择“二维码发放”（见图 7-95）。

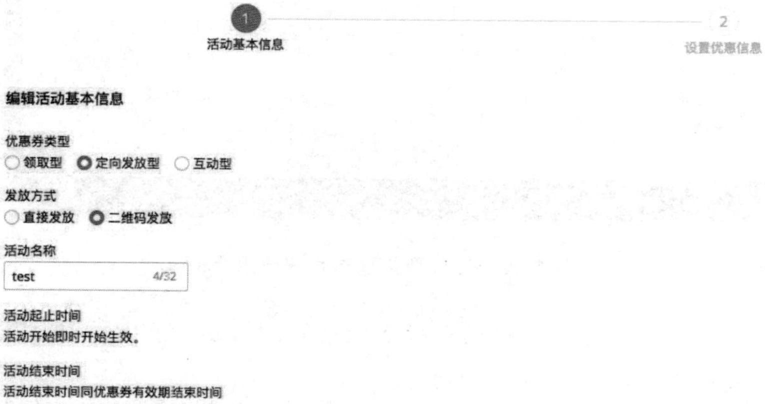

图 7-95 定向二维码发放型优惠券基本信息编辑界面

与直接发放类型不同的是，活动结束时间与优惠券有效期结束时间相同。由于考虑到物流时间的影响，所以对应的活动结束时间和优惠券结束时间一致，需要卖家合理设置优惠券的使用结束时间，尽可能减少买家收到货之前已经无法领取店铺优惠券的情况。

第三步设置优惠券详情（见图 7－96）。

图 7－96 定向二维码发放型优惠券详细内容设置界面

一是商品使用范围，优惠券使用范围可以选择全店商品，可以圈选部分商品；二是优惠券面额和门槛设置，面额即优惠券的优惠金额，若优惠券为满 X 美元优惠 Y 美元时，这里的面额指的是 Y；三是使用条件，可设置为不限（订单金额满优惠券面额＋0.01），或设置有最低金额门槛，满 X 美元优惠 Y 美元，这里的最低金额门槛指 X；四是设置优惠券使用规则，默认每人限领一张，指定具体的有效期（见图 7－97）。

第四步点击“提交”，完成设置。

第五步返回活动列表，下载二维码，把二维码打印到包裹、发货订单等处或者投放到其他营销渠道中并引导买家进行扫码（见图 7－98）。

3. 互动型优惠券

互动型优惠券分为金币兑换、秒抢、聚人气三种类型。

第一种金币兑换优惠券，用于 AliExpress App 的金币频道。AliExpress 无线金币频道是目前手机 App 上高流量，高黏度频道。频道中包括了各类的游

图 7－97　定向二维码发放型优惠券使用规则设置界面

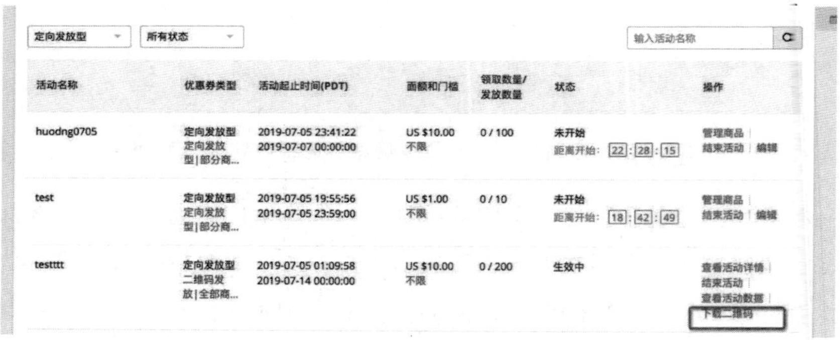

图 7－98　定向二维码发放型优惠券下载二维码界面

戏玩法和红包优惠，吸引着全球买家回访和转化。作为一个大流量的营销平台，卖家可以通过设置店铺 Coupon 或者报名参加金币兑换商品活动来通过金币频道吸引更多高粘度的买家到自己的店铺里。

用户在金币频道内，通过签到或者游戏获取金币，进而通过金币来兑换相应的权益。例如店铺优惠券。因此设置金币兑换优惠券，有机会参与金币频道活动（见图 7－99）。

创建金币兑换优惠券活动的第一步也需要首先登录“我的速卖通”，点击“营销活动”，在“店铺活动”选择“店铺优惠券”，点击“创建活动”（见图 7－100）。

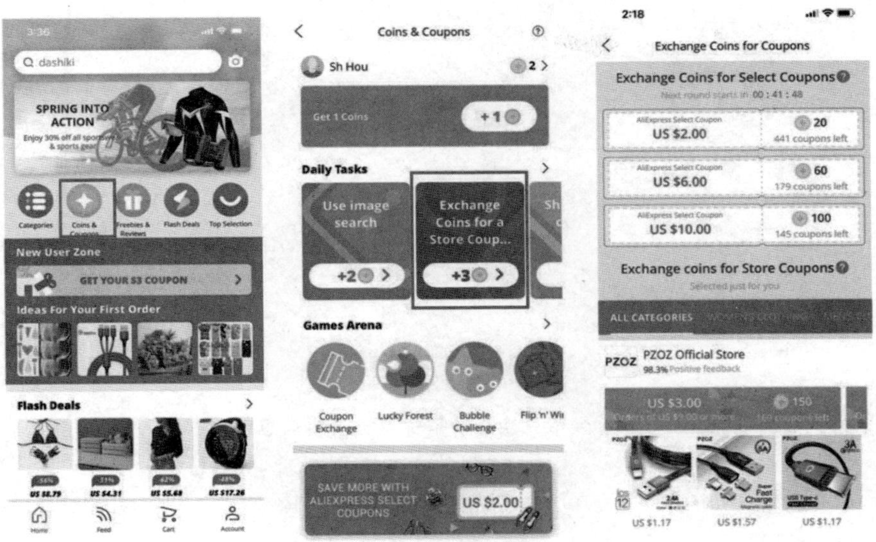

图 7－99　App 端金币兑换互动型优惠券展示界面

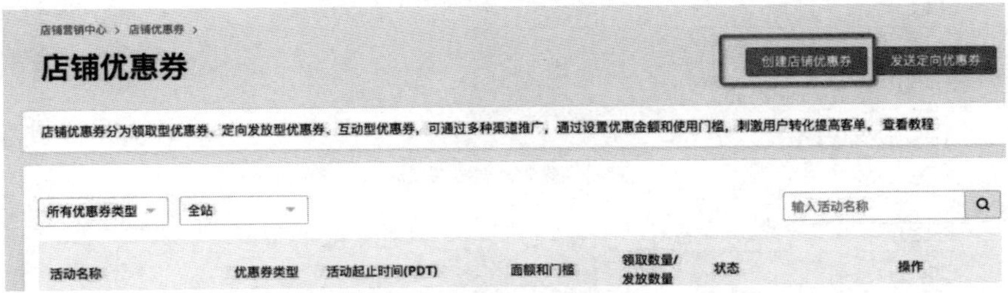

图 7－100　金币兑换互动型优惠券活动创建初始界面

第二步填写活动的基本信息，优惠券类型选择“互动型”然后选择“金币兑换”。

活动名称、起止时间填写规范与其他类型优惠券一致（见图 7－101、图 7－102）。

第三步设置优惠券详情。设置优惠券面额以及使用门槛时需要注意的有两点：一是金币兑换优惠券默认商品使用范围为全部商品；二是金币兑换的优惠券使用门槛条件必须为 1∶3 以下，即 Coupon 订单金额/Coupon 面额≤3，例如优惠券面额为 10 美元，那么优惠券订单门槛最高为 30 美元，最低为不限。

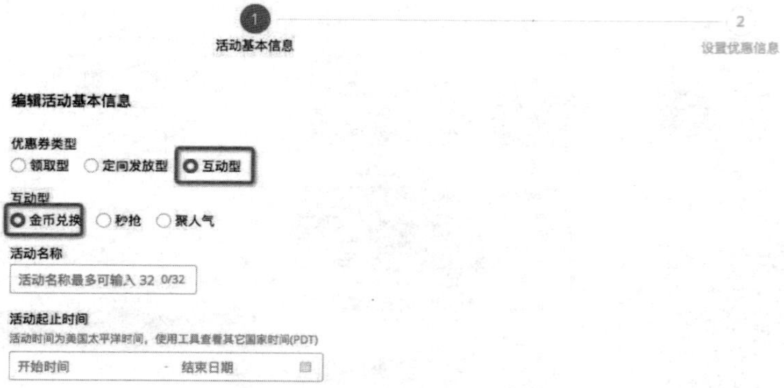

图 7－101　金币兑换互动型优惠券基本信息编辑界面

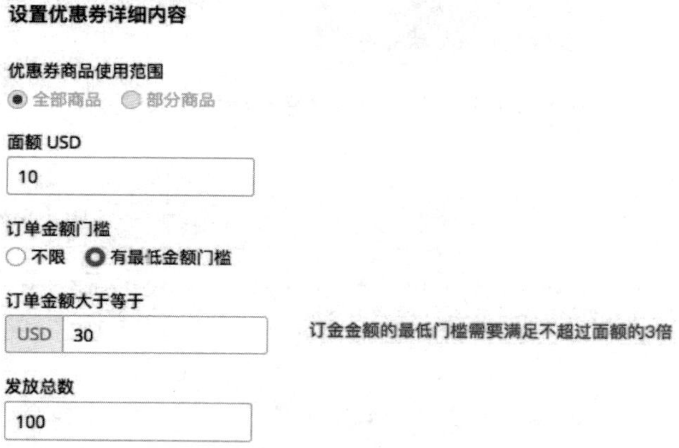

图 7－102　金币兑换互动型优惠券详细内容设置界面

在设置优惠券的使用规则时，若使用时间为 10，则领取成功之后的有效天数为 10 天（见图 7－103）。

最后点击“提交”，即可完成活动创建。

第二种秒抢优惠券，秒抢店铺优惠券通过无门槛的大额店铺优惠券吸引买家到店，可有效提高买家的活跃度。秒抢优惠券是平台发起商家参与的活动，该类活动不会主动在店铺中呈现，在会平台活动中不定时获得曝光。

创建秒抢优惠券活动的第一步同上，登录“我的速卖通”，点击“营销活动”，在“店铺活动”选择“店铺优惠券”，点击“创建店铺优惠券”。

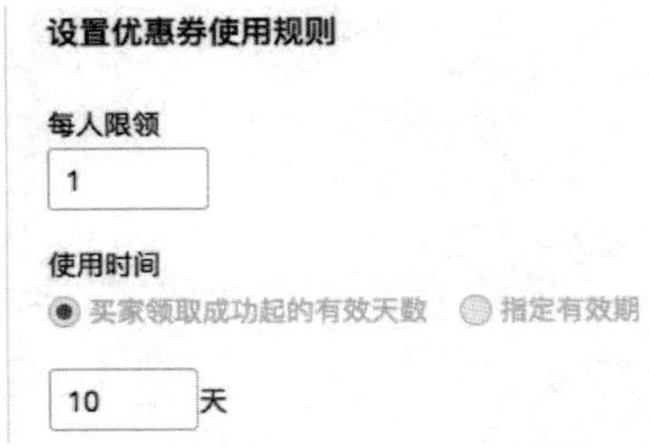

图 7 - 103　金币兑换互动型优惠券使用规则设置界面

第二步填写活动的基本信息，优惠券类型选择“互动型”，然后选择“秒抢”。

活动名称、起止时间填写规范与其他类型优惠券一致（见图 7 - 104）。

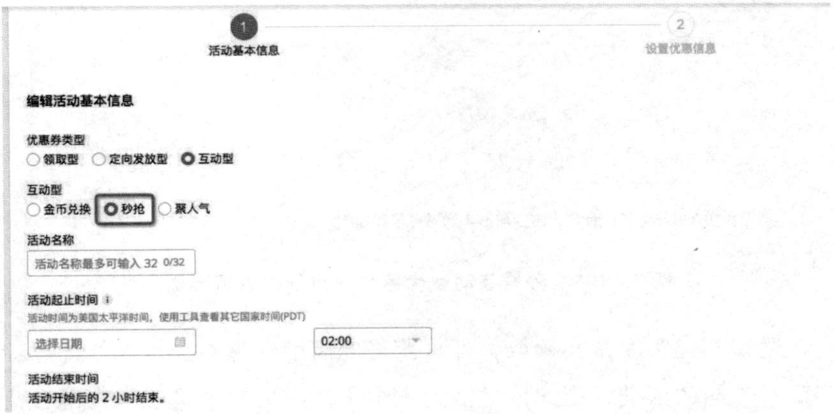

图 7 - 104　秒抢互动型优惠券基本信息编辑界面

需要注意的是，活动的开始时间只可选择每天的美国时间 2 点、8 点、14 点和 20 点，结束时间为开始时间后 2 小时。

第三步设置优惠券详情。一是设置优惠券面额以及发放总数，如图 7 - 105 中面额设置为 10 美元，发放总数设置为 100。需要注意的是，设置的秒抢店铺优惠券必须是大额无门槛的优惠券；二是设置优惠券使用规则，秒杀优惠券每人限量 1 张（见图 7 - 106）。

最后点击“提交”，完成活动创建。

第三种聚人气优惠券，通过买家人传人的形式快速给店铺带来新流量，买

图 7－105　秒抢互动型优惠券详细内容设置界面

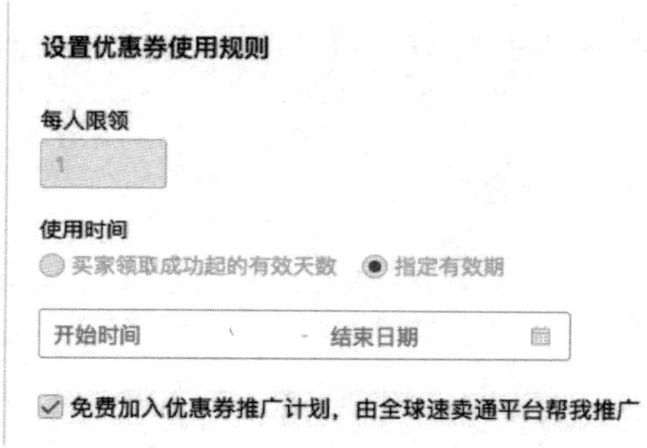

图 7－106　秒抢互动型优惠券使用规则设置界面

家分享，邀请其他买家帮其领取，即可获得此店铺优惠券。聚人气优惠券是平台发起商家参与的活动，因此该类活动不会主动在店铺中呈现，在平台活动中不定时获得曝光。

创建聚人气优惠券活动第一步同上，登录“我的速卖通”，点击“营销活动”，在“店铺活动”选择“店铺优惠券”，点击“创建店铺优惠券”。

第二步填写活动的基本信息，优惠券类型选择“互动型”，然后选择“聚人气”。活动名称、起止时间填写规范与其他类型一致（见图 7－107）。

第三步设置优惠券详情。一是设置优惠券面额以及发放总数，需要注意的是，聚人气优惠券商品使用范围为全部商品；优惠券订金门槛使用条件是不限，即优惠券的门槛金额为面额加 0.01 美元（见图 7－108）。

二是设置优惠券使用规则，聚人气优惠券每人限量 1 张，使用时间需要商家设置一定的有效期（见图 7－109）。

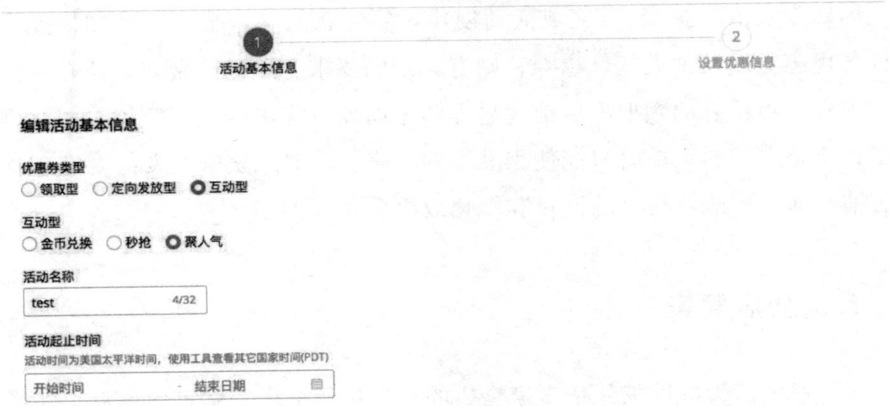

图 7 – 107 聚人气互动型优惠券基本信息编辑界面

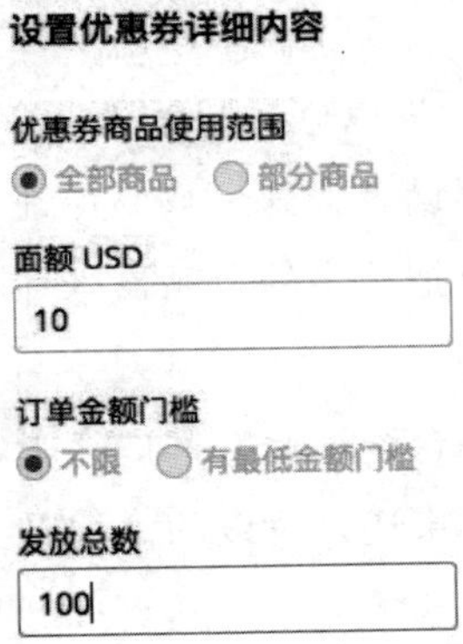

图 7 – 108 聚人气互动型优惠券详细内容设置界面

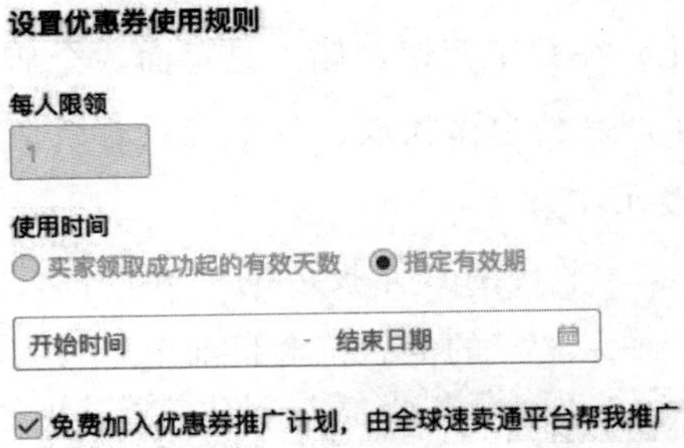

图 7 – 109 聚人气互动型优惠券使用规则设置界面

第四步点击“提交”，完成活动创建。要注意的是，平台活动如果要求设置秒抢优惠券以及聚人气优惠券，则有详细的要求。不论是聚人气还是秒抢店铺优惠券，和已有的领取型店铺优惠券和定向发放优惠券，买家可以同时领取多张，但是在一次下单时只能使用其中的一张。此时，卖家朋友需要合理地计算店铺利润，才能获得好的流量和转化效果。

五、全店管家

速卖通全店管家即默认帮卖家全店的产品进行推广。卖家使用后，能实现将网站的搜索流量与店铺的产品进行匹配，有机会按照 0.5 美元的价格获取该流量（点击数）。卖家无须进行复杂的推广操作，省时、省钱、省心进行推广。

每次扣费金额默认 0.5 美元（若卖家修改出价，将以修改价为准），当日扣费不会超过日限额。全店管家的每日消耗上限不要设置太高，只要保证全店商品有在推广状态，能够提高曝光量即可，卖家需要把更多的金额投入计划推广中。

全店管家操作简单快捷，不用挑选关键词、由平台统一运营推广，无须时刻关注和调整价格，比较适合新手。对于新手来说效果还是可以的。但是无法进行有针对性的重点推广，无法控制推广效果。

全店管家开启后，结合卖家自创的推广计划，不仅能帮卖家避免错失买家流量，获取更多的商机，还能帮卖家降低一定的推广成本，而买家也能看到更多更好的产品信息，这就是全店管家的核心作用。

速卖通全店管家的位置发生了变化，在数字营销左侧工具里面。全店管家计划生成后，一般默认系统匹配 100 条产品信息做投放，且系统只有一个“全店管家”关键词，默认推广价格 0.5 美元。

卖家用“全店管家”进行产品推广，平台的具体投放的词和产品，是系统根据实时流量以及当前竞价确定的，如果卖家的信息符合目前全店管家竞价标准，那么信息会自动在投放页面展示。

速卖通全店管家推广后，对于卖家感兴趣的数据，可以通过点开上线信息，查询目前信息投放数据，或到统计报表的效果报告中，选择全店管家 即可查看相应的展现、点击和消费情况。

全店管家比较适合快消行业，如服装、小商品类推广，非快消类，如机械、五金。建议适当提高全店管家出价保证获得店铺流量，且全店管家务必结合自创推广计划，效果更佳！

六、直通车

直通车多年以来一直以来是商家们喜爱的获取流量广告工具，无论是店铺引流还是商品的引流，都让不少商家尝到甜头。如今速卖通将直通车进行再次升级，推出“灵犀推荐”服务产品，更加智能化为商家广告打通流量链路。

登录“我的速卖通”，点击“平台活动”，在点击“速卖通直通车”，先开户及充值。然后新建推广计划，包括重点推广和快捷推广，然后选择想推广的商品；选择与商品相匹配的优质关键词；为选择的关键词设定每点击最高扣费上限价格（见图 7－110）。

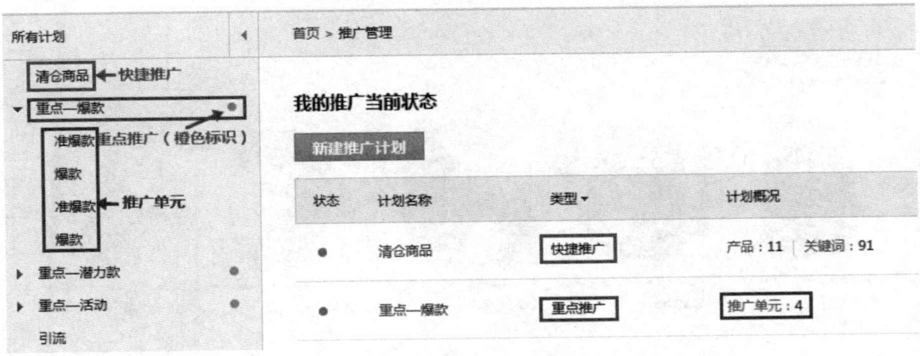

图 7－110　速卖通直通车产品推广状态显示界面

1. 重点推广

适用于重点商品的推广管理。卖家最多可以建 10 个重点计划，每个重点计划最多包含 100 个单元。每个单元内可以最多容纳 1 个商品，200 个词。建议优先选择市场热销或自身有销量有收藏、价格优势的商品来进行推广（可参考商品分析中的成交转化率、购物车、搜索点击率等数据)。独有创意推广等功能，可帮助卖家更好地打造爆款。

2. 快捷推广

适用于普通商品的批量推广。卖家最多可以建 30 个快捷推广计划，每个计划最多容纳 100 个商品、20000 个关键词。快捷推广中的批量选词、出价等功能帮助你更加快速建立自己的计划，捕捉更多流量，并从中删选有推广潜力的商品。

进入推广计划新建页面，选择“快捷推广”，点击“保存并继续”按钮。选定快捷推广方式后，来到宝贝选定页面，卖家可以选择店铺全部宝贝参与推广或选择不推广的宝贝。进入关键添加页面，提交感兴趣的关键词并设定出价，就可以在线进行快捷推广体验。

在速卖通平台上购买商品的用户里，除了选择搜索具体商品，此类购买诉求强烈的用户之外，还有 67% 用户属于“边逛边买”，灵犀推荐就是能让用户在逛商品的过程中激发购买意愿，形成下单（见图 7－111、图 7－112）。

图 7－111　电脑端商品详情页 more to love 位置

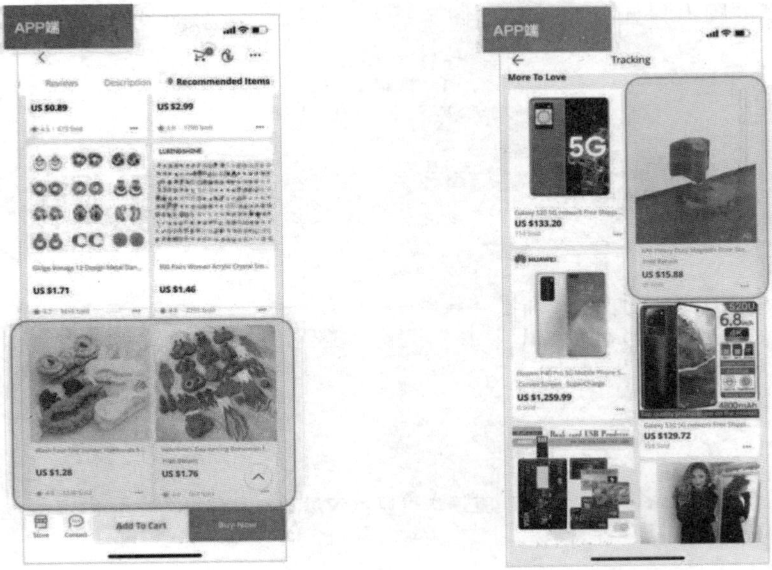

图 7－112　App 端商品详情页和物流详情页 more to love 位置

3. 直通车灵犀推荐

灵犀推荐是速卖通广告新推出的一款功能，旨在帮助商户更好获取站内流量，赢得对商户的营销机会。区别于直通车的搜索广告，是在 AliExpress 各端的推荐场景下出现，如商品详情页的 more to love 推荐位。不需要用户有主动的搜索行为。是一种有效获取更多曝光、为店铺提升影响力、从而更好建立品牌认知，促成转化的一项广告产品与服务。功能入口见图 7－113。

图 7－113　速卖通直通车灵犀推荐活动创建初始界面

商家设置步骤见图 7 - 114、图 7 - 115。

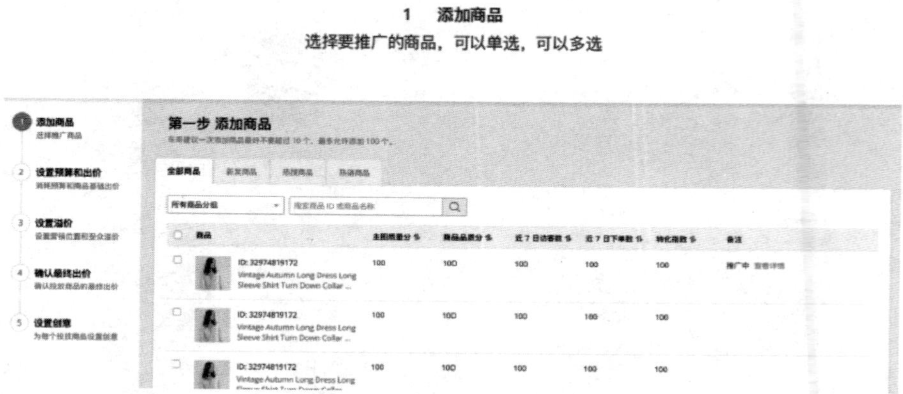

图 7 - 114　直通车灵犀推荐添加商品界面

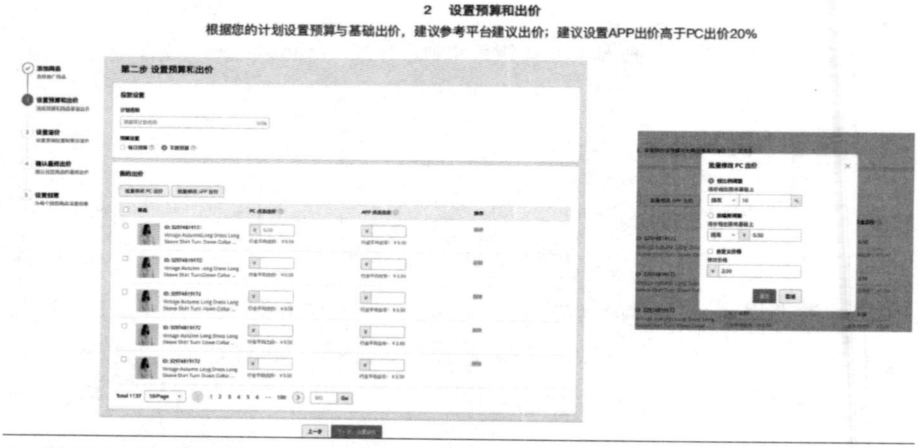

图 7 - 115　直通车灵犀推荐设置预算和出价界面

直通车灵犀推荐的特点是比较明显的。一是精准人群定位，扩大商品曝光率。灵犀推荐将在适合的场景里推荐商品给合适的用户。无论是当用户逛到某个感兴趣的商品时，还是当用户下滑至 more to love 时，或是当用户完成支付时，灵犀推荐都能给用户推荐更多关联商品。即使是用户在查看商品物流时，也可以继续出现在用户面前潜移默化地影响用户消费决策。

二是区别于直通车产品关键词优化思路，产品更注重的是在合适的场景、合适的人面前出现，因此人群定向与资源位的选择溢价就显得尤为重要。平台新推出的灵犀推荐广告产品，除了支持人口属性，如性别年龄等的溢价定向，也支持场域内的人群行为定向，如过去 30 天加购收藏过的人等（见图 7－116、图 7－117）。

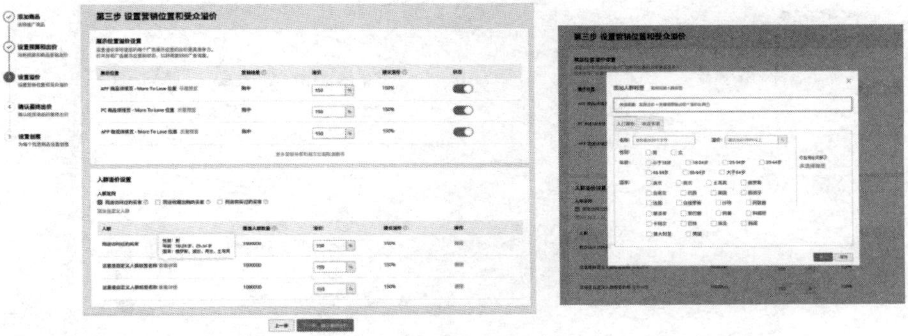

图 7－116　直通车灵犀推荐设置营销位置和受众溢价界面

图 7－117　直通车灵犀推荐确认最终出价界面

三是商家还可以选择资源位和人群自由溢价进行投放，扩大商品的广告覆盖面。根据不同商家的不同营销需求，基于商品的维度去贯穿。无论是购中和购后场景，灵犀推荐都进一步扩大了商家的商品曝光率，帮助商家获得流量，帮助商家做商品的引流，以及让更多的用户认识到自己的商品（见图 7－118、图 7－119）。

图 7－118　直通车灵犀推荐根据资源位分析设置溢价界面

图 7－119　直通车灵犀推荐根据人群分析设置溢价界面

四是模式与工具提升商家投放转化。在推荐场景里，灵犀推荐让商品展示面积更大。因此，选择更好的创意与图片元素可以吸引到更多的点击与进店，配合优化后的商品详情，帮助商家快速完成转化。此次灵犀推荐推出创意工具，系统将智能给出优化图片的选项，可以自由选择并用于广告投放（见图7－120）。

图7－120　直通车灵犀推荐创意设置界面

五是灵犀推荐广告，通过系统筛选最有可能转化的人群并向其推送广告。当然，让广告出现在用户面前是第一步，通过商品展示吸引有意愿商户点击是第二步，只有当商品被用户点击了，平台才会扣费。保证卖家的商品被足够有意愿的人关注并购买。

灵犀推荐将为商家带来极致便捷和极致效果，无论广告模式，还是应用工具上，都让商家更好匹配用户需求，也降低了商家的操作与投放成本，让商家数据反馈更直观、更及时地优化与调整投放效果。

第八章　eBay 平台

1995 年 9 月，eBay 由 Pierre Omidyar 以 Auctionweb 的名称创立，总部位于加利福尼亚州圣荷西。2018 年 12 月 20 日，2018 世界品牌 500 强排行榜发布，eBay 位列 47 位。2019 年 10 月，Interbrand 发布的全球品牌百强榜，eBay 排名 44 位。本章内容主要包括卖家账户申请与基础设置、平台资费及相关规则、产品刊登与管理、跨境物流、客服服务及订单处理等，重点是从卖家的视角介绍 eBay 平台运作管理方面的知识和技能。帮助学者对平台有基本的了解，掌握平台开展电子商务的操作流程，并且可以尝试在平台上开展产品销售。为有志于从事跨境电商业务的读者更好拓展国际市场提供服务。

第一节　eBay 账户类型及优势

一、eBay 注册账户类型

卖家账户分为个人账户和企业账户两种，即使是企业注册的账户，也称为个人卖家账户，因而就有了个人注册的个人卖家账户、企业注册的个人卖家账户两种账户类型。两者相互联系，个人注册的个人卖家账户可以转变成企业注册的个人卖家账户。同时相互区别，企业在注册账户过程中需要提供企业的名称。

以企业名义注册账户是 eBay 平台比较推荐的一种账户类型。基于跨境电子商务和企业资质卖家的业务特点等原因，境外大部分政策法规对跨境电商业务和具备企业资质卖家的定义是趋同的。2014 年，eBay 针对中国跨境电商卖家推出了企业入驻通道，以帮助符合资质的企业卖家在账户建立初期获得相应额度和辅助服务，降低企业卖家的学习成本，促进企业卖家在 eBay 稳定经营的基础上拓展市场。

二、企业卖家的优势

1. 刊登额度得以提升

与个人卖家相比，企业卖家账户享有更高的刊登额度，对于特定品类拥有的额度也较高。个人卖家账户一个月只有 5 个可销售的额度，只能卖 5 件产品，即月初卖出的产品满 5 件后，一直到月末之前额度得不到提升，就无法再销售产品，只能等下个月继续卖，个人卖家可通过视频认证的方式提升额度，认证通过之后可最多增加 100 个销售额度。

相比之下，企业卖家通过认证之后，刊登数量的额度会大幅提升，最高可达到 3000 个。审核部门还会根据卖家的表现，给予逐渐提升额度的机会，可以达到每个月额度翻三番。以 3 个月为期，个人卖家到期后的最高额度可能只有 100 个左右，而企业卖家的额度可高达近万个。此外，企业卖家可以免费参加 eBay 组织的各类卖家大会等。

2. 获得指定客户经理帮助

被 eBay 认定为企业卖家的账户，还能获得长达 9 个月的账户扶持期，即从销售产品开始的 9 个月内，得到 eBay 指定客户经理的帮助。

首先，帮助卖家解决基本运营问题。卖家在经营过程中普遍存在的同类问题，可以通过线上和线下的培训得到解决。但对于一些独有的问题，例如：是否应选择海外仓发货、发货物流选择、发货数量和定价等问题，需要客户经理参照管理经验或其他卖家的经验，给予针对性建议。

其次，及时进行数据分析和操作。客户经理会帮助企业账户卖家发现账户出现的情况，结合有关部门提供的数据，对卖家进行提醒，或帮助卖家制订解决问题的方案。

最后，平台政策更新解读。eBay 平台的政策会根据实际情况做出调整，卖家在客户经理的帮助下，可以更好了解相关政策变动的影响，使卖家在充分掌握平台规则的基础上有序经营。

第二节　eBay 账户申请

一、个人账户申请

eBay 个人账号开店注册流程

首先，登录 eBay 香港（中国）站点：www. eBay. com. hk，点击页面上的注册（见图 8 - 1）。

图 8 - 1　eBay 香港（中国）站点首页

跳转到个人账户登记注册信息，填写完成后，点击“登记成为会员”进行注册（见图 8 - 2）。

点击“继续”，会进入电话确认的步骤。电话确认可以选择“立即打电话给我”或“立即传送手机短信给我”，如果选择后者，手机将收到一个 PIN 码（见图 8 - 3）。

图 8－2　eBay 个人账户注册信息填写界面

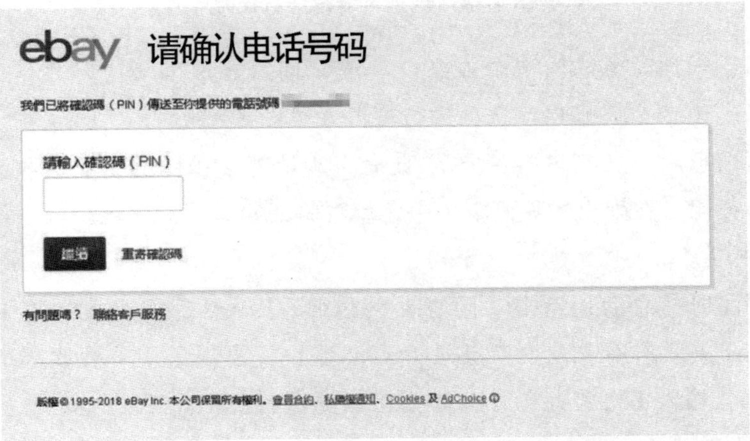

图 8－3　eBay 个人账户电话号码确认界面

输入发至手机的 PIN 码后，点击“继续”，则完成验证。电话确认后，打开注册账号时填写的邮箱，点击收件箱中 eBay 发来的邮件，点击“确认”完成账户注册。

二、注册 PayPal 账户

首先，登录 PayPal 首页（www. paypal. com），如图 8 - 4 所示。

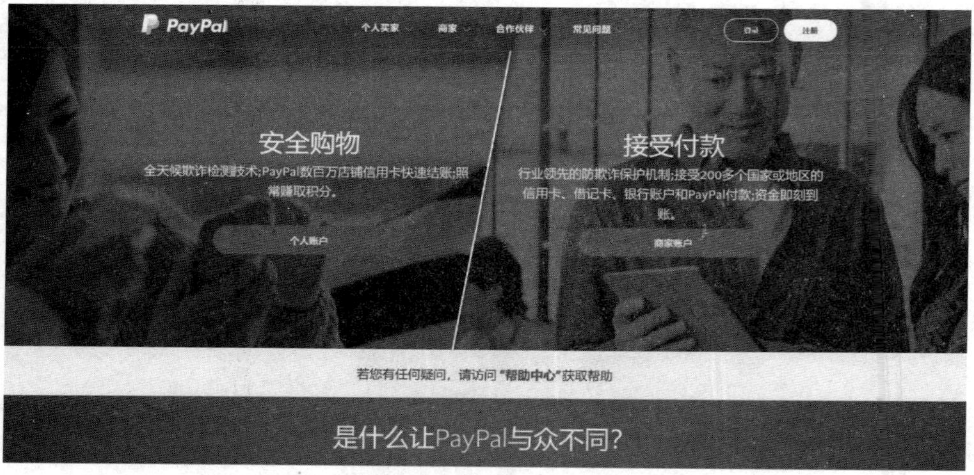

图 8 - 4　PayPal 账户注册界面

然后，根据需要选择“个人账户”或“商家账户”，对应 eBay 的个人账户，选择左边“个人账户”选项进行点击（见图 8 - 5）。

填写信息后，点击“下一步”。此时，刚填写了号码的手机会收到 PayPal 发送的验证码，在弹出的界面空格中，填写验证码后，页面会自动进行跳转如图 8 - 6 所示。

填写注册信息后，点击“同意并创建账户”，然后需要在邮箱中激活账户。进一步关联信用卡，重新登录 PayPal 账户，出现信用卡关联界面，点击“关联卡”，输入手机验证码，关联信用卡并进行 PayPal 账户验证，由此完成 PayPal 账号注册和验证的全部流程。

图 8－5　账户信息录入界面

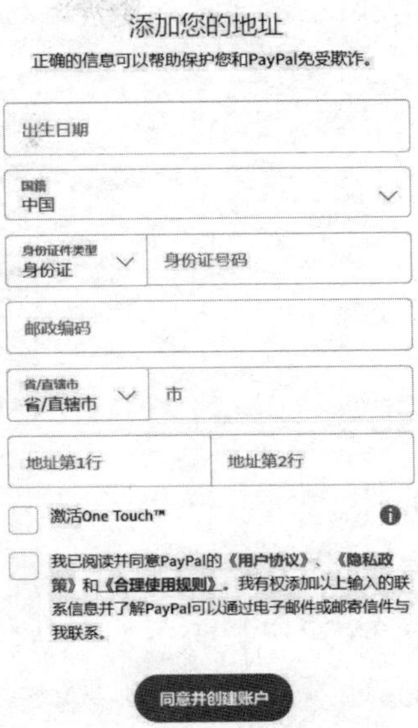

图 8－6　账户创建设置界面

三、绑定 eBay 账户和 PayPal 账户

登录 eBay 账号，依次点击“我的 eBay”“账户”“PayPal 账户”，会出现图 8－7 所示界面。

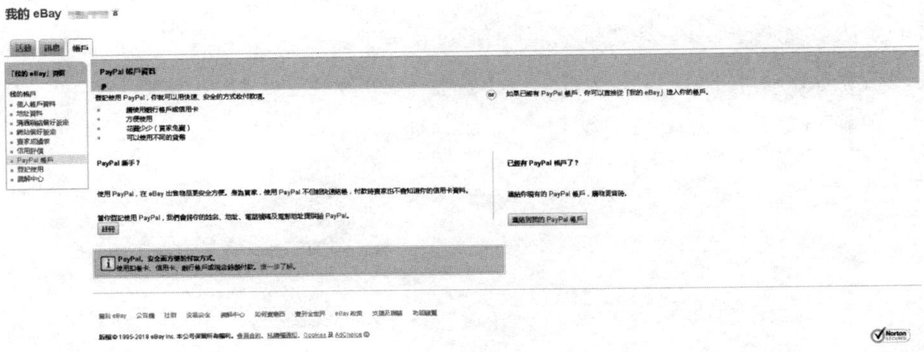

图 8－7　账户绑定设置界面

点击“连接到我的 PayPal 账户”，在弹出的界面输入用户名和密码，并点击“登录”，即可成功完成账号关联（见图 8－8）。

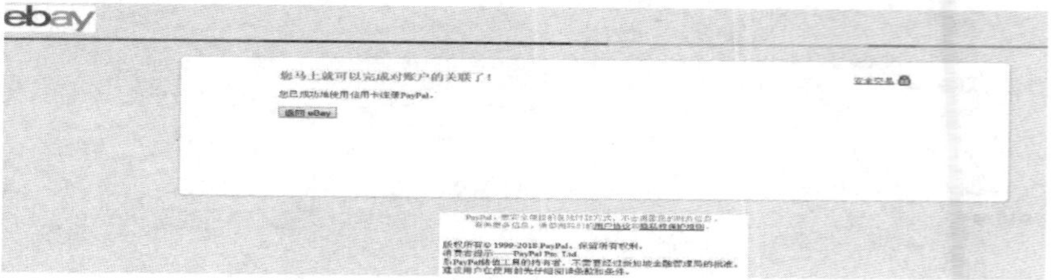

图 8－8　账户关联界面

此时，卖家可以点击“我要卖”进行产品刊登，这可能会涉及部分费用支出，要使刊登的产品顺利出现在网站中，还需要先进行 eBay 账户的付款方式设置。首先，登录 eBay 站点后进入“我的 eBay”卖家后台界面，在界面下方找到“功能总览”，在点击后出现的界面中找到“卖家自动付款方式”，再进行点击，并在弹出的界面中选择 PayPal 为自动付款方式，点击“同意并继续”，在新显示的界面填写相关信息后，即可在卖家后台“我的账户”下面的“卖家账户”中看到，出售费用的付款方式为 PayPal，由此可以进入产品刊登界面。

四、个人账户变更为企业账户

个人注册的个人卖家账户要变更为企业卖家账户时，需要先变更为企业注册的个人卖家账户，主要进行三步操作，第一步，登录个人卖家账户后台，进入“我的 eBay”，然后点击“账户”，选择下方的“个人账户资料”；第二步，点击“账户类型”右侧的“编辑”选项，如图 8－9 所示。

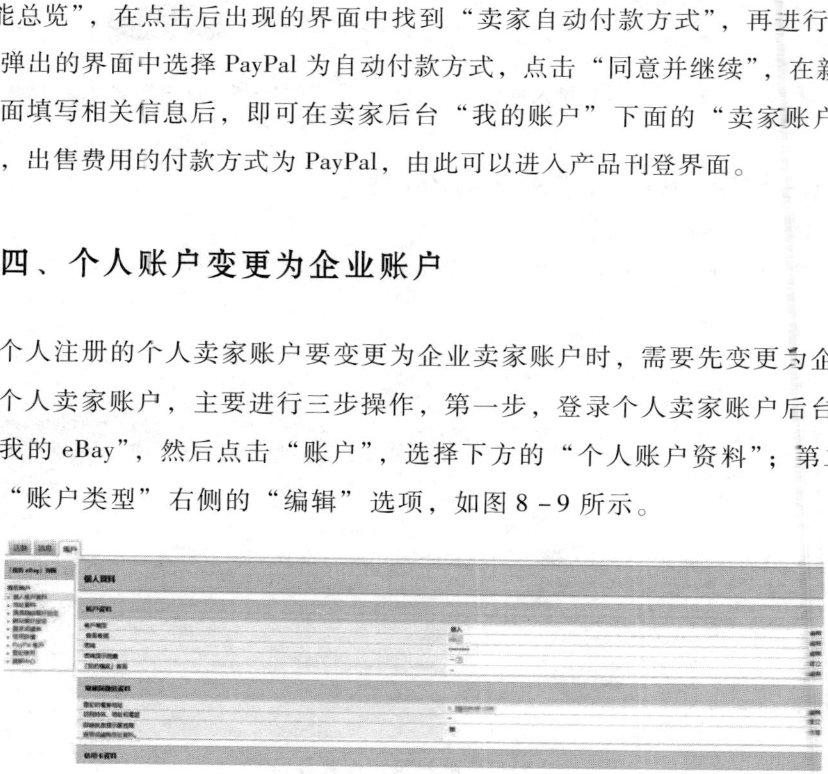

图 8－9　账户类型变更初始界面

第三步，输入公司名称，点击“变更为商业用户”，操作完成后，账户类型则显示为“商业”（见图 8－10）。

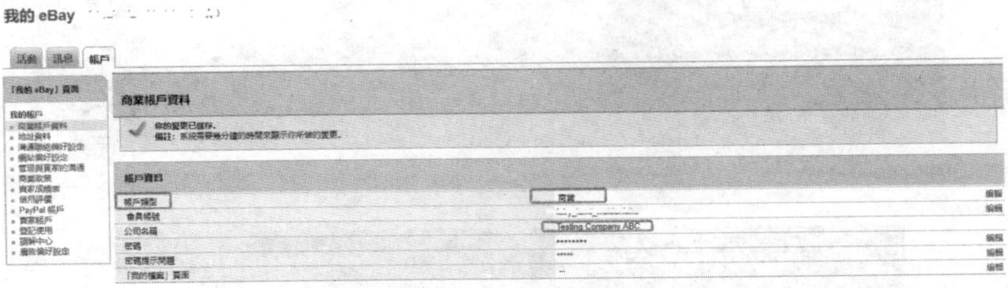

图 8－10　账户类型变更完成界面

五、企业卖家账户申请流程

企业卖家账户有两种申请方法：一种是通过 eBay 的招商经理进行申请，另一种是通过已有个人卖家账户申请。本部分主要介绍通过个人卖家账户企业卖家账户的流程。首先，登录 eBay 首页（见图 8－11）。

图 8－11　eBay 企业卖家账户申请初始界面

点击“卖家中心”或者“企业入驻通道”，都可以进入企业账户申请界面（见图 8－12）。

上图为点击“企业入驻通道”后的界面，有“向 eBay 直接申请入驻”和“第三方实地考核入驻”两个选项供卖家选择。这里选择前者，登录已有个人账户并进行相应授权，eBay 工作人员会检查申请者是否满足申请资格。如果满足相应资格，就可以填写以下申请表（见图 8－13）。

图 8－12　从企业入驻通道选项申请企业账户界面

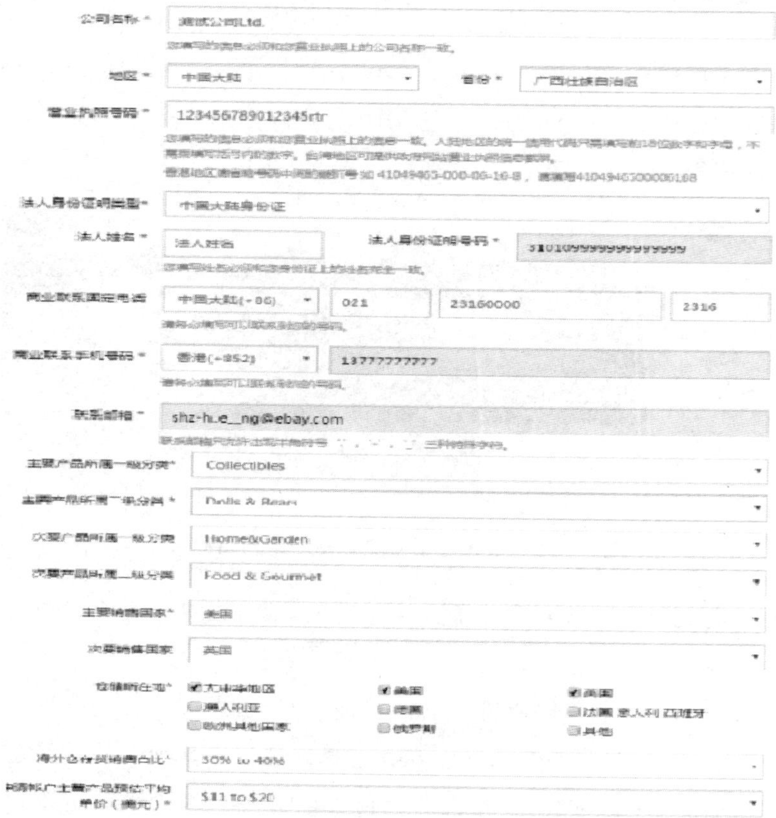

图 8－13　符合条件的企业入驻申请者信息填写表格

如果不符合要求，则会出现以下提示（见图 8－14）。

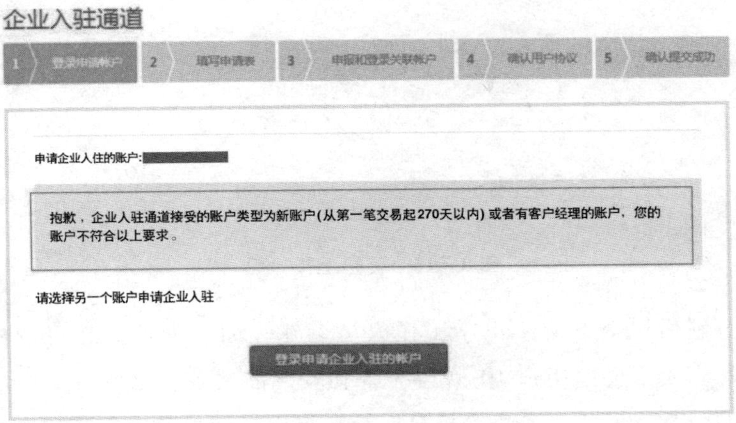

图 8－14　不符合申请资格的申请者显示界面

按提示填写好相应信息后，申请者还需要上传营业执照和公司地址证明等材料，中国大陆、中国台湾地区需要上传法人身份证文件，中国香港、中国澳门地区则需要上传 eBay 注册人身份证文件（见图 8－15）。

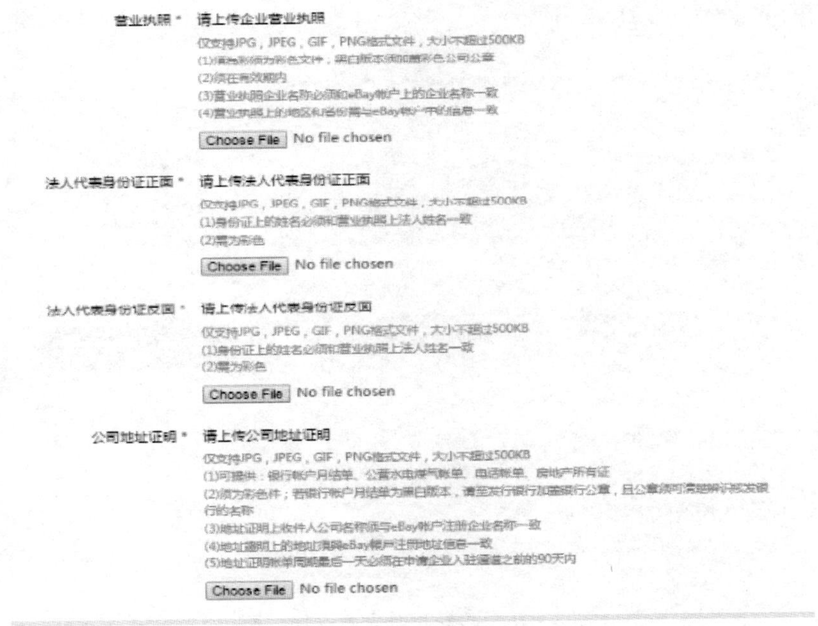

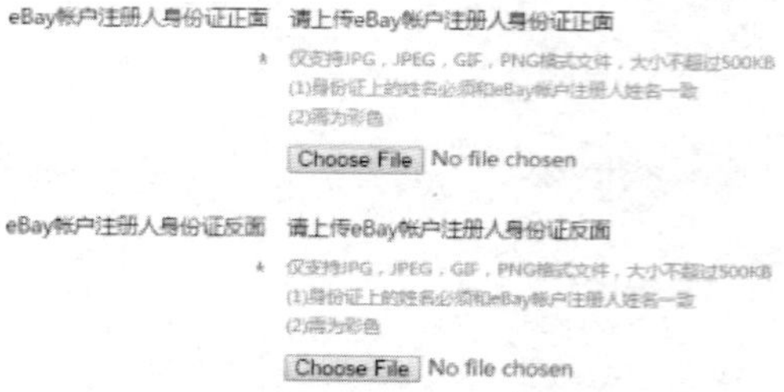

图 8-15　资料上传界面

上传资料后提交申请，eBay 工作人员会在一周内处理，并将审核结果告知申请者。当卖家创建用户 ID 后，准备刊登产品之前，必须在 listing 界面上向买家说明付款、发货和退货等信息系统将提供自动付款方式有 PayPal、支票账户、信用卡和借记卡（见图 8-16）。

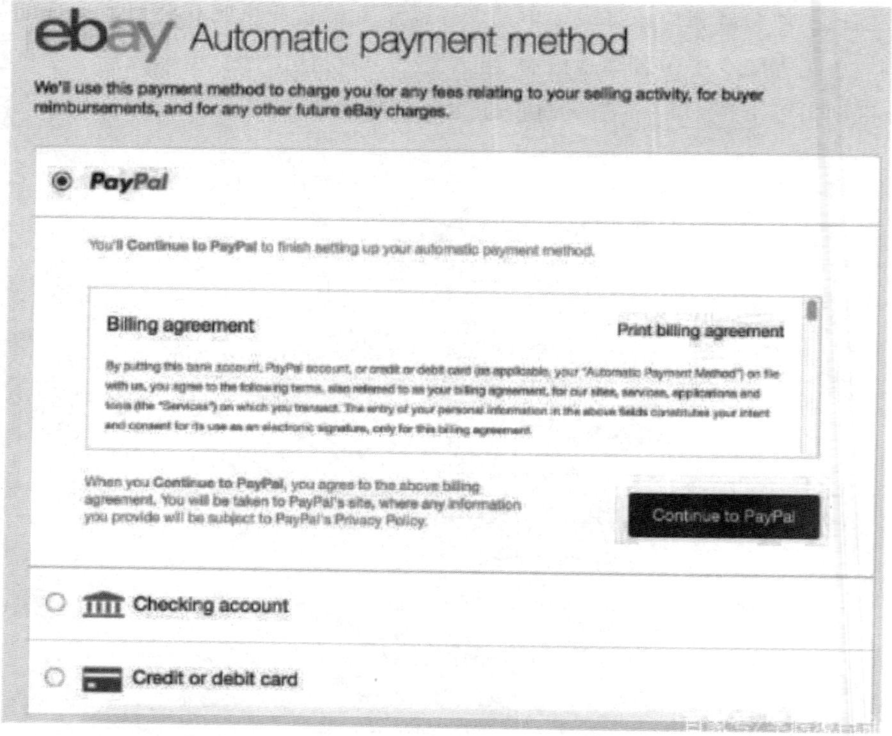

图 8-16　自动付款方式选择界面

第三节 eBay 付款、退货和物流业务设置

1. 付款业务设置

不管产品以“一口价”形式、还是拍卖形式刊登，卖家都需要设置产品的付款方式。例如，使用 PayPal 进行支付。首先，在产品刊登业务创建界面点击“Business policy”界面中的“Create policy”，在下方列表中选择“Payment”，创建新的付款政策。然后，在“Policy name”对应的方框中编辑付款政策名称，在“Policy description”对应的方框中编辑政策说明。如果勾选“Set as default payment policy”，则表示将正在设置的政策设定为默认付款政策。在“Electronic payment methods”中可设置付款方式，在 PayPal 对应方框处打勾，并在“Your PayPal account E-mail address”对应方框中输入邮件地址，则表示将 PayPal 作为付款方式。对于正常出售且售价包含运费的产品，若需要买家即刻支付，可在“Require immediate payment when buyer uses Buy It Now”对应方框处打勾。如果还有其他需要说明的情况，可在“Additional payment instructions”对应文本框中填写，最后点击“Save”完成设置。

2. 退货政策设置

完备的退货和换货政策是成功打消买家的购物疑虑的关键环节之一，也是卖家获得更大竞争优势和成交量的重要途径，大多数卖家都会非常注重退货政策的设置，主要步骤如下。

在业务政策设置页面中点击“Create policy”，在下方弹出的菜单栏中选择“Return”，会弹出创建新的退货政策界面，在页面中“Policy name”对应的方框中录入退货政策名称，在“Policy description”对应的方框中编辑退货政策说明。如果勾选“Set as default return policy”，则表示将正在设置的政策设定为默认退货政策。在设置退货具体时间时，需要在“Domestic returns accepted”对应方框处打勾，并提供至少 30 天的退货时间。要设置退货运费的分担方式，可以在“Return shipping will be paid by”下方对应方框中选择“buyer”或

“seller”，表示退货运费单独由买家或卖家承担。同理，可在“International returns accepted”下方进行相应设置。最后，点击“Save”完成设置。

3. 物流业务设置

登录 eBay 账户，在业务政策页面中，点击“Create policy”，在弹出的列表中点击“Shipping”，开始创建物流业务（见图 8－17）。

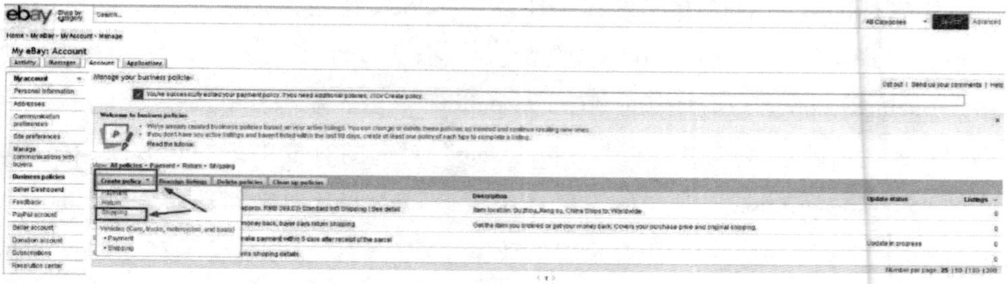

图 8－17　物流业务创建初始界面

创建物流界面中，在“Policy name”对应的方框中录入物流业务名称，在“Policy description”对应的方框中录入业务情况说明，如果想把正在设置的物流方式定为默认政策，可勾选“Set as default shipping policy”（见图 8－18）。

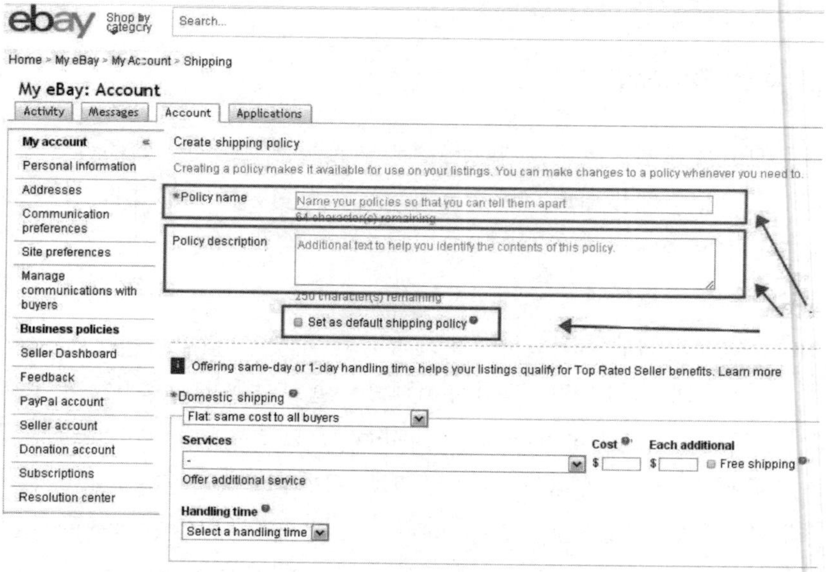

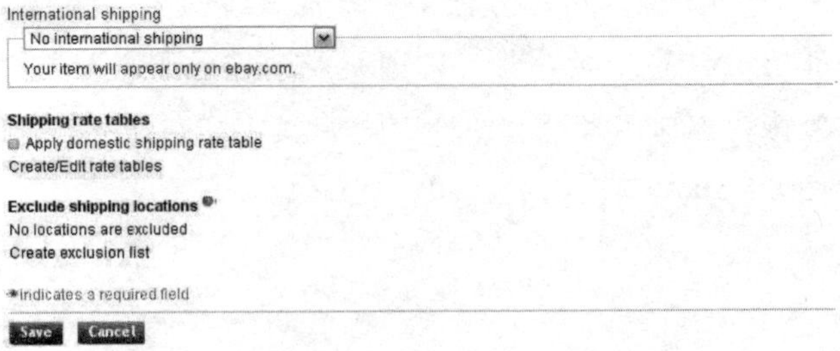

图 8－18　物流名称及说明录入界面

在"Domestic shipping"对应方框中可设置货运细节，选择"Flat：same cost to all buyers"表示为每件物品设置相同运费，"Calculated：Cost varies by buyer location"表示为不同地区的买家设置差异运费，"Freight：large items over 150 lbs"表示为超过 150 磅的大型物品设置运费，"No shipping：Local pickup only"表示将物品设置为免运费。对于普通小件物品，一般选择为每件物品设置相同运费（见图 8－19）。

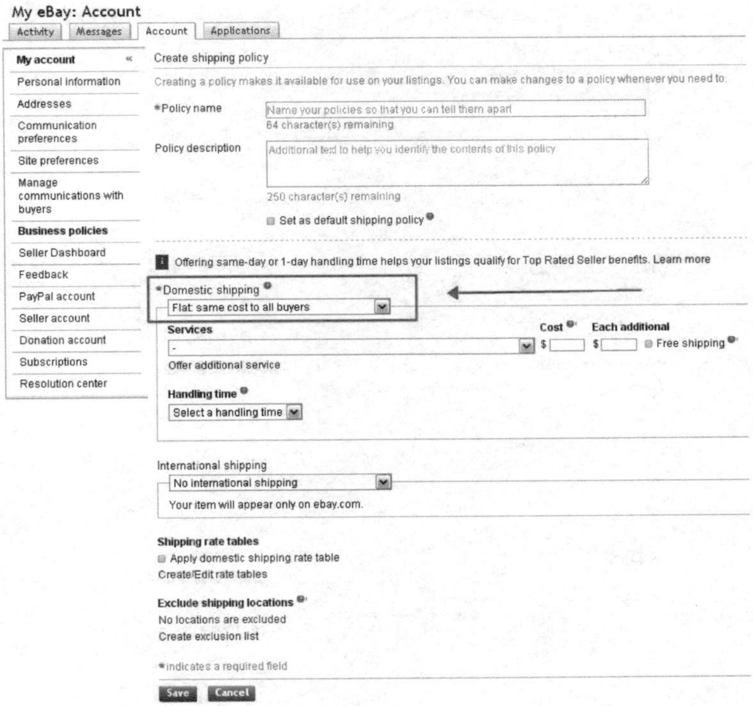

图 8－19　货运细节设置界面

在“Services”对应的方框中可设置具体的运送服务，“Standard Shipping”表示标准运送服务［如香港（中国）邮政小包服务等］；“Expedited Shipping”表示加急特快邮递服务（如EMS等）。卖家需在商品描述中对这些情况加以说明（见图8－20）。

图8－20　物流运送方式设置界面

在“Cost”对应的方框中可填写物品运费，在“Each additional”对应方框中填写每增加一件物品所要多付的运费。此时，如果勾选“Free shipping”表示包邮，能够增加物品曝光率（见图 8 - 21）。

图 8 - 21　物流运费设置界面

若卖家想增加更多运输服务，点击“Offer additional service”；若不需要，点击“Remove service”予以取消。在“Handling time”对应的方框中可选择产品物流的处理时间（见图 8-22）。

图 8-22　更多物流服务设置界面

卖家可在“International shipping”区域设置其他地区的国际货运细节，如果卖家提供国际航运，可在“International shipping”对应的方框中选择货运收费方式（见图 8－23）。

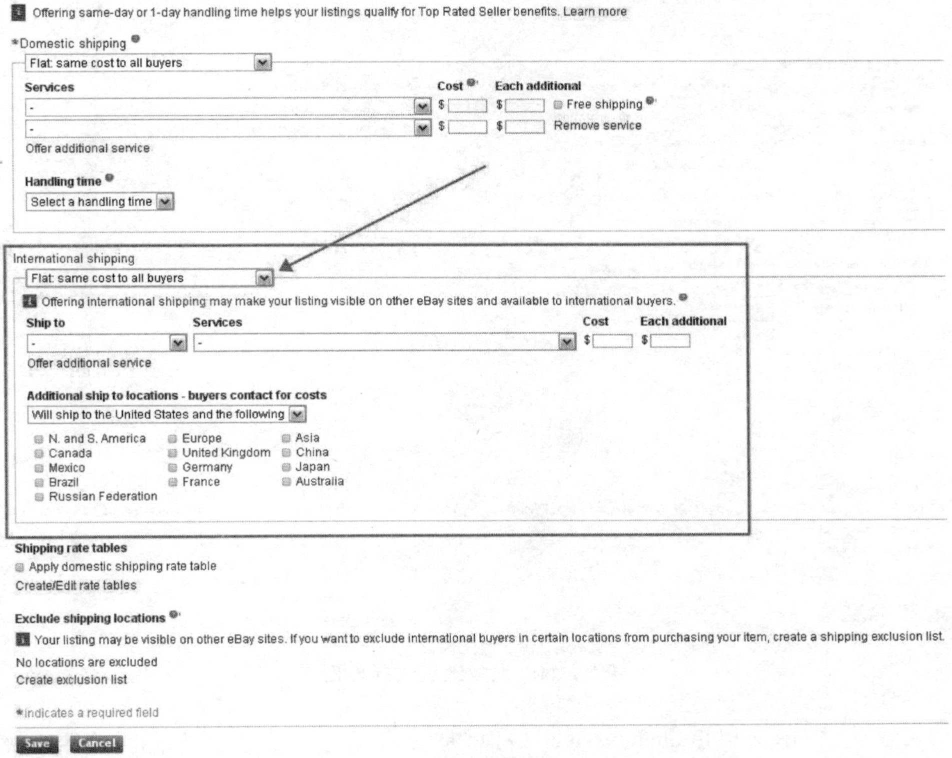

图 8－23 国际货运细节设置界面

在“Ship to”对应的方框中选择要寄送的目的地，请不要轻易点击“Worldwide”，因为有些国家物流无法送达，常用做法是“Choose custom location”自定义目的地。

可在“Services”对应的方框中设置具体物流服务，在“Cost”对应的方框中填写运费，在“Each additional”对应的方框中填写每增加一件物品需多付的运费（见图 8－24）。

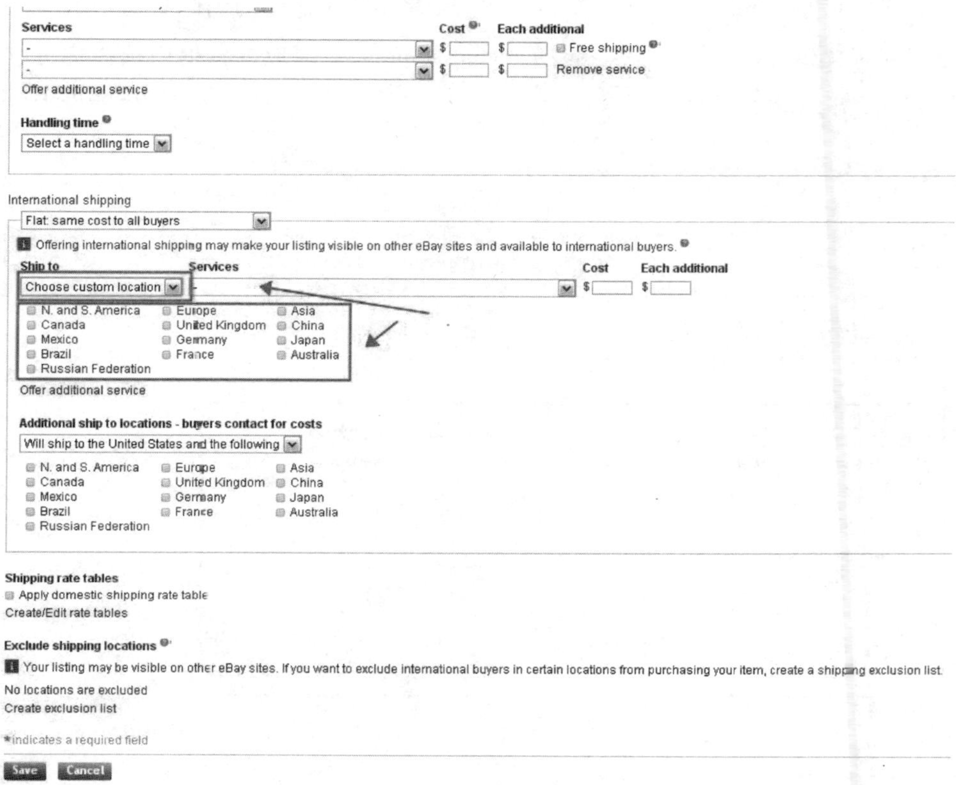

图 8－24　发货地区选择界面

点击“Offer additional service”可增加更多的运输服务，为不同地区设置不同的运输服务和费用，若不需要则直接点击“Remove service”。可在“Additional ship to locations － buyers contact for costs”下的复选框中设置其他运送目的地买家咨询的费用（见图 8－25）。

可在“Shipping rate tables”区域编辑航运费率表，点选“Apply domestic shipping rate table”表示应用当地航运费率表，也可点击“Create/Edit rate tables”创建或编辑具体的航运费率表。上述物流政策设置完成后，点击“Save”保存。

上述政策创建和修改过程中应该注意，首先，一定要确保以网站所在国家的语言填写商业政策表格，在创建付款政策时，选择将 PayPal 作为收款方式之一，因为这是海外买家常用的付款方式。其次，如果卖家在创建物流政策时

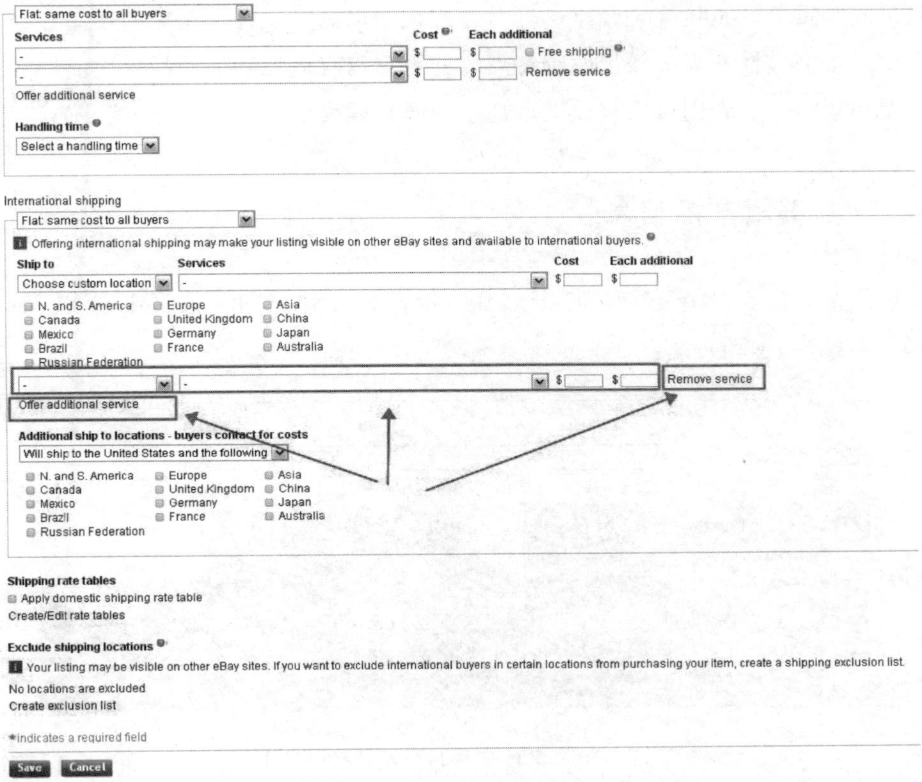

图 8－25　国际货运更多物流服务设置界面

选择了免运费，物品在“Best Match”中的排名会比较靠前。同时，如果存在不合理收取运费的情况，严重的可能因违反“卖家不履行条约”规则而遭到账户限制或冻结。再次，在创建退货政策时，即使卖家进行不接受退货设置，如果出现物品与描述不符且发起 eBay 买家保障纠纷时，买家仍能退回物品。最后，卖家要确保退货详情与产品说明里与退货有关的所有信息保持一致。若退货政策发生变化，应及时在相应页面中进行信息更新。

第四节　eBay 产品刊登

线上产品的销量是卖家非常看重的因素，产品刊登和管理情况，是与产品质量同等重要且直接决定销量的环节，应该予以高度关注。完美的产品刊登至少要具备完整性和高关联性两种特点，前者可以有效地降低产品售卖前的客服压力和纠纷，后者则可以有效地增加产品曝光程度。

一、编辑产品信息

首先，登录 eBay 官网，点击“My eBay”，在弹出的下拉框中点击“selling”（见图 8－26）。

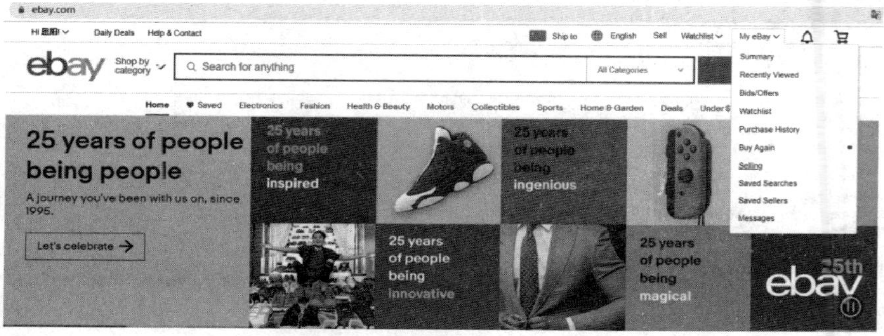

图 8－26　eBay 主页刊登产品初始界面

可以看到“告知你要售卖的产品”的英文界面弹出，在界面搜索栏中输入售卖产品的名称。然后，选择产品对应的分类，点击“Get started”选项（见图 8－27）。

图 8－27　产品分类登记界面

在产品刊登界面主要由产品名类、销售详情和发货详情三个部分组成。第一部分需要填写的产品基本信息如图 8－28 所示。

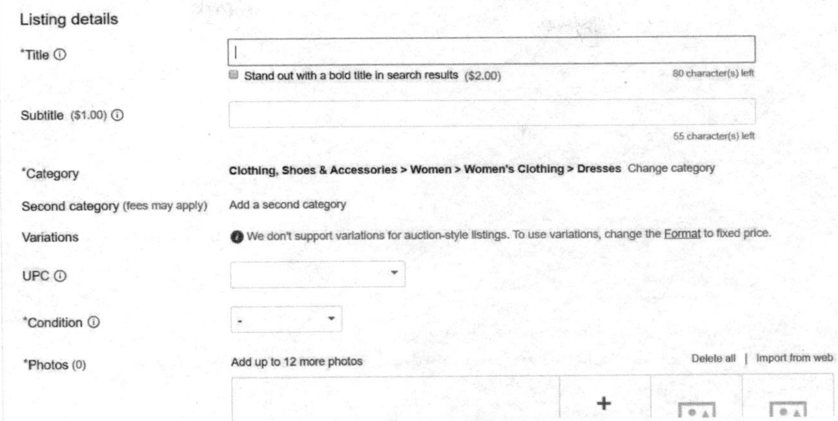

图 8－28 产品基本信息录入界面

第一，确定合理的产品标题。标题是买家快速知悉产品的词语，一般由核心词、差异化关键词和营销词组成，核心词主要告诉消费者所售卖的产品是什么，差异化关键词是体现与同类产品功能和特点差别的词汇，营销词是与产品价格和售卖形式有关的词汇。好的产品标题不仅能在拼写正确的基础上体现产品用途、还包括较多高相关搜索词，使消费者顺利找到产品，进一步引发消费者的兴趣并产生购买行为。物品标题最多可输入 80 个字符，卖家应充分利用些字符描述所售产品特征，让潜在买家获得产品信息，提升搜索率。切忌在标题中添加网站地址、电子邮件或电话号码以及含有亵渎或猥亵的语言。刊登的品牌产品必须是由品牌厂商生产，切忌使用涉及侵权的关键词（见图 8－29）。

第二，设定详尽且精准的 eBay 产品属性。物品属性可以为买家提供产品的细节详情（如品牌、尺寸和颜色等）。这些信息会按统一格式出现在产品刊登内容描述中，让买家了解物品的详细情况。这一环节对产品销量十分重要，应该得到充分关注，所以创建物品刊登时应尽量完整填写所售产品的属性信息。

填写属性时需要注意：个别产品属性会有默认值，检查默认值正确与否，若正确直接确认即可，若不正确则要修改；对于不合适所售产品的属性信息，可以进行删除；增加额外产品属性时需要谨慎，避免不正确或太复杂的物品属性可能对曝光率造成的负面影响。

图 8－29　销售信息界面

二、填写极具特点的产品详情

eBay 物品详情描述页面是售前让买家了解物品详情的有效渠道，像广告一样吸引买家的注意力并向买家说明物品特色的大好机会。完整且清晰的物品详情描述页面可以让卖家的物品展示得更专业，还可以大幅提升物品的浏览次数和出售机会。

在“Item description”区域可进行产品的详细描述，点击“Standard”直接输入物品描述，或点击“HTML”，使用 HTML 代码加入较复杂的物品描述（见图 8－30）。

描述产品详情时要注意：一是尽量避免使用复杂的字体或过多的颜色；二是提供常见问题的解决方案，解决买家在决定购买前可能遇到的问题；三是标明与收付款、邮寄和退换货有关的店铺政策；四是说明营业时间（以当地时

图 8－30　产品详情设置界面

区时间展示)，写明回复邮件的期限。同时，在产品描述过程中不能包含任何与事实不相符的陈述；不能掺杂误导卖家的关键词或文字；不能出现禁止或受管制的内容；在未经许可的情况下，不能使用品牌商标或抄袭其他卖家产品详情的内容；不能出现导致买家不满或是违反 eBay 刊登政策的描述。

在“Standard”中编辑详情后，可利用工具条对物品描述进行简单的排版设置。点击“Mobile－friendly checker”可以看到产品详情在移动端的展示效果。

三、刊登方式、价格及可售数量的确定

首先，刊登产品可以采取“Fixed price（一口价）”和“Auction－style（拍卖）”两种形式，以及两种形式同时使用，卖家需要全面考虑不同形式对产品销售可能产生的影响，谨慎确定有利于产品销售的刊登形式。

相对而言，以下情况更适合进行“Auction－style”式刊登，一是希望快速出售产品，却无法精准把握其确切价位，此时的价格最好让市场来决定；二是对于独特、稀有且能产生需求并引起竞标的物品，拍卖可以提升利润空间；三是以往使用“Auction－style”形式刊登且有较高成交率的产品，应持续沿用这一产品刊登形式；四是对于不定时销售的产品，要想使产品搜索排名得到提升，可以考虑采用“Auction”方式刊登。

而下述情况更适合“Fixed price（一口价）”式刊登：一是产品数量众多，可以整合到一次刊登中；二是有大量库存商品，希望尽量减少刊登费；三是希望物品上线时间超过 7 天，或者上线时间定为 30 天，最好选择“一口价”形式刊登。

上述两种方式也有同时使用的情况，比如销售很多种类物品，希望既吸引试图以竞拍进行购买的消费者、又吸引倾向于以“一口价”方式达成交易的消费者；或者卖家希望进一步扩大消费者的库存需求，通过两种刊登方式并用帮助自身了解其他在售物品。

其次，卖家在设置产品销售价格时，需要在吸引消费者注意的同时，兼顾产品的浏览量和销售量。采用拍卖式定价时，需要在“Choose a format and price”模块中点击“Auction - style”，产品最低起拍价是＄0.99，卖家可在“Starting price”对应方框中输入产品的自定义价格；采用“一口价”式定价时，则应在同一模块中点击“Fixed price”，产品最低定价也是＄0.99，在“Buy it now price”对应方框中输入产品的销售价格；对于同时采用拍卖和“一口价”方式销售的产品，同时进行上述两种方式的操作即可。

多数卖家会察觉到，如果产品的起标价太高就难以吸引消费者，而定价太低又可能压缩利润空间，此时则可以设定“ Reserve Price（底价）”来解决这个问题。如果卖家在拍卖式产品购买时的出价未超过预设的底价，卖家则可以选择不出售该产品。

最后，卖家需谨慎设定物品的可售数量，严格管理库存。如果库存有所调整，卖家需及时调整对应刊登物品的可售数量，避免出现仓库有货，刊登物品页面没货；或刊登物品页面有货，库存没货的情况发生，以免给买家带来不良购物体验。

需要注意的是，虽然卖家选择“Auction - style”式刊登物品时，只能拍卖一件物品，但 eBay 中的批发功能允许卖家一次出售多件商品，适合开展 B2B 或批发业务。

四、辅助功能的选择

在产品刊登定价时，有些辅助功能包括“Fixed price”中的“Best offer（议价）”功能和多款式刊登功能，“Auction - style”中的“一口价”功能。可能对消费者购买产品起到良好的促进效果，卖家可以根据刊登产品的需求灵活使用。

首先，“Fixed Price”中的“Best Offer”功能若开启，即允许买家对产品进行还价，卖家将视情况决定是否接受进而达成交易。对于以“Fixed price”式售卖的产品，卖家一旦接受买家的还价，刊登就会立即结束。eBay 中的产品“议价”功能可以免费设定，当产品以买家还价金额达成交易时，成交费将以还价金额为基准按比例收取。同时，买家的还价具有法律约束力，有效期为 48 小时，卖家若未回复，则议价过期。买家可提出高于“Buy It Now”价格的议价，在成交价里包含运费。当买家提出议价之后，卖家的回应主要有三种：一是接受议价，物品将立即结束刊登；二是拒绝议价，并且告诉买家拒绝的原因；三是不回复，议价在 48 小时后自动过期。

如果买家选择接受买家还价，买家就会立即成为该物品付费后的所有者。该买家会接到买家通知，交易程序与一般 eBay 产品相同。对于单件刊登物品：买家还价被卖家接受以后，其他买家提出的议价会自动被系统拒绝；对于多件刊登物品：卖家还价被买家接受且物品全部售出时，其他买家的议价会自动被系统拒绝。如果卖家事先指定了产品运费，买家则不能再对运费议价。但如果卖家要求买家与其联络索取运费资料，买家就可以对产品提出成交价格包含运费的还价。

其次，“Fixed price”中的多款式刊登功能若开启，对于有多种款式的产品，卖家不必建立多个单独的刊登，取而代之的是可以进行“一口价”刊登。例如牛仔裤可能有多种颜色和尺寸的款式，让买家可以在多款式刊登上选择自己想购买的款式。此外，从卖家的角度来看，多款式刊登全部款式的优点主要有三个。一是节省时间，具有多款式的产品只需刊登一次；二是节省金钱，只要支付较少刊登费就能享有多款式图片的优惠价；三是曝光率更高，当买家购买多款式刊登中的产品时，卖家的刊登会较优先显示。

卖家可在产品大类下的多数子类中刊登多款式产品。然而，目前多款式物品的刊登不提供卖家“还价”和“大批出售”选项；刊登时可新增多达 15 项物品细节，卖家最好加入多种产品细节让消费者更容易找该产品。卖家可以在主图中显示产品的一般外观，在细节图中显示产品各款式的差异。如果卖家在设置物品细节类别的数量时输入“0”，则该细节类别不会显示在物品刊登页面上。当卖家出售多款式刊登的物品后，系统会自动减少数量及价格清单中的数目。如果卖家某款式产品售罄，则该款式产品不会显示在产品刊登页面上，且系统还会在卖家的刊登产品中显示“无存货”，直至补货为止。

卖家需要实时关注产品的数目及价格，并保持产品款式有一定的存货量，当物品的所有款式全部售罄，刊登将会自动结束，此时卖家只能重新刊登要出售的物品。若卖家尚未卖出刊登中任何款式的物品，可修改、新增或删除与产品有关的资料；如果已卖出一种或多种款式的物品，卖家则可以新增产品资料，也可以修改产品价格和数量。

最后，"Auction style" 中的 "Buy It Now" 功能若开启（即在以拍卖形式刊登物品的同时，添加物品的一口价功能），这样买家既可以选择立即购买，也可以参与竞拍。这样做的缺点有如下两点。一是会增加销售成本，因为当卖家以标准"拍卖"方式出售物品时，eBay 平台根据起拍价收取较低比例的刊登费，同时根据产品的成交价收取一定比例的成交费。但如果卖家同时开启产品的"一口价"功能，eBay 将比较物品的起拍价与"一口价"，并以较高项的价格收取刊登费，同时拍卖中的"一口价"功能也将收取小额的特色功能费。二是产品刊登后，将不能修改其销售形式，只有在特定情况下才可以增加、编辑或移除拍卖物品的"Buy It Now"功能。拍卖物品如果结束时间在 12 个小时后，而且刊登的产品仍无人竞拍，可新增、编辑或移除"Buy It Now"功能。

五、产品所在地设置

为产品设定相应业务规则及所在地，可使买家在详细地了解所售物品的同时了解网店购买规则，让买家在购买前获悉卖家的付款政策、物流政策、退货政策。若买家认同这些规则，即可有效简化售前咨询和避免售后纠纷（见图 8－31）。

一是设定物品所在地。物品刊登设置页面中的"Add shipping details"模块是物品货运细节设置模块，模块下方的"Item location"区域，可以设定物品所在地。

可点击"Change"，在弹出的"Country or region"下方的复选框中输入物品所在国家，在"City, State"下方的文本框中输入物品所在城市和省份。如需对物品所在地进行详细设置还可进入"My eBay"，点击"Account"进入账户设置页面。在账户设置页面，点击左侧边栏中的"Addresses"进入地址设置页面，点击"Registration address"一栏中的"Change"，进入注册地址设置页面。

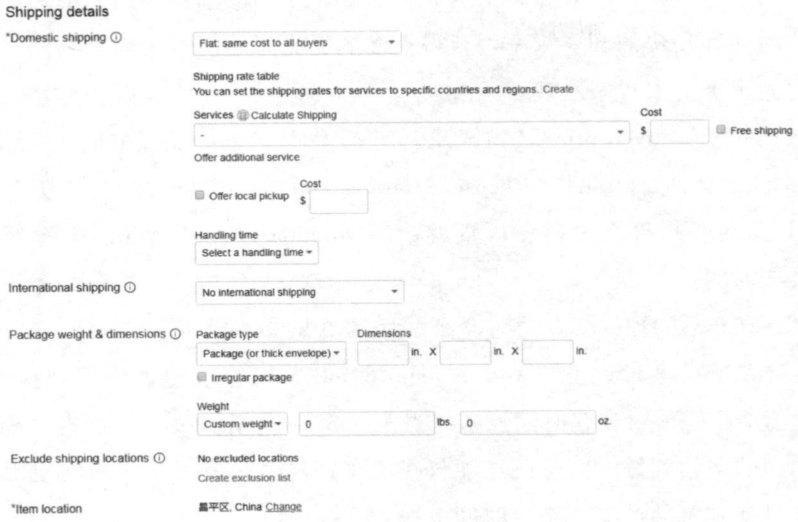

图 8－31　发货详情界面

二是需要注意的是，卖家必须如实填写物品所在地，一般情况下物品所在地与账户注册信息相符，如果物品所在地确实在外地或其他国家，需要在商品描述中做详细说明，以避免日后不必要的交易纠纷。运费的设置要与物品所在地相匹配。例如注册信息为中国，物品所在地为美国，产品被一个美国卖家购买，运费价格应与美国当地运费一致，而不能设置为中国到美国的运费。此外，平台禁止卖家刊登错误或不真实的所在地，如果违反该政策规定，将会视情况轻重予以不同程度的处罚。

六、产品刊登上线时间设置

在刊登物品时，卖家可设定物品的在线时长，目前有 3 天、5 天、7 天、10 天、30 天以及无限期的刊登日数供卖家选择。

首先，对于“Auction－style”式产品，在产品刊登设置页面中的“Choose a format and price”模块，即物品的刊登方式和价格设置模块，如需以拍卖方式刊登，可点击“Auction－style”，然后在“Duration”对应的方框中选择物品的刊登上线时间。

拍卖物品的在线时间并非越长越好。这取决于物品本身。热门的物品，较短的在线时间和较快的刊登频率可获得更多的曝光率，而对于稀有物品，较长的在线时间可被更多买家发现。

其次，对于“Fixed price”式产品，与拍卖式刊登产品设置的流程类似，在产品刊登设置页面中的“Choose a format and price”模块，点击“Fixed price”，即进行一口价方式刊登，然后在“Duration”对应的方框中选择物品的刊登上线时间。

最后，在产品的预约刊登时间设置方面，“Auction – style”和“Fixed price”式刊登的产品都可通过点击“Add or remove options”添加更详细的刊登设置，其中就包括产品的预约刊登时间设置。点击“Scheduled start”后点击“Save”，可设置物品的预约刊登时间，此选项仅在卖家账户关联信用卡后才能使用，通过本功能可让卖家的产品在指定时间上线。

需要注意的是，产品刊登的结束时间以开始时间为依据，以一日 24 个小时为计算单位。例如：卖家在星期一上午 9 点 29 分刊登产品，并选择要刊登 5 日，产品刊登结束时间是星期六上午 9 点 29 分。eBay 香港网站上显示的时间，以美国太平洋标准时间为准。PDT 是太平洋夏令时间，PST 则是太平洋标准时间。太平洋时间比美国东部时间早 3 个小时。比如说，太平洋时间下午 1 点的时候，是美国东部时间的下午 4 点。此外，卖家还需要考虑时差、节假日等因素，以确定产品的预约登录时间和登录周期（见图 8 – 32）。

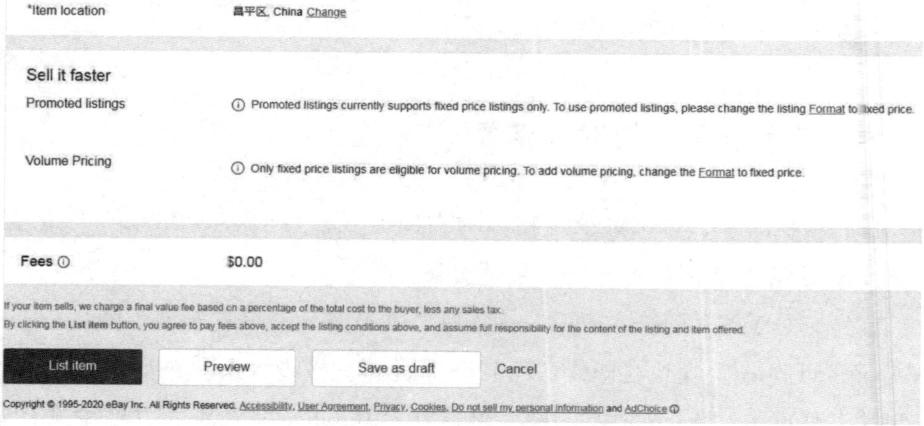

图 8 – 32　完成产品刊登界面

第五节 eBay 产品管理

熟悉了产品刊登之后，如何进行有效的刊登管理是卖家应进一步提升的能力。其中，产品的批量刊登、提前结束刊登和重新刊登方法需要全面掌握。

一、批量刊登

产品在有些情况下需要成批量刊登，包括产品属性的批量编辑、产品物流方式的批量修改以及卖家随着平台的政策变化进行的 listing 批量修改。

首先，登录账号后点击“Seller hub”选项，在弹出界面中找到“Active”选项，点击后可一览所有刊登的 Listing。点击“Edit”选项后会弹出包含“Edit selected”和“Edit all Listings”选项的下拉菜单，卖家可以根据业务需要自主选择产品进行编辑。如果选择其中两条 Listing 并点击“Edit selected”，则会弹出“Edit Listing”界面；点击“Edit fields”，会弹出可以批量编辑的字段，卖家可以通过点击不同字段进行编辑修改。

二、提前结束刊登

在产品销售过程中，卖家可能会因特殊情况，不能按照初始设置的产品上限时长结束刊登，此时，可以选择提前结束产品刊登。这样做的优点毋庸置疑：当产品因丢失或损坏无法正常发货以及产品信息有误时，可以马上提前结束产品刊登，可以最大限度地挽回不必要的损失。但缺点也是显而易见的，如果买家提前结束某产品的刊登，极易使潜在买家的消费兴趣大打折扣，取消对产品的购买；同时，如果提前结束一个在线产品的刊登，平台不会退还该产品一个自然月的刊登费用。所以，除特殊情况以外，买家最好不要轻易提前结束产品刊登。

提前结束一个“Auction”式刊登应符合的条件主要有三个：一是该产品还没有买家竞拍；二是该产品虽有买家竞拍，但卖家愿将产品卖给出价最高者；三是该产品有买家竞拍，但卖家不愿出售，且距离该产品刊登结束的时间超过 12 小时，这时的买家若要提前结束刊登，先要进行取消竞拍操作，再进行结束刊登操作。平台会收取相应的提前结束费用。

买家登录账户后，提前结束刊登的第一步是进入“Seller hub”；第二步是在“Listing”模块中的“Active”中找到结束刊登的产品，点击“Action”，在下拉菜单中点击“End”。

卖家不能提前结束“Auction”式刊登的情况有两种：一是该产品已有买家竞拍，但卖家不愿出售给出价最高者，且距离该产品刊登结束不到 12 小时；二是该产品已有买家竞拍，但是出价未达到卖家设置的保底价，且距离该产品刊登结束不到 12 小时。

三、重新刊登

有些产品刊登后未达成交易，需要买家进行重新刊登。重新刊登会产生相应的刊登费，若卖家选择了一些 listing 升级功能费，也会一并收取。同时，当卖家重新刊登了一条 listing，eBay 需要一些时间（可能是几个小时）来汇总并展示到站点上。重新刊登产品应按照如下步骤进行操作。

先登录平台账户，从首页的页面右上方“My eBay”处，进入“Seller hub”页面。再在“Listing”模块下左侧栏中选择“Unsold”，进入未售出物品页面；要想重新刊登未售出产品，卖家可在“Unsold”模块里点击对应产品栏中的“Relist”，即可重新刊登单个未售出产品；也可点击对应物品栏中的“Sell similar”，进行重新编辑后再重新刊登该产品。在未售出产品列表中点击“Relist”进入“Relist your listing”页面，卖家可以先查看并确认需要重新刊登的未售出产品信息，确认无误后再点击“List item”以完成产品的重新刊登。

第六节　eBay 店铺装修

eBay 店铺装修主要包括店铺分类、店铺横幅、店铺 Logo、店铺名称、店铺介绍和主打产品设置等。卖家可以通过专业化、个性化和品牌化的店铺装修从众多店铺中脱颖而出，在营造良好品牌形象和视觉环境的同时快速赢得买家的青睐。

一、店铺分类设置

卖家对店铺里所有产品进行分类，有利于提升买家的购物体验，进一步提升产品的转化率。在 eBay 对产品类别划分的同时，卖家还可以在店铺内部进行产品类别的定义。这些分类可以帮助客户浏览目录并找到其他需要购买的物品。eBay 店铺分类设置如下。

首先，在管理店铺分类界面中点击“Manage My Store”，然后在如图 8－33 所示的界面中点击位于左侧的“Store Categories”选项。

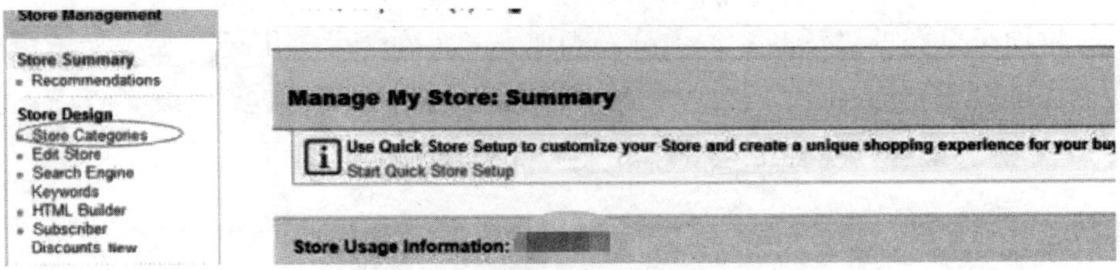

图 8－33　“Manage My Store”界面

其次，在弹出的如下界面中点击“Add Category”，对 eBay 店铺分类进行添加（见图 8－34）。

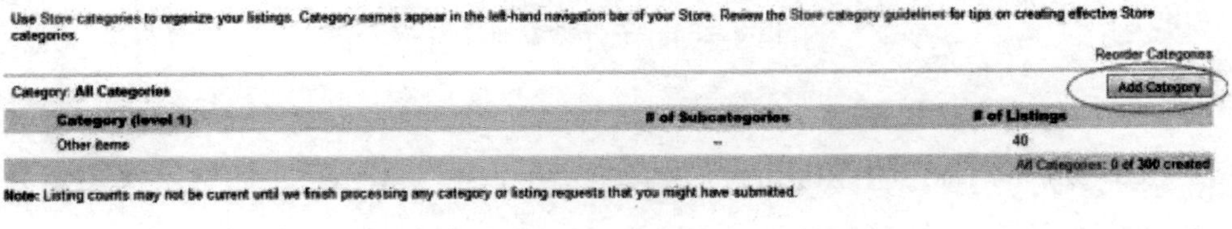

图 8－34　“Add Category”界面

弹出的添加店铺分类界面中，在“Category Name”对应的方框中输入主分类名称，若需要添加更多可点击“Add more categories”，然后点击“Save”进行保存。

主分类添加完成后，可以进一步选择如下图所示的主分类，并点击“Add Category”，进行子分类的添加，也可以对现有的主分类进行重命名和删除等操作（见图 8－35）。

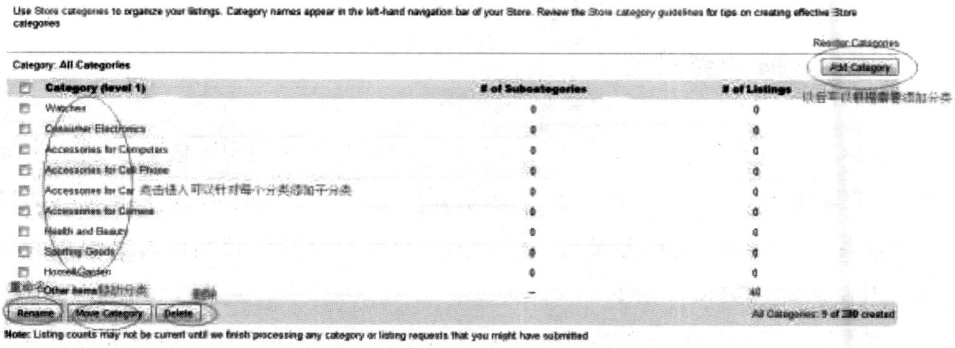

图 8－35 “Manage Store Categories” 界面

添加子分类的过程与添加主分类类似，若需在子分类下进一步添加三级子分类，可以参照添加子分类的方法，店铺分类最多可设置到三级类目，点击“Save”进行保存（见图 8－36）。

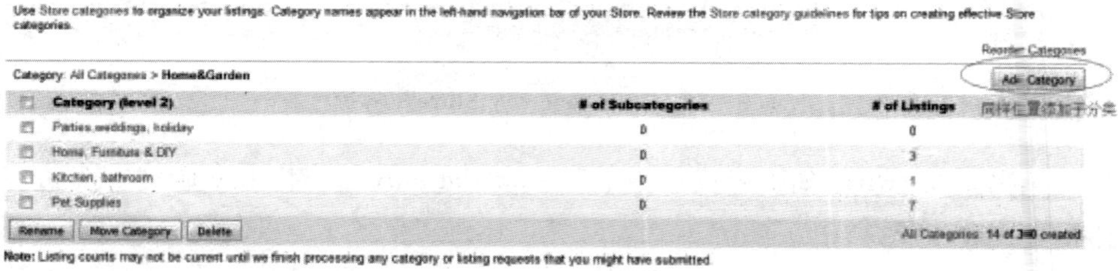

图 8－36 子分类添加界面

店铺的分类设置好后，接下来就是将已有刊登移动到对应的分类下。打开“Seller hub”界面，在“Listing”下拉菜单中点击“Active”，进入分类编辑界面。在“Edit”下拉菜单中点击“Edit selected”，对已选中的分类进行编辑。如图 8－37 所示，在“Edit fields”下拉菜单中点击“Categories”。

在弹出的如下界面中选择“Change to”，然后从其右边方框处选择要添加的分类，最后点击“Save and close”进行保存（见图 8－38）。

图 8－37 “Edit fields” 下拉菜单中的 “Categories”

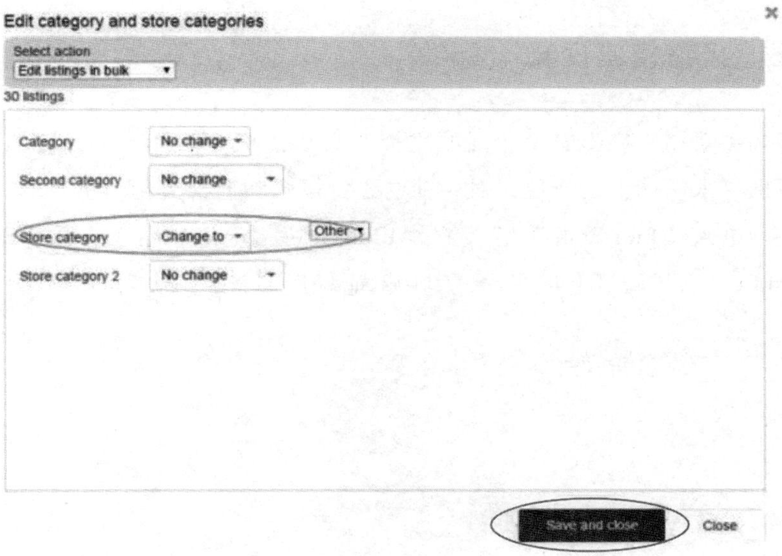

图 8－38 “Edit category and store categories” 界面

有了卖家对店铺的分类，可以实现对买家的引导，使买家进入店铺后可以很快地找到自己需要的分类进行产品选购，节省购物时间。

二、店铺名称设置

通过 “My eBay” 的 “Account” 选项进入 “Manage My Store” 界面，点击 “Edit Store”，找到 “Store name”，在其对应的下方框中编辑店铺名称，应使

用有利于记忆和形成品牌效应的名称，且不可以与受知识产权保护的公司名相同或相似、不可以用域名为结尾，可以与账户名称相同，但不可以超过 35 个字符（见图 8－39）。

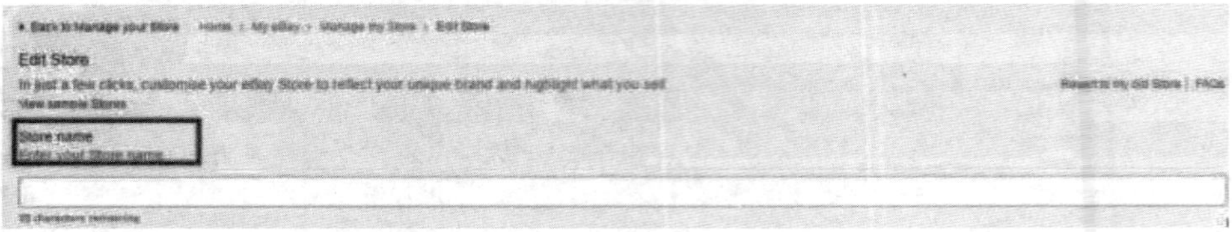

图 8－39　“Store name”设置界面

三、店铺横幅设置

横幅主要用于突出卖家店铺的主推产品或优惠活动等。作为店铺的门面，可以帮助买家明确消费定位，对店铺的主打概念和促销活动一目了然，提升消费体验。进入“Edit Store”后找到“Billboard”，点击如图 8－40 所示界面中的“Add image”即可上传图片，图片不能超过 12M。

图 8－40　店铺横幅图片上传界面

四、店铺 Logo 设置

进入“Edit Store”后，找到 Logo 设置界面，将鼠标放在添加图片区域，右侧会出现“Add image”，点击即可上传店铺标志的图片（最大小不超过 12M）。如果有品牌商标，尽量用商标作为店铺标志（见图 8－41）。

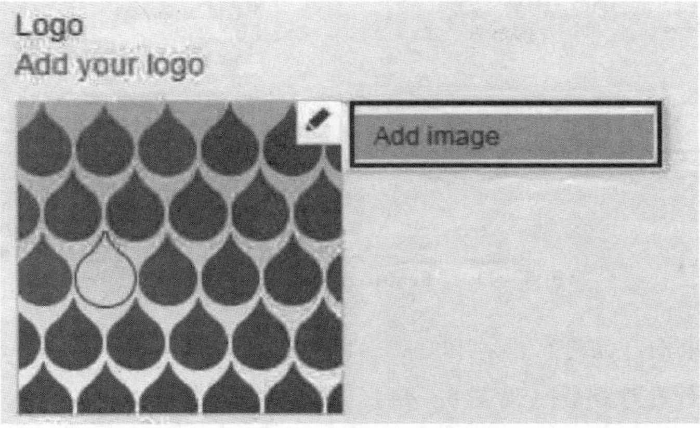

图 8－41　店铺 Logo 上传界面

五、店铺介绍设置

进入"Edit Store"后，找到"Store description"，如图 8－42 所示的框中输入店铺介绍，最多不超过 1000 字符。

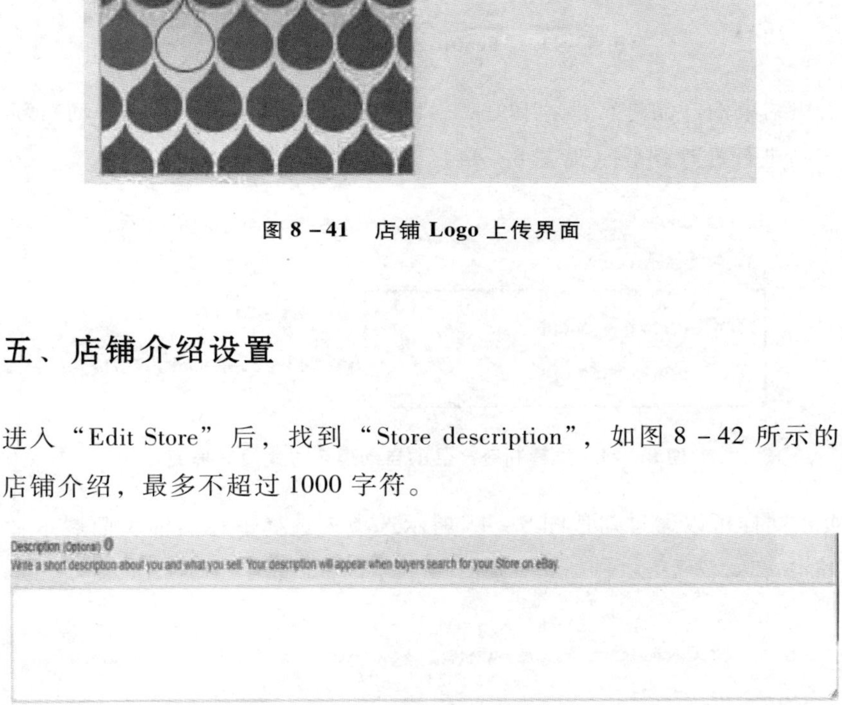

图 8－42　店铺介绍设置界面

六、主打产品设置

进入"Edit Store"后找到"Featured listing"，点击"Select listing"，可自动选择所需推荐的物品。最多同时对 4 款产品作为 Featured listing，且当在线产品小于 30 款时，该功能不会展现（见图 8－43）。

在"Select how you want us to automatically display your featured listings"的下拉方框中选择推荐刊登产品的自动显示方式。"time ending soonest"表示自

图 8－43 “Featured listing” 设置界面

动显示快结束的产品进行推荐刊登，“Time：newly listed”表示自动对新“上架”产品进行推荐刊登（见图 8－44）。

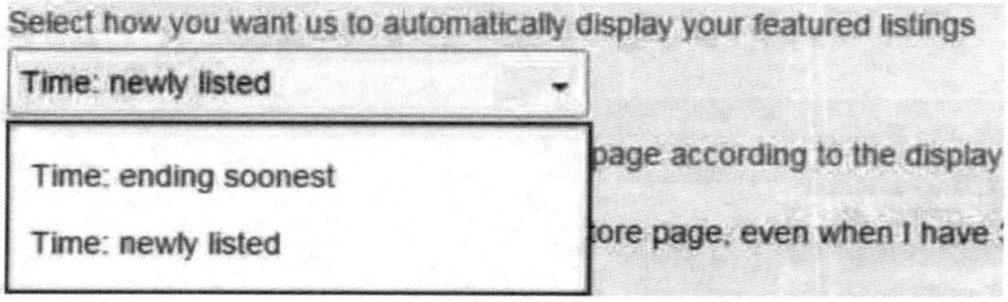

图 8－44 推荐刊登产品的自动展示方式设置界面

卖家同样可以通过勾选图 8－45 所示选项，选择不在店铺页面展示“Featured Listing”。

图 8－45 不展示“Featured listing”选项设置界面

七、产品展示顺序和方式设置

进入“Edit Store”界面后在“Select the order in which items are displayed in your store”对应方框中进行产品显示顺序设置，显示依据主要包括价格、时间和最佳匹配等。在如图 8－46 所示界面对产品展示顺序进行设置，“List”和“Gallery”分别表示列表式和平铺式，依据境外买家的购物习惯，大多数卖家将产品的展示方式设置为平铺式。

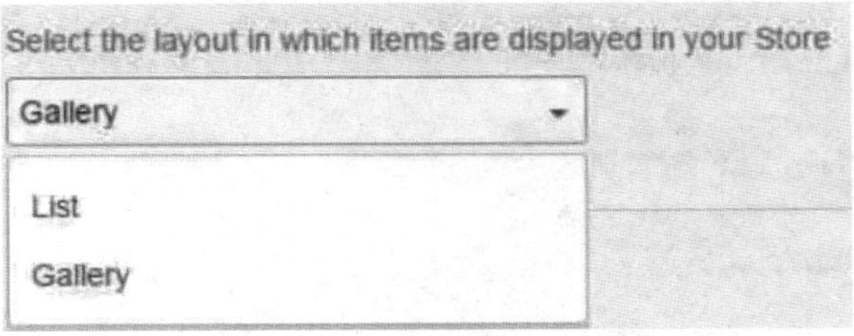

图 8－46 产品展示方式设置界面

第七节 eBay 促销活动设置

店铺促销活动主要包括“Order discount”“Shipping discount”和“Sale event + markdown”等，活动可以通过 seller hub 路径创建，即依次点击“My eBay”“Marketing”“Promotions”和“Create a promotion”，也可以直接创建，即依此点击“My eBay”“Account”“manage my store”“Manage my promotions”“Create a promotion”。

一、“Order discount”活动设置

订单打折（即 Order discount），是卖家认可度高且使用广泛的促销活动。首先，设置优惠类型。可以选择自己想要进行打折产品的分类，并明确打折的目的。“Introduce new items”选项表示新品介绍；“Attract buyers at peak shopping times”选项表示吸引买家眼球；“Move Older items”选项表示清库存（见图 8－47）。

卖家可以根据分类和打折的目的，设置不同的打折形式。其中，“spend”表示“满立减”型促销，包括满一定金额减相应金额；满一定金额后享受一定折扣和每满一定金额减相应金额三种优惠形式。“Quantity”表示“满件减”型促销，包括买满一定件数减相应金额；买满一定件数享受一定折扣和每买满一定件数减相应金额三种优惠形式。此外，还包括“Buy one，got one（买就送）”型促销和“No minimum purchase（额外优惠）”型促销（见图 8－48）。

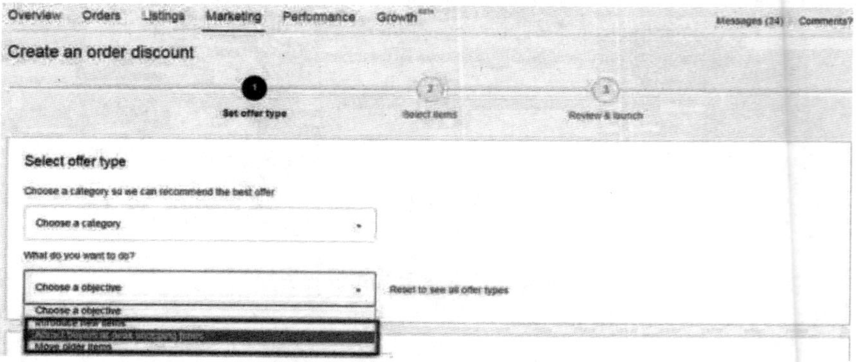

图 8－47　“Order discount”优惠类型设置界面

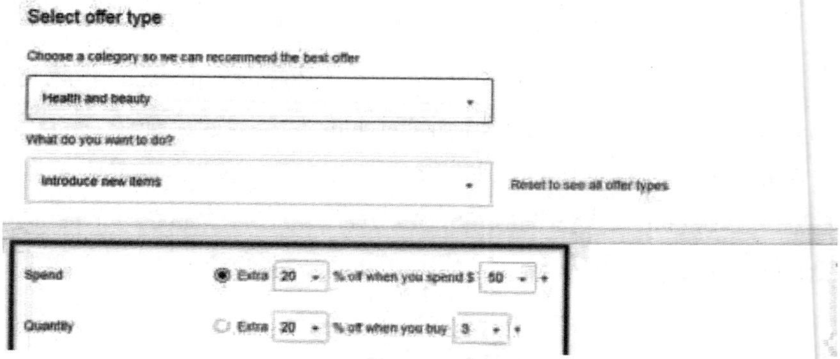

图 8－48　折扣方式设置界面

如图 8－48 进行“满立减”型促销，即消费满 50 美元时享受 20% 折扣，然后选择需打折的产品（见图 8－49）。

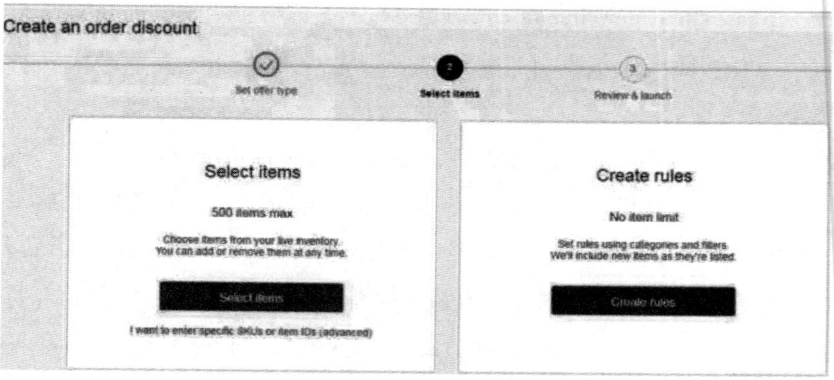

图 8－49　促销产品选择设置界面

若点击图 8－49 中的“Select items”选项，则表示手动选择促销产品，直接进入刊登页面或者通过输入产品号、SKU 进行选择，如图 8－50 所示，最多可选 500 件物品。

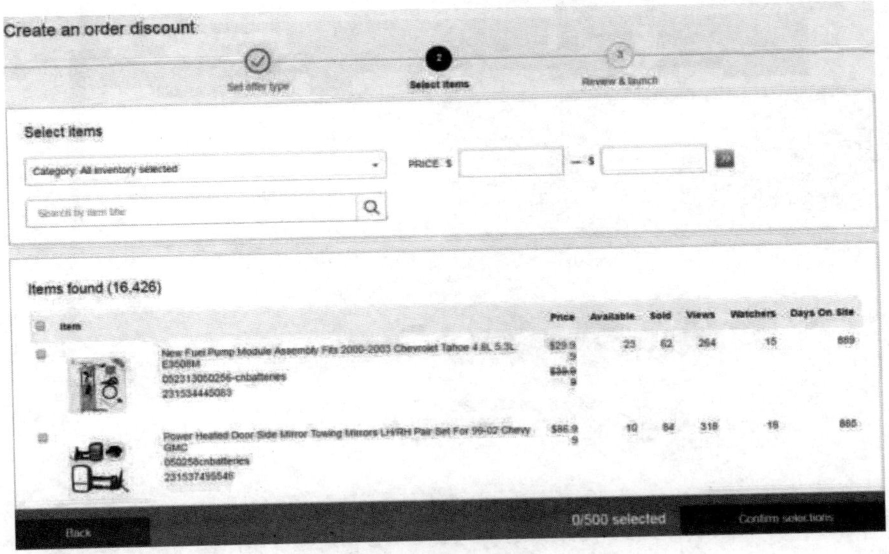

图 8－50　“Select items”设置界面

若点击“Create rules”选项，则表示通过 eBay 类目或者店铺分类以及库存状态来设定选品的规则，如图 8－51 所示，产品选择数量无上限。

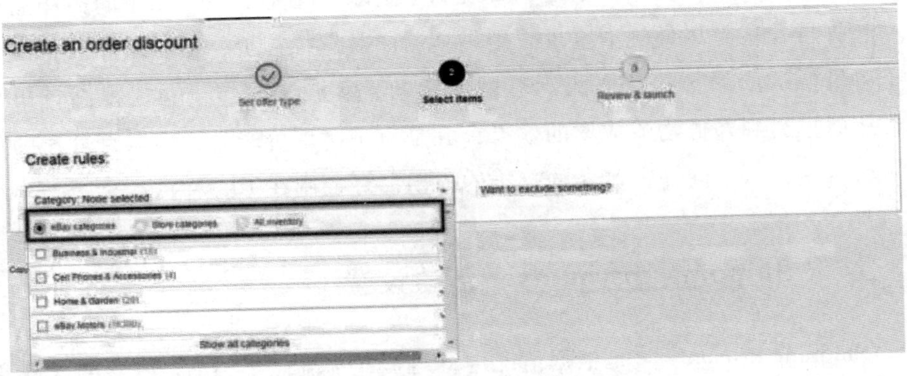

图 8－51　“Create rules”设置界面

如图 8－52 所示，进行打折产品标题和打折起始时间等内容的设置。

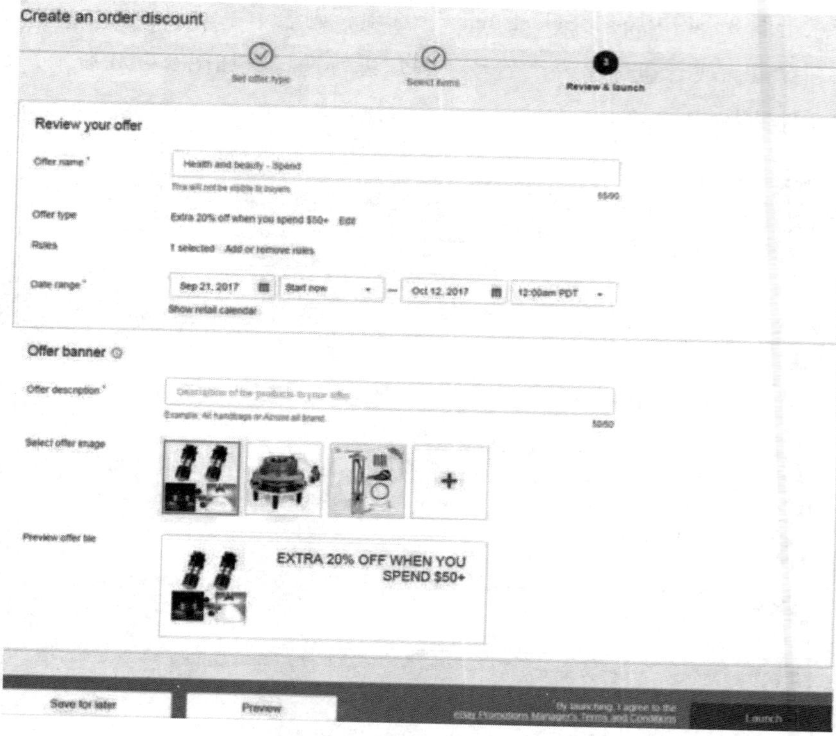

图 8－52　打折产品标题、时间和图片设置

最后，点击“Launch”完成设置。上述过程中需要注意：一是打折标题尽量要明确打折的力度以及主题，直观刺激买家的剁手欲望；二是同类产品放在一起打折；三是尽量挑浏览量、销量高的产品进行打折，更易出爆款；四是对于单价低的产品，建议做买满立减的活动，刺激买家多下单，提高订单金额，从而也达到降低物流成本的效果；五是对于高单价产品，多以百分比的优惠活动为主；六是同一个产品的打折的周期最好控制在10天内。

二、“Shipping discounts”活动设置

“Shipping discounts”是根据情况进行运费或物流优惠的活动。设置运送规则后，当买家消费达到一定的金额或者数量时获得物流服务的升级。当买家对于得到产品有迫切需求的时候，而卖家又提供了更快速的物流选项，二者相契合可以让消费者增加单次购买量来获得更快速的物流方式。该活动比较适合已

设定邮费或低单价产品的卖家，对于每件物品都已设定邮费的卖家，可以通过设置购买多个产品予以运费减免的优惠，提高消费者积极性。对于低单价的产品，卖家通常是走平邮小包，货发出去之后很难查询状态，但是卖家通过物流服务优惠活动，既可以增加交易额，还可以降低物流风险，提升账户表现（见图 8－53）。

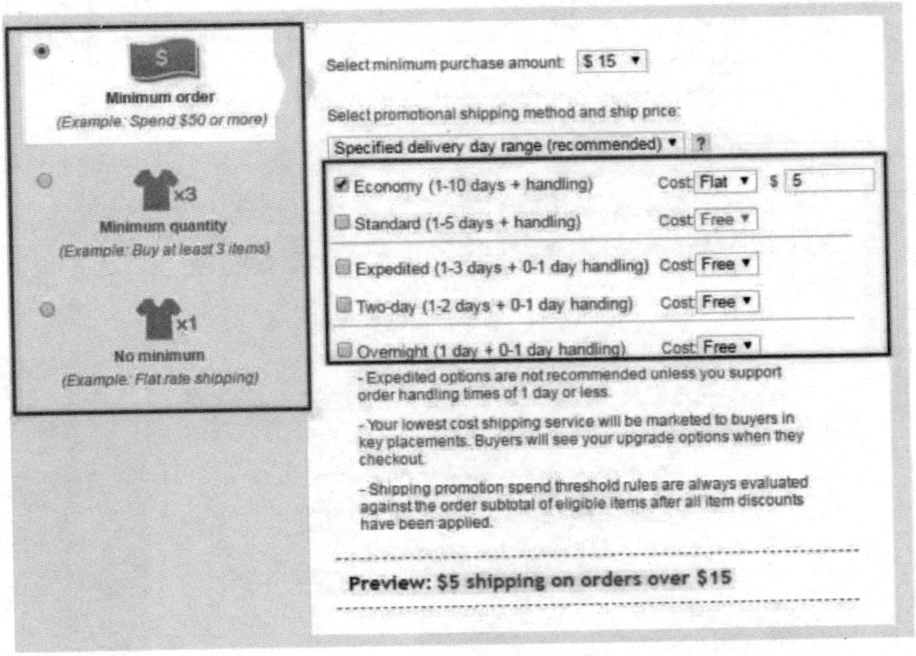

图 8－53 “Shipping discounts” 设置初始界面

如图 8－54 所示 “Restrict inventory by rules” 对应区域，可以进行参加物流优惠活动产品的选择。其中，通过 “Create inclusion rule” 可以进行 “Whole store（全店铺产品）” 的选取，或者通过 “Ebay category（eBay 分类）” “My store categoriy（店铺分类）” 来选择目标产品。尽量用 “Create inclusion rule” 来选品；通过 “Restrict inventory by SKUs（SKU 选品）”，卖家可根据已设置的 custom labels 来选目标产品；通过 “Restrict inventory by item IDs”（物品编号选品），卖家可直接输入需参加活动产品的物品编号进行目标产品选取。

在图 8－55 所示 “Enter description” 对应区域输入买家可见的活动标题。

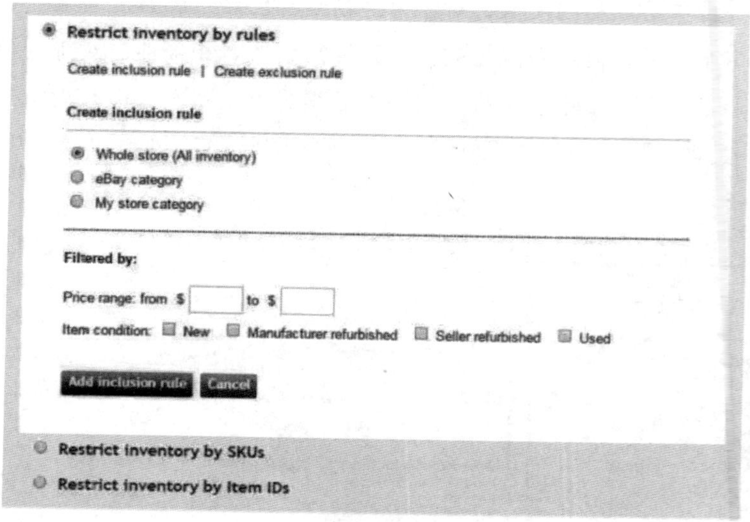

图 8－54　目标产品选择界面

图 8－55　活动标题设置界面

在图 8－56 所示的区域确定活动的起始时间和结束时间。

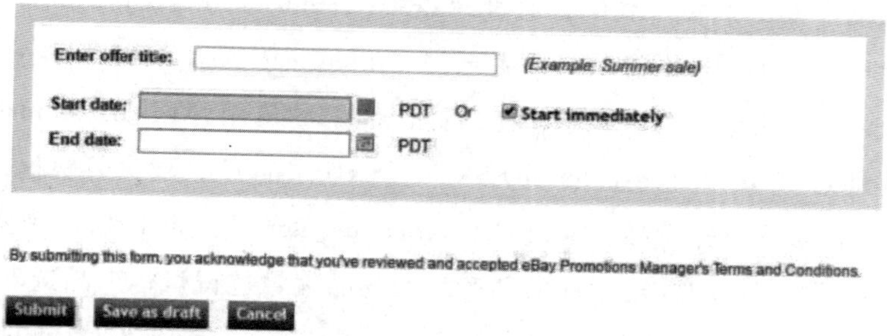

图 8－56　活动时间设置界面

在"Add a picture to improve promotion of your offer"对应区域添加促销图片，尽量选用白底高清的图片，但该图片不会展示在促销界面（见图 8－57）。

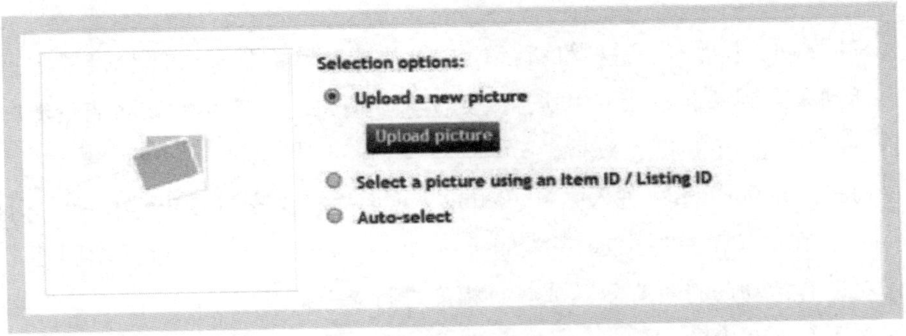

图 8－57　促销图片添加界面

在"Offer priority"对应区域设置优先级，以避免同一个产品出现在多种打折活动中，造成折上折，影响销售利润（见图 8－58）。

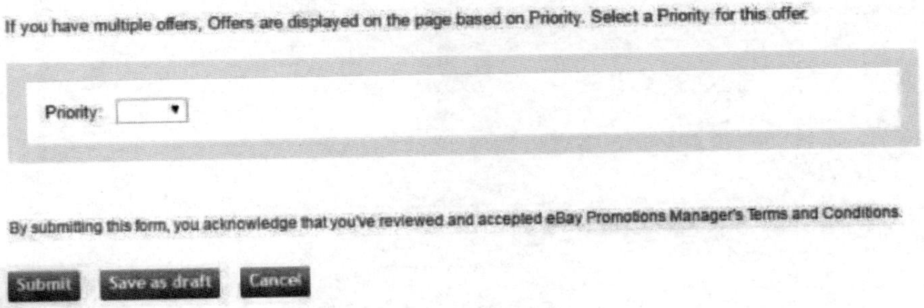

图 8－58　"Offer priority"设置界面

最后点击"Submit"，即可发布该优惠。

三、"Codeless Coupon"活动设置

设置步骤与"Shipping discounts"活动十分相似，不再赘述。优惠活动设置好后，最好将"Codeless Coupon"的优惠链接通过邮件或推广平台发送给买家。拿到该优惠链接的买家，通过该链接进入，即可享受优惠。此外，若卖家有比较成熟的站外推广渠道，可以进行充分利用该渠道进行优惠活动的推广。

四、"Sale event + Markdown" 活动设置

Sale event 本身不是一种打折手段，而是帮助卖家把通过降价设置的折扣优惠活动整合到一起，让买家快速找到卖家所有的打折产品。该功能只能配合降价一起行动，单独则无效果。

通过"Seller hub"进入"Marketing"页面后，卖家可点击"Create a promotion"，在下拉菜单栏中选择"Sales event + Markdown"进行活动创建，也可以对已有活动的打折有效期或打折幅度进行修改。

在图 8－59 中的"Create a sale event"界面，可以选择以百分比形式打折或以金额形式打折，对于单一的销售活动，可同时设置 10 个等级的折扣，折扣的范围为 5%～80%，但是一旦选择 5%～9% 的折扣，就无法再增加其他级别的折扣。第二种折扣形式指的是每个产品减金额的促销（见图 8－59）。

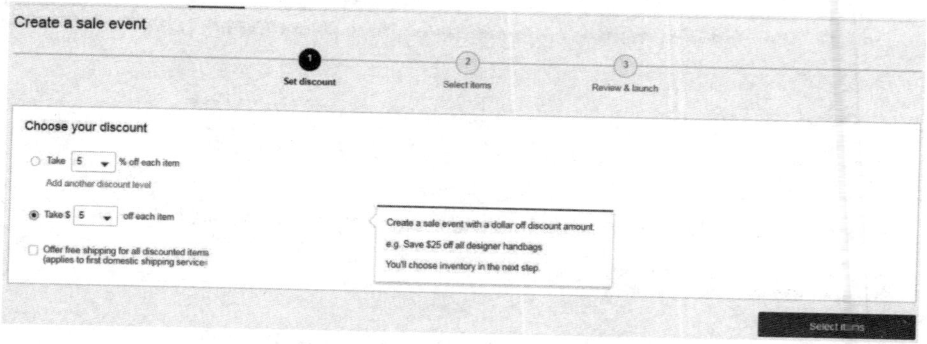

图 8－59 "Create a sale event"设置界面

如图 8－60 所示，在进行打折折扣设置，并设置 3 个级别的折扣，分别为 20%、30% 和 40%。

设置完成后点击右下角的"Select items"，进入如图 8－61 所示的界面。产品选择有手动选择及创建规则两种方式。

以手动选择为例，进入"Select items"页面后，首先可以通过品类、价格区间以及标题选项对参加活动的产品进行选择（见图 8－62）。

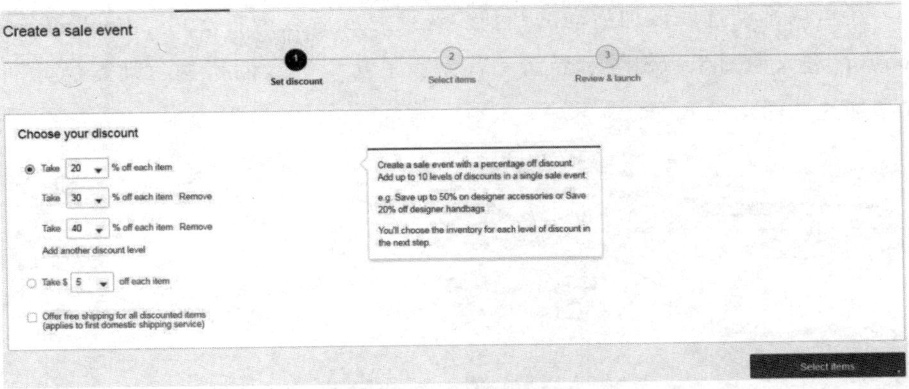

图 8－60　折扣等级设置界面

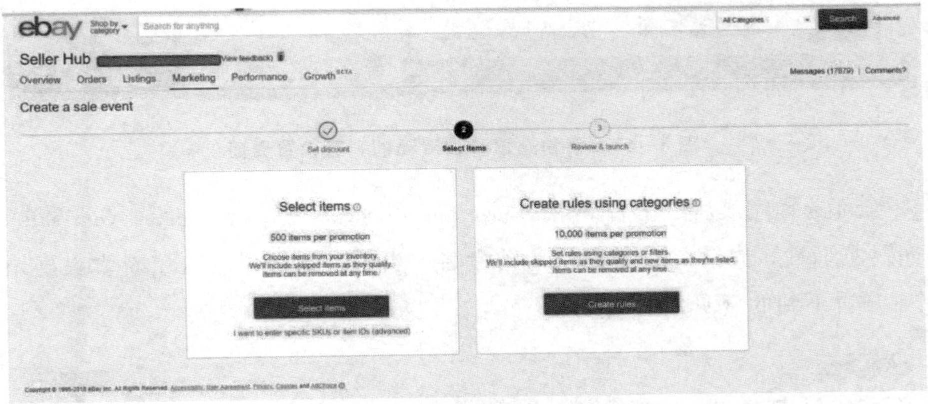

图 8－61　“Select items” 设置界面

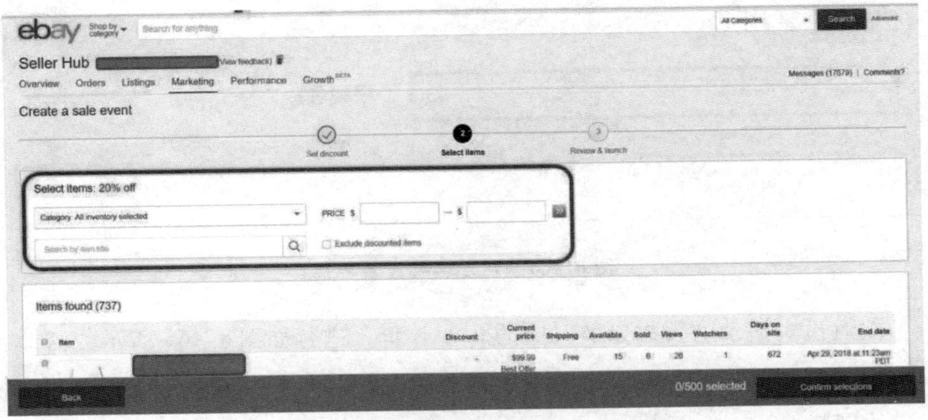

图 8－62　参加活动产品的选择界面

还可以手动选取参加活动的刊登。选择完成后点击右下角“Confirm selections”，进入如图 8 - 63 所示界面。若设置了几个等级的折扣，则需要分别选取参加这些活动的刊登。

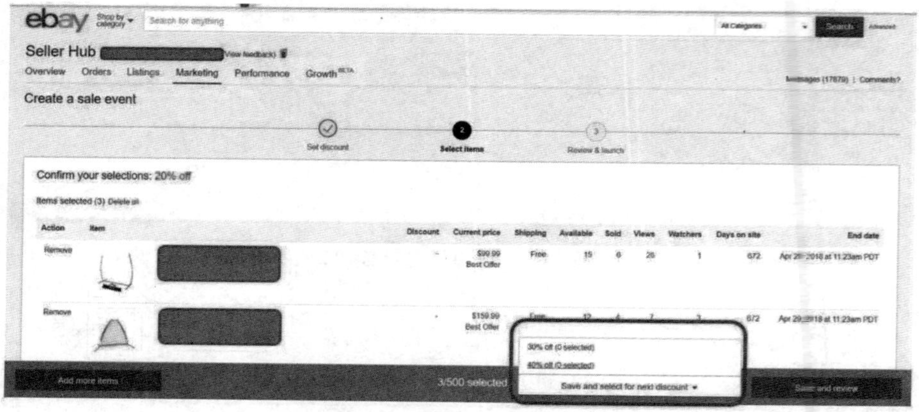

图 8 - 63　手动选取参加活动的刊登设置界面

全部选择完成后点击右下角“Save and review”。进入“Review your sale event”页面后，先给此次设置的活动命名，当然，这个命名也仅对卖家展示，买家是看不到的（见图 8 - 64）。

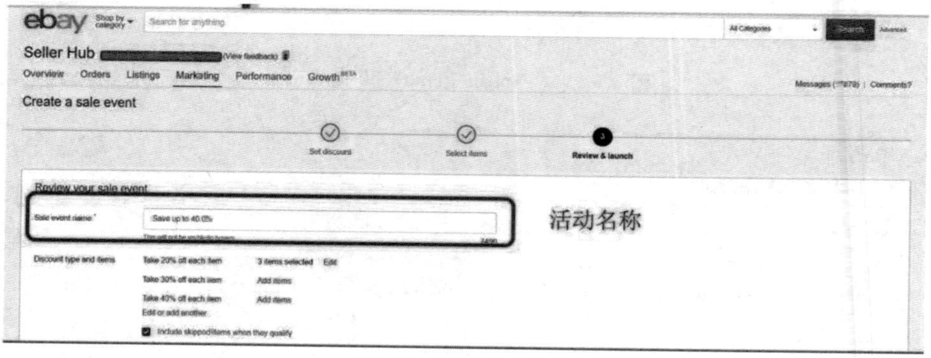

图 8 - 64　活动名称设置界面

然后检查活动的折扣以及对应的 item 数量，进行如图 8 - 65 所示的活动有效时间、活动描述、图片及活动展示首图等设置，点击“Launch”完成 Sale event 的创建。

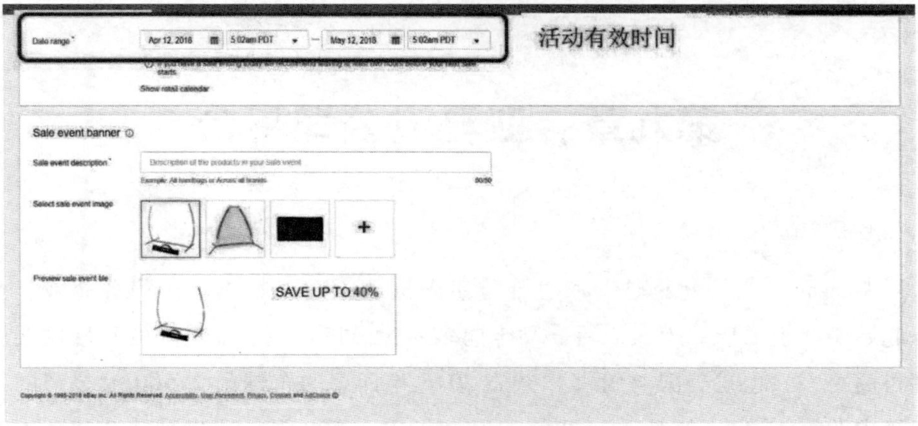

图 8-65 有效时间、描述、图片和展示首图设置界面

在促销过程中需要注意以下几点：一是单一满减活动可加入的刊登物品数量为 500 个（若选择个别物品）或 10000 个（若采用类别为主的规则）；二是若以百分比打折形式设置 Markdown，则折扣比例为 5% ~80%；三是一次打折活动的时长不超过 45 天；四是一条刊登可以同时只能参加几个降价活动，但是以首次被绑定时的折扣来计算；五是满减活动的设置起码要相隔 1 日才可再满减；六是预刊登的时间最长只能设置提前 180 天。

第九章　亚马逊公司平台

Amazon（亚马逊）是一家总部位于美国西雅图的跨国电子商务企业，业务起始于线上书店，不久之后商品走向多元化。目前是全球最大的互联网线上零售商之一，也是美国《财富》杂志2016年评选的全球最大500家公司的排行榜中的第44位。亚马逊公司在2017年的财富500强企业里列第8位。本章内容主要包括账号注册、产品刊登、物流设置和营销推广等内容，通过亚马逊电商平台开店的基本知识和操作技能介绍，为有意在该平台销售产品的中国卖家提供理论和现实参考。

第一节　亚马逊公司的运营理念

亚马逊一直是一个客户满意度较高的跨境电商平台，这与其秉持的重推荐轻广告、重展示轻客服、重产品轻店铺和重客户轻卖家的运营理念密不可分。

第一，在重推荐轻广告方面，卖家可以发现这样一个现象，即在亚马逊平台上做的站内推广形式很少，除了比较基本的广告就是促销活动，实际上亚马逊始终都以客户体验为导向，避免由过多广告引发客户反感的问题发生。客户在登录亚马逊以后，系统会根据他的浏览、搜索、购物和付款习惯等个性化数据，进行关联推荐和排行推荐，以丰富他的选择范围，增加他的访问深度。从结果上来看，这两种推荐方式的转化率较好，有效地触发了客户的购买动作。另外，当客户再次登录亚马逊网站时，之前浏览过的产品仍会被展示，继续对他进行提醒和刺激，很多客户也在这样的刺激下做出了购买决定。据不完全统计，亚马逊凭借着这样的算法和技术，使35%的销售额由推荐系统实现。

第二，在重展示轻客服方面，与其他电商平台不同的是，亚马逊没有即时在线客服。所以如果买家在购买产品前有疑问，只能通过邮件这种形式来咨询卖家，一来一回的时间成本很高，等到卖家回复时，买家可能已经离开了。所以这就促使卖家必须在产品页将所有的信息表达的尽量丰富、全面和完整，同时不断地对产品刊登进行优化，标题、图片和产品描述等方面都要精心打磨，将买家想要了解的内容进行充分的展示。这种邮件系统是亚马逊的特色，其目的是为了鼓励买家自助购物，尽可能地简化整个交易流程，想买就下单等收货，使购物过程更加省时省力。

第三，在重产品轻店铺方面，想要成为亚马逊上的成功卖家，绝不能靠多店铺或者多 SKU 来运作，因为在亚马逊进行关键词搜索时一般不会出现店铺，所以卖家也只能靠不断优化产品刊登，来让自己的产品排名靠前。很多优秀的亚马逊卖家的经营策略都是“少做产品，做精产品”，整个店铺加起来可能只有十几款产品，少数几家甚至在十款以内，仔细分析他们的产品刊登会发现，这些店铺一个月内写好评的人很多，说明了销量也很可观。这种经营策略会让卖家更好的进行库存管理，集中精力做好产品，服务好买家。而在选品上，卖家要注意三个问题：一是要选择自己熟悉的；二是要选择有价格优势的；三就是能满足市场需求的。

第四，在重客户轻卖家方面，亚马逊设计了两套评价体系，一个是“商品评论”，另一个是“卖家反馈”，前者针对的是卖家提供的产品，后者针对的是卖家提供的服务质量，这表明亚马逊非常鼓励客户表达真实的感受。这两套评价体系对卖家的影响都比较大，前者影响的是销量和转化率，后者影响卖家的排名和黄金购物车，如果评价星级非常低，不但没有什么曝光和流量，甚至会收到亚马逊的警告或者被移除销售权限。不过卖家也不要认为自己一定会受到不公正的待遇，按照实际情况来看，亚马逊在买家和卖家之间的平衡点把握得比较好，它会根据实际情形来判断双方的责任归属。如果确实是卖家的问题，严重的会被关闭账号；如果是买家无理取闹或是出于其他目的乱来，亚马逊也会做出公平的处理。

第二节　亚马逊公司账户的优势

亚马逊（Amazon）是美国最大的网络电子商务公司，成立于1995年7月，总部位于华盛顿州的西雅图，也是网络上最早开始经营电子商务的公司之一。一开始只经营网络的书籍销售业务，现在则扩及了范围相当广的其他产品，已成为全球商品种类最多的网上零售商和全球互联网企业。2012年，亚马逊全球开店业务进入中国，旨在借助亚马逊全球资源，帮助中国卖家抓住跨境电商新机遇，发展出口业务，拓展全球市场，打造国际品牌。目前，亚马逊美国、加拿大、墨西哥、英国、法国、德国、意大利、西班牙、荷兰、瑞典、日本、新加坡、澳大利亚、印度、中东15大海外站点已面向中国卖家开放，吸引数十万中国卖家。亚马逊全球开店的优势主要包括以下几点。

（1）消费群体质优，业务机会众多。全面开放北美、欧洲、日本、澳大利亚等15大海外站点，拥有3亿活跃付费账户亚马逊Prime会员和全球显著的跨境电商流量优势，以及为中国卖家的跨境电商提供战略支持。

（2）提供专属的团队服务。多种跨境电商营销工具协助卖家打造“国际品牌”，具备出口各环节全方位解决方案的服务提供商网络，并面向中国卖家的电子商务专属服务，以及轻松拓展国际电商业务的创新工具，卖家还可享受线上、线下丰富电商培训资源。

（3）健全的跨境物流和仓储服务。多样化的跨境物流仓储可为卖家优化成本提供最佳的方案选择，借助亚马逊全球物流体系提供全套跨境物流仓储服务，提供24小时专业跨境电商客服支持，使买卖双方都省心无忧，亚马逊遍布全球的电商运营中心多达140个，商品可配送至全球185个国家和地区。

第三节　亚马逊公司账户注册

首先，登录亚马逊首页（https：//gs. amazon. cn/），如图9－1所示。

图 9－1　亚马逊首页

将鼠标移动到站点介绍的位置，会弹出如图 9－1 所示复选框，可以进行北美站、欧洲站和日本站等海外站点的注册。本部分主要以北美站为例，介绍在美国、加拿大和墨西哥三国开店注册的详细流程。

当注册亚马逊北美站时，点击复选框中的“北美站”选项。卖家通过北美联合账户可以对美国、加拿大和墨西哥三国进行产品销售，北美主要消费区囊括了近 5 亿人口，Prime 会员占比高，电商市场潜力巨大，稳居美国、加拿大和墨西哥电商网站首位，平台通过创新型服务与工具提供全业务流程解决方案，提升中国卖家运营效率（见图 9－2）。

图 9－2　亚马逊北美站注册首页

如图 9－3 所示，点击“立即注册”，会弹出如下图所示创建新账户界面，卖家需要依次填写姓名，邮箱地址和用户密码，注册过程中，所有信息使用拼音或者英文填写，点击下一步。

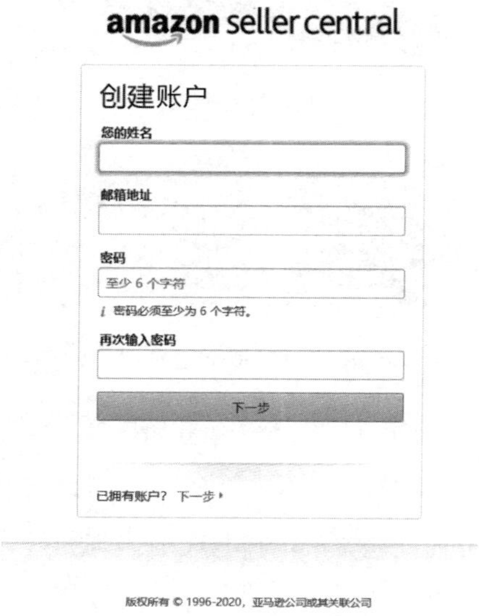

图 9－3　注册信息填写初始界面

在弹出的如图 9－4 界面中输入注册邮箱收到的验证码，点击“创建您的亚马逊账户”。

图 9－4　电子邮箱验证界面

（1）设置亚马逊销售账户。目前，个人已经无法注册亚马逊账户了，必须有企业信息才能进行注册，如图 9－5 所示，在文本框中填写公司注册信息，并勾选确认营业地点和类型无误选项，点击“同意并继续”。

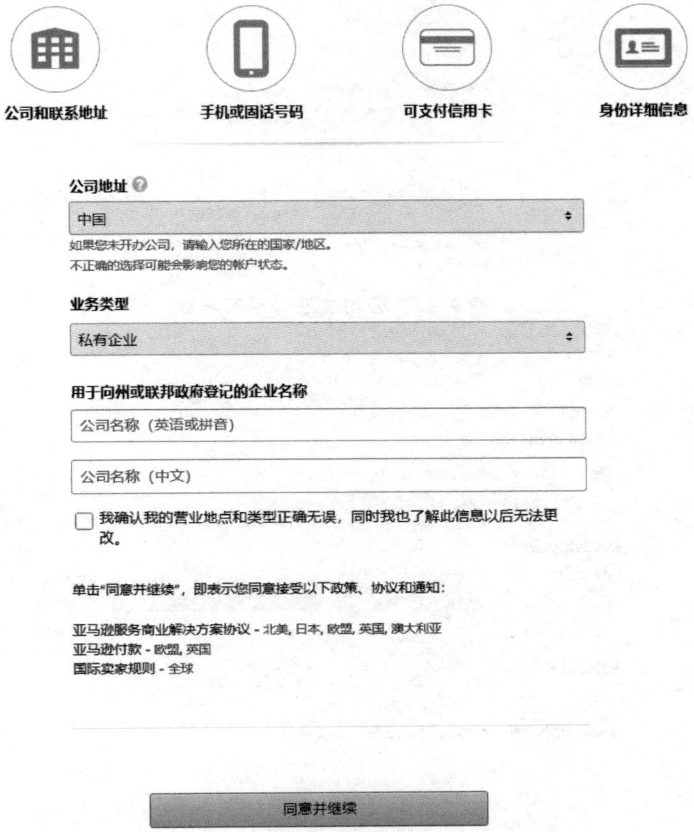

图 9－5　公司名称、地址和类型填写界面

如图 9－6 所示，继续填写相关业务信息。

卖家可以选择用电话或是 SMS（短信）进行号码验证。若选择电话验证，输入相关内容后，点击“立即与我联系”，会接到一个系统打来的电话，然后电脑会显示四位数字，将数字输入电话，按“#”号结束，即可完成验证。有时候系统会出问题，验证出错，可以多尝试两次，或者换个号码进行验证，也可以换用短信验证（见图 9－7）。

若选择短信验证，则点击“立即给我发短信”，会收到如下信息（见图 9－8）。

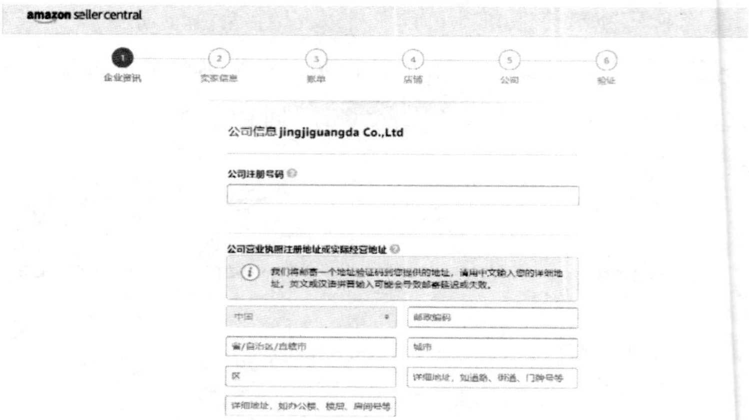

图 9－6　公司注册号填写界面

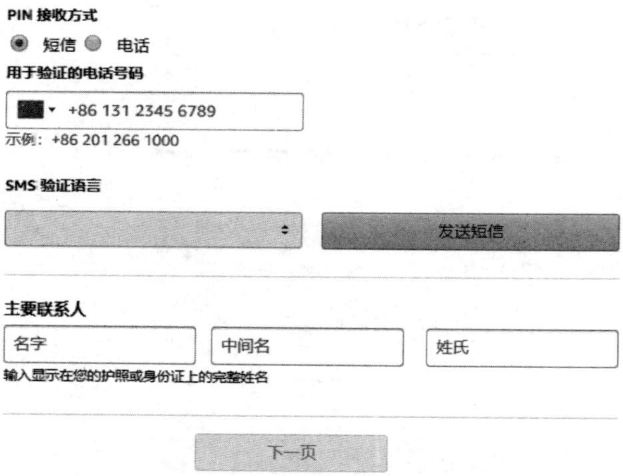

图 9－7　电话和短信验证界面

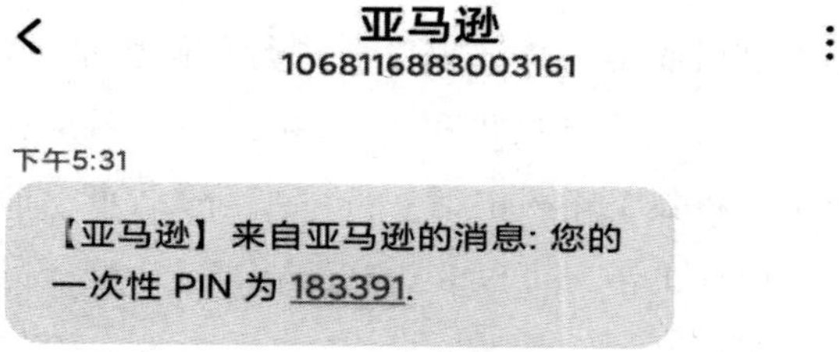

图 9－8　短信验证码接收界面

将验证码输入图 9－9 所示文本框中，点击“验证”。

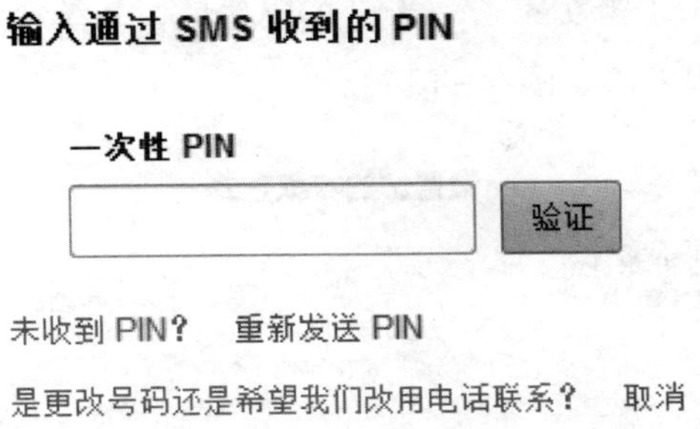

图 9－9　验证码输入界面

（2）卖家信息。验证成功后便会跳到卖家信息编辑界面，如图 9－10 所示，信息录入齐全后点击“保存”，进入下一步（见图 9－11）。

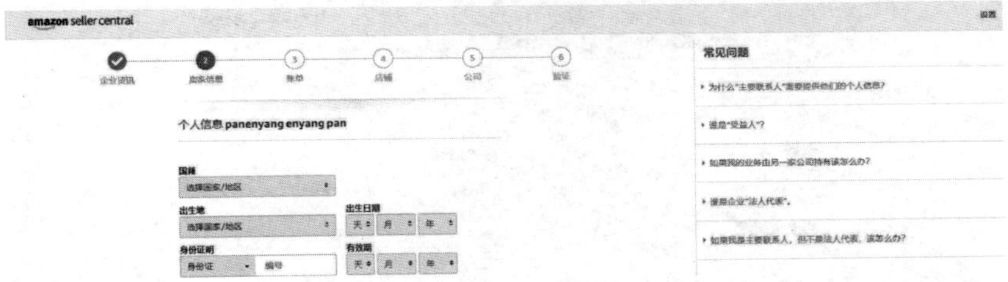

图 9－10　买家信息中国籍、出生地和身份证明编辑界面

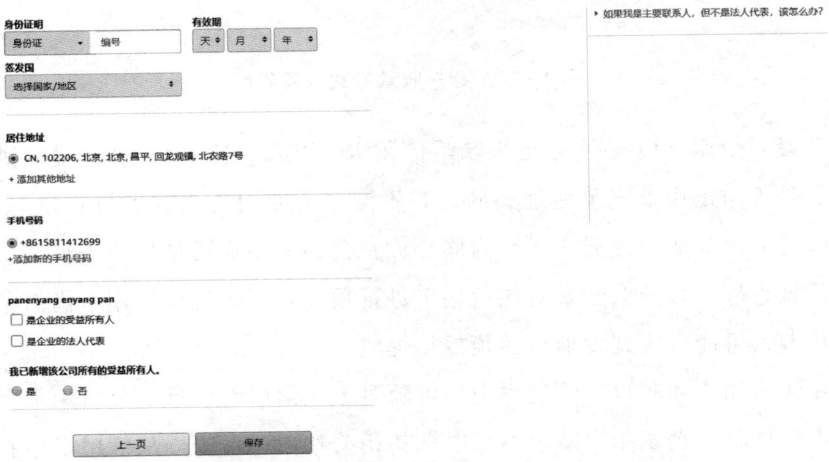

图 9－11　买家信息中居住地址、手机号码等信息编辑界面

（3）账单和存款设置。此处填写信用卡卡号、有效期、持卡人姓名和账单地址等信息的编辑，当卖家这一步设置成功后，系统会从卖家信用卡账户上扣除 1 美元（见图 9 - 12、图 9 - 13）。

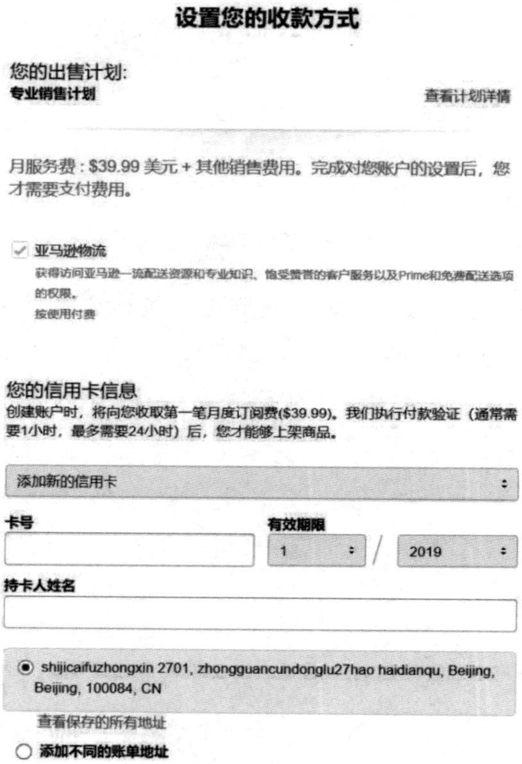

图 9 - 12　账户收款方式设置界面

一般要使用可以支付美元的双币信用卡（Visa、Master 等）；确认默认地址信息是否与信用卡账单地址相同。若不同，请使用英文或者拼音填写地址；信用卡持卡人与账户注册人无须为同一人；公司账户亦可使用个人信用卡；若填写信息正确，系统会尝试对该信用卡进行预授权以验证该信用卡尚有信用额度，持卡人可能会收到发卡行的预授权提醒。

在注册完成和账户运营过程中，可随时更换信用卡信息；此信用卡是用于在账户结算时，卖家账户结余不足以抵扣相关款项，系统会从信用卡中扣除每月月费或其他销售费用。

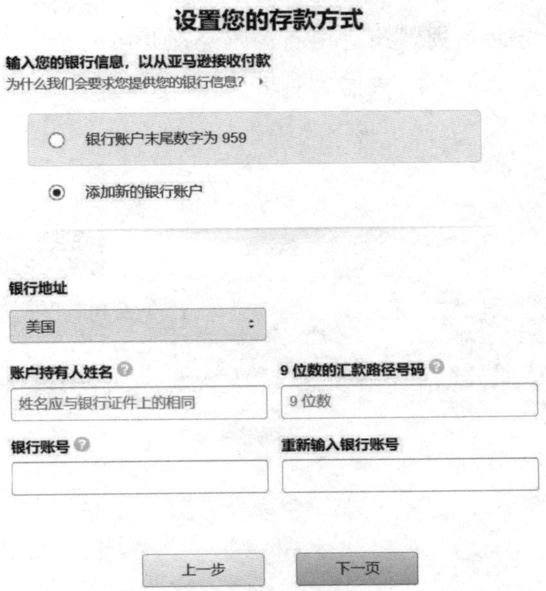

图 9－13　银行账户设置界面

如果卖家收到通知，告知账户中注册的信用卡信息无效，则需要检查以下两方面信息：一是账单地址。该地址必须与信用卡对账单中的账单地址完全相同；二是与开户银行核实，确认信用卡尚未过期，具有充足的信用额度，且对被拒金额的网上扣款无任何限制。上述信息通过后，接着进行税务信息调查。

（4）店铺信息设置。亚马逊平台会列举一些问题，借此了解卖家的产品性质和开始销售时计划的数量。基于这些信息，亚马逊会推荐适合卖家账户的相关工具和信息。

（5）公司信息设置。身份验证是卖家在亚马逊开店时必须进行的一个步骤。目前，亚马逊北美站点将卖家“身份验证”从账户注册完成后进行，提前至账户注册流程中。自 2020 年 5 月 1 日起，新入驻亚马逊北美站点的卖家将体验全新身份验证流程。公司卖家需要的材料包括营业执照和法定代表人身份证。个人卖家需要的材料有包括有效身份证、信用卡对账单、银行对账单或费用账单。

第一，选择公司所在国家及卖家类型。需要注意的是，此页信息提交后无法更改，卖家务必慎选。通过招商运营经理开店的卖家应选择第二个“我是公司卖家”。公司卖家应依照营业执照签发地选择所在国家或地区（见图9－14）。

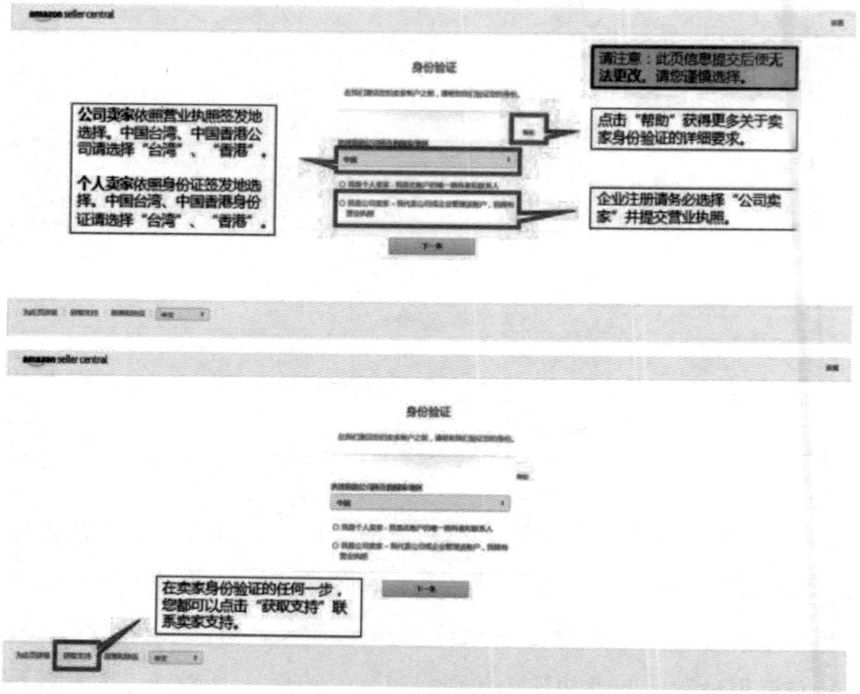

图9－14　公司所在地和卖家类型等信息编辑界面

第二，填写法定代表人及公司信息。中国大陆公司应选择“法定代表”，中国台湾、中国香港公司应选择“董事或代表人”。大陆公民应提交法定代表人身份证信息（见图9－15）。

第三，上传相关文档。卖家分别上传身份证正反面，身份证上的姓名必须与营业执照上法定代表人的姓名一致，且身份证必须在有效期内；彩色扫描件应保证清晰可辨，不缺边缺角，不可以上传黑白复印件和屏幕截图。中国卖家的营业执照必须由中国出具，中国营业执照距离过期日期应超过60天，中国香港商业登记条例距离过期日期应超过45天（见图9－16）。

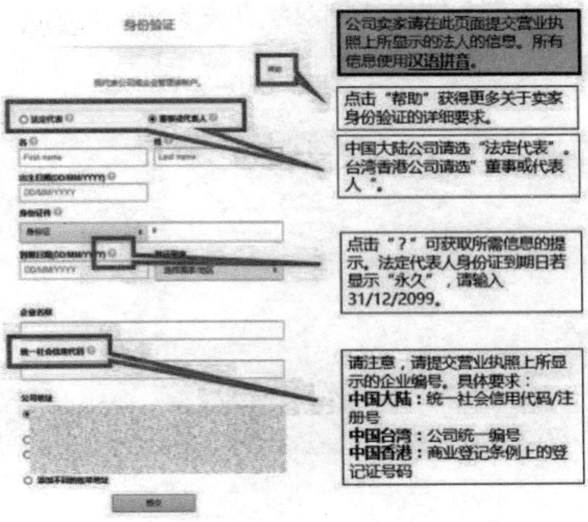

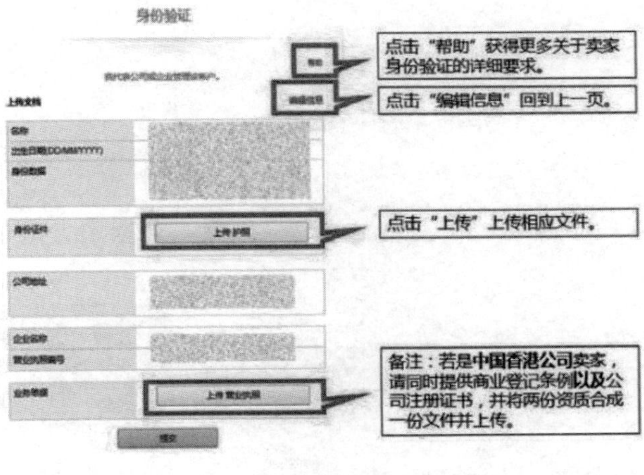

图 9－15　买家信息编辑界面

点击"提交"后，完成页面如图 9－17 所示。

看到绿色身份验证信息提交后即可关闭此页面。两个工作日后使用注册邮箱、密码登入亚马逊卖家后台，即可看到身份验证的结果。可以登录卖家后台即为审核通过注册成功。

上述步骤顺利完成后，还需要卖家提交税务的一个审核，有的时候是在账号还没有注册成功的时候。如图 9－18 所示，纳税审核是一个自助的审核过程，为了尽可能高效地满足税务部门的要求，需要卖家在审核过程中回答所有问题并输入所需的所有信息。中国卖家也需要完成此审核流程。税务审核第一步就是确认卖家的公司和个人非美国的身份。亚马逊中国卖家一般都选否。

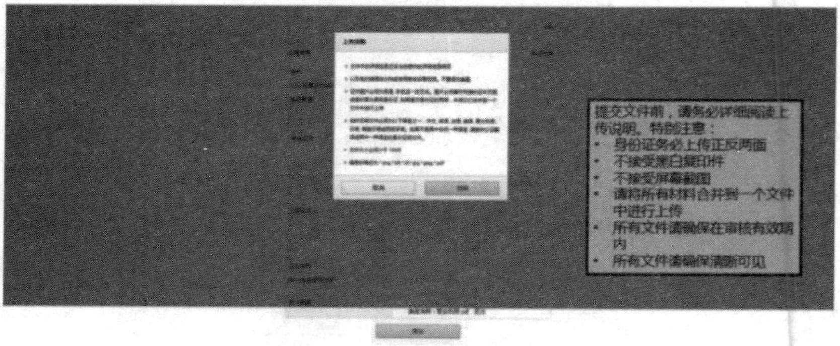

图 9－16　文件上传界面

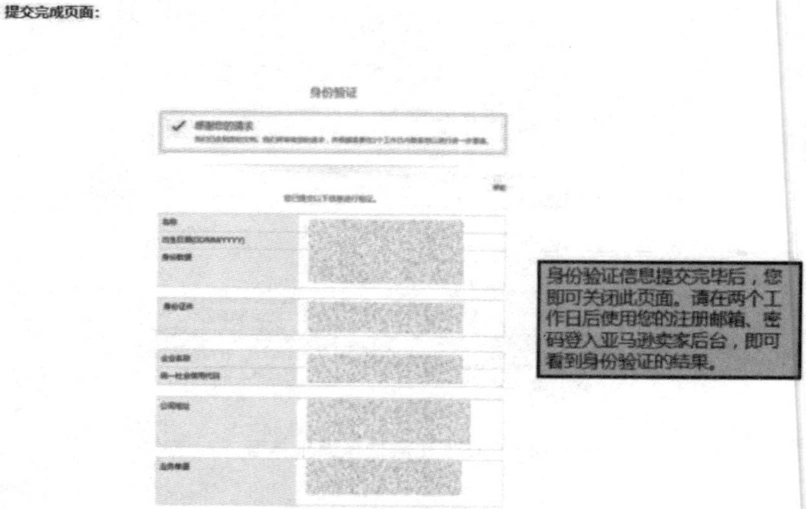

图 9－17　验证信息提交成功界面

第二步，如图 9－19 所示，卖家需要根据注册主体的性质，选择受益所有人类型。如果账户是公司，需要确认公司邮寄地址。

如果是个人账户，需要在确认个人邮寄地址（见图 9－20）。

确认完成后点击“同意提供电子签名”（见图 9－21）。

图 9－18　非美国身份确认界面

图 9－19　受益人类型设置界面

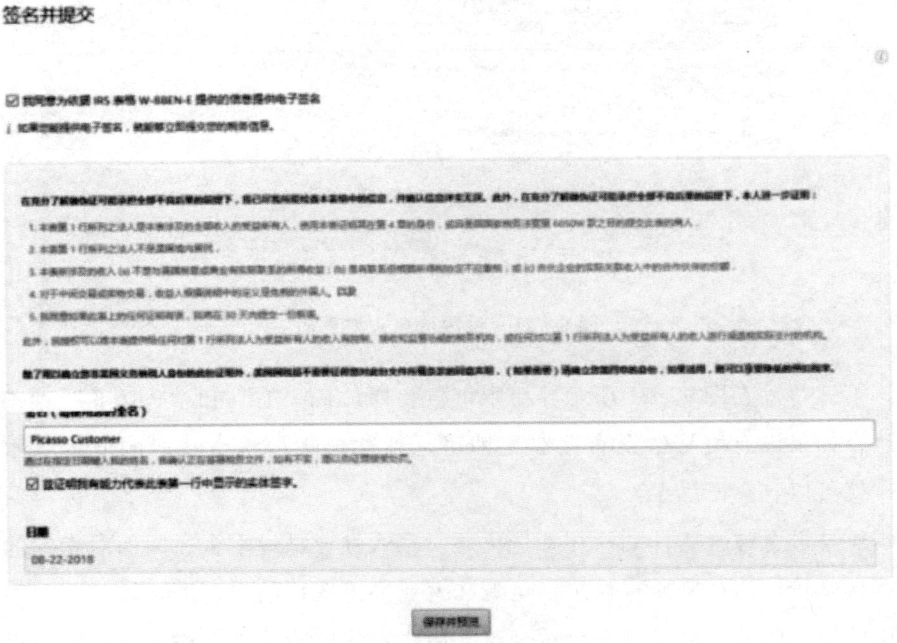

图 9－20　提供电子签名界面

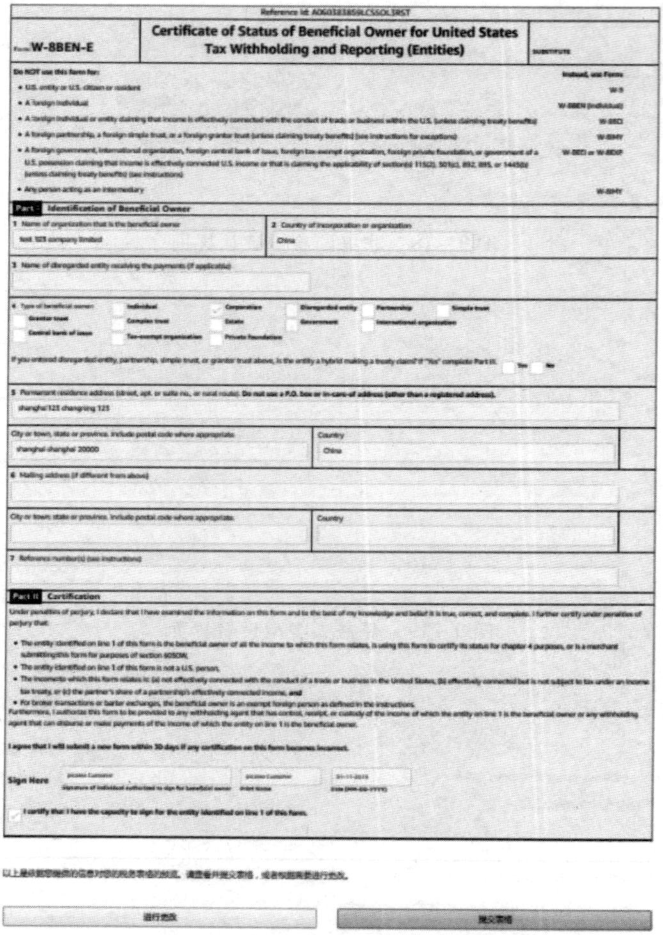

Form W-8BEN-E

Certificate of Status of Beneficial Owner for United States Tax Withholding and Reporting (Entities)

Part I Identification of Beneficial Owner

1 Name of organization that is the beneficial owner

2 Country of incorporation or organization: China

3 Name of disregarded entity receiving the payments (if applicable)

4 Type of beneficial owner: Individual / Corporation / Disregarded entity / Partnership / Simple trust / Grantor trust / Complex trust / Estate / Government / International organization / Central bank of issue / Tax-exempt organization / Private foundation

5 Permanent residence address (street, apt. or suite no., or rural route). Do not use a P.O. box or in-care-of address (other than a registered address).

City or town, state or province. Include postal code where appropriate. / Country: China

6 Mailing address (if different from above)

City or town, state or province. Include postal code where appropriate. / Country

7 Reference number(s) (see instructions)

Part II Certification

I agree that I will submit a new form within 30 days if any certification on this form becomes incorrect.

Sign Here

I certify that I have the capacity to sign for the entity identified on line 1 of this form.

图 9－21　纳税信息审核界面

第三步，在图 9－21 所示界面中审核表格“Part Ⅰ”和“Part Ⅱ”两部分信息，如果没有填写错误直接提交即可。到这步账号整个注册的流程基本完成，就可以刊登产品了。

亚马逊全球开店计划意在筛选优质卖家入驻亚马逊平台，因而对卖家的资质审核比较严格；资质审核严格也意味着亚马逊账户的申请周期较长，美国站会比较快；此外，亚马逊平台对全球开店账号的监管非常严格，根据亚马逊的平台规则，产品图片、Logo、标题格式等信息都必须严格按照相应要求填写。

第四节 亚马逊公司产品刊登

一、创建新商品

（1）进入卖家后台，点击屏幕左上角“INVENTORY”下复选框中的“Add a Product”选项（见图 9－22）。

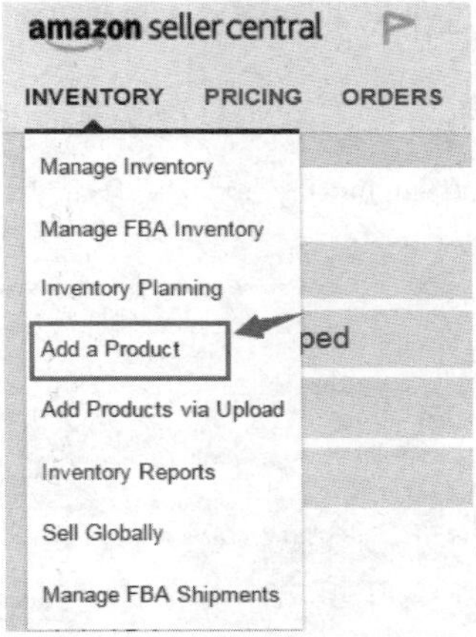

图 9－22 创建新产品界面

（2）在弹出的如下界面中点击“Create a new product listing”（见图 9－23）。

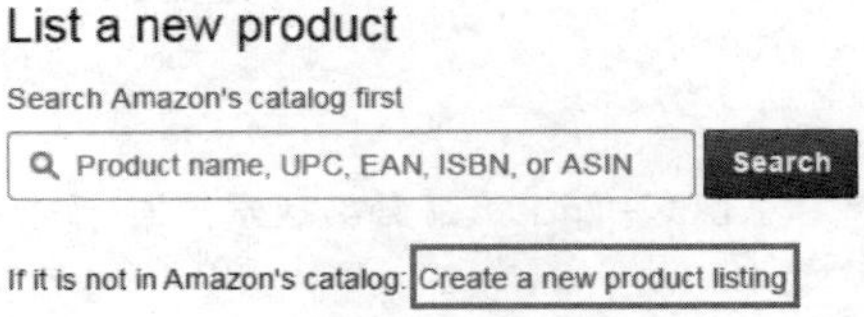

图 9－23 产品分类创建界面

（3）如果不清楚所要售卖商品的品类，可以使用品类搜索功能，在图 9－23 所示搜索栏内输入品类关键字后，点击“Search”进行搜索。在搜索结果中选择相应的品类点击后，进入添加商品页面。如果清楚要售卖的产品的分类，则在列表中选择商品详细品类，点击“Select”确认品类（见图 9－24）。

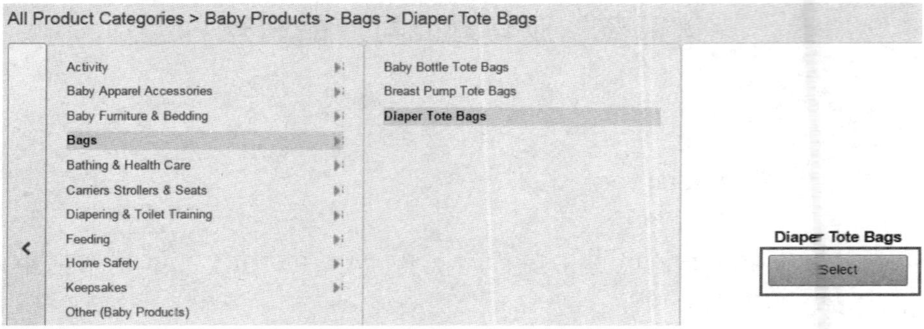

图 9－24　产品分类选择界面

如果没有看到要售卖的品类，可能是因为该品类的销售需要审核或受限。可以点击图 9－25 中的“Learn more”获取更多信息。

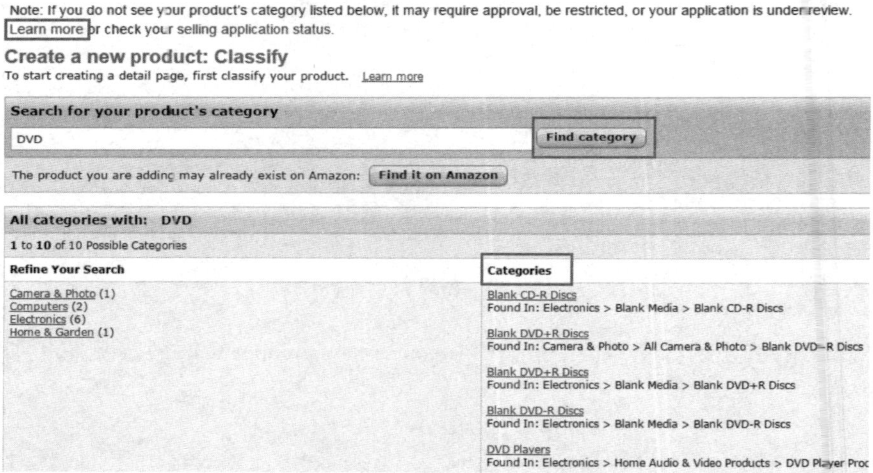

图 9－25　产品分类搜索界面

（4）在产品信息录入界面编辑重要的商品信息（见图 9－26）。

有星号标记的为必填项，提供所有必填的商品信息非常重要，其中包括规范的商品名称、纯白背景的高质量图片、详细的商品介绍和重要属性。如果没有提供必要的商品数据，则可能导致你的商品收到质量警告，或被禁售。

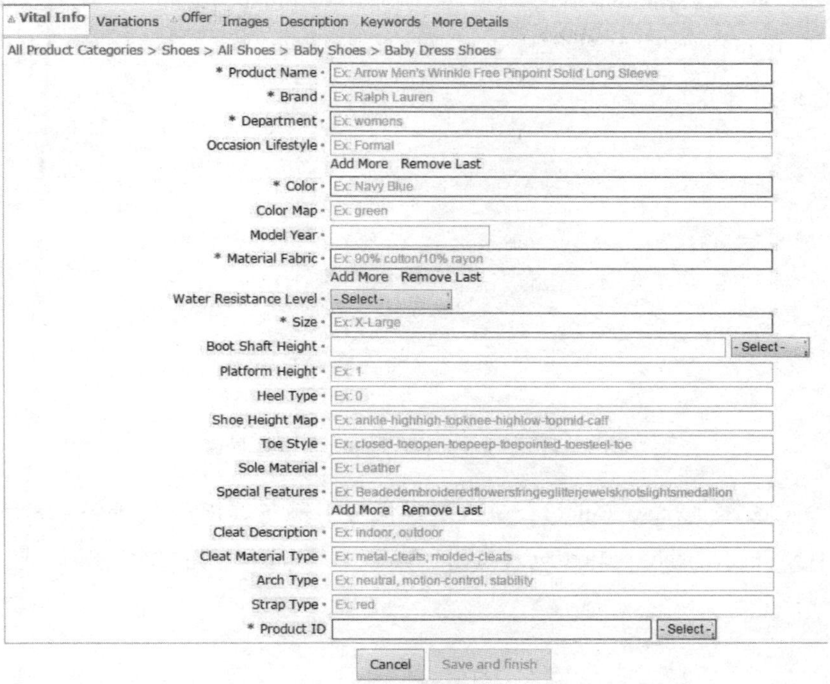

图 9－26　产品信息编辑界面

确认所有标识为红星的信息都填上以后屏幕下方的“Save and finish”按钮会由灰色变成橘黄色，点击“Save and finish”完成商品创建。

在首次创建商品的过程中图片不会马上上传，要等商品信息都输入完毕，点击“Save and finish”按钮的时候图片才会上传。

（5）保存后大约 30 分钟之后，商品信息会展示到亚马逊前台和卖家的管理库存页面上，添加成功后在“Manage Inventory”页面会出现该商品。

二、创建多属性商品

多属性商品一般适用于服饰类、珠宝首饰类商品。这种商品在不同尺寸、颜色时的展示形式不同，买家根据喜好选择尺寸和颜色，当买家选择不同颜色时，商品的图片会随之变化，选择不同尺寸和颜色时，价格库存等都将随之变化，如图 9－27 所示。

（1）在“Variations”选项卡下找到“Variation Theme”，在“Variation Theme”中可以选择“Size（尺寸）”“Color（颜色）”或“Size，Color（尺寸和颜色的组合）”。

图 9－27 “Variation Theme”选择界面

（2）选择“Size，Color”，进入增加尺寸、颜色界面。在图 9－28 所示单元格中编辑商品的尺寸和颜色。点击“Add variations ”完成组合的创建。

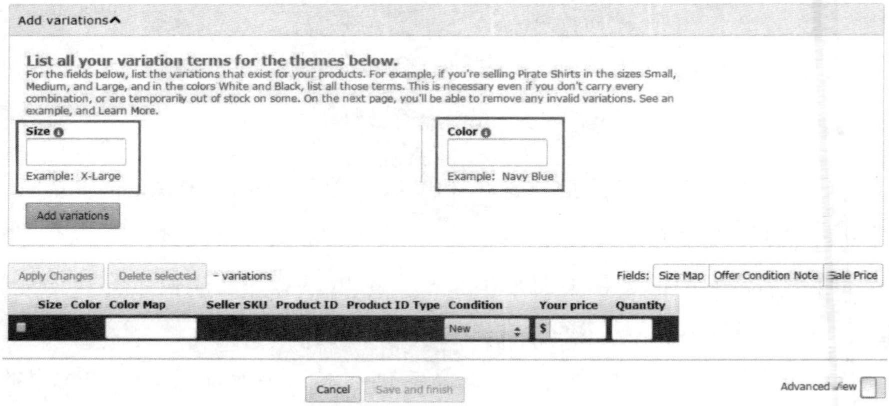

图 9－28 “Size，Color”信息保存界面

（3）之后会出现不同的尺寸颜色组合，在每个组合后面添加 Color Map、Seller SKU、Product ID、Product ID Type、Condition、Your price、Quantity（见图 9－29）。

（4）所有商品必填项信息都填好以后点击“Save and finish”按钮进行保存。返回“Manage Inventory”页面，多属性商品创建成功后该商品左侧有一个加号，点击加号可以展开并查看该商品下的其他子商品。

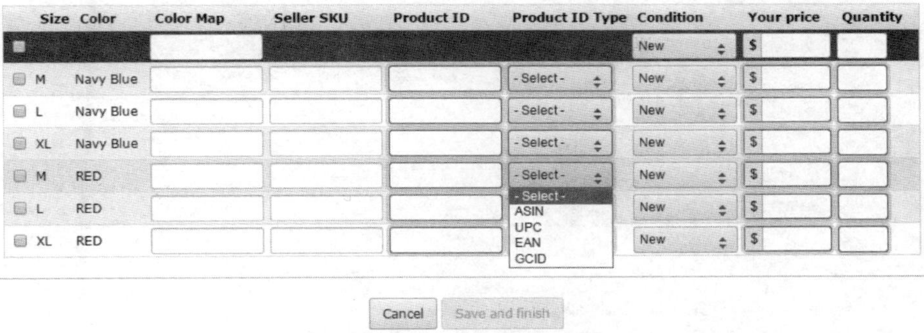

图 9 – 29　产品属性编辑界面

三、销售亚马逊平台已有商品

亚马逊允许卖家销售已在亚马逊平台创建好的商品，卖家必须确认商品的所有信息必须完全一致才能销售已有商品，包括 UPC、品牌、厂商、包装及商品各种参数，都必须完全一致，并且卖家必须有该品牌所有者的授权经销许可。

（1）在“Add a new product”页面搜索框中输入要销售商品的标题或者 UPC、EAN、ASIN，点击搜索，搜索出商品以后确认 UPC 跟自己所售卖商品外包装上的 UPC 完全一致后点击 Sell yours 按钮，进行添加（见图 9 – 30）。

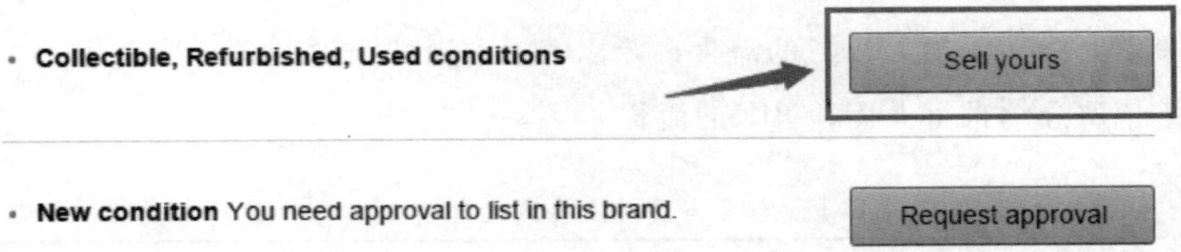

图 9 – 30　售卖亚马逊平台已有商品添加界面

（2）填写商品必要信息。在图 9 – 31 所示界面中录入“Condition（新旧程度）”，“Your price（价格）”和“Quantity（数量）”等内容，最后点击“Save and finish”即可（见图 9 – 31）。

（3）添加成功后在“Manage Inventory”页面会出现该商品。

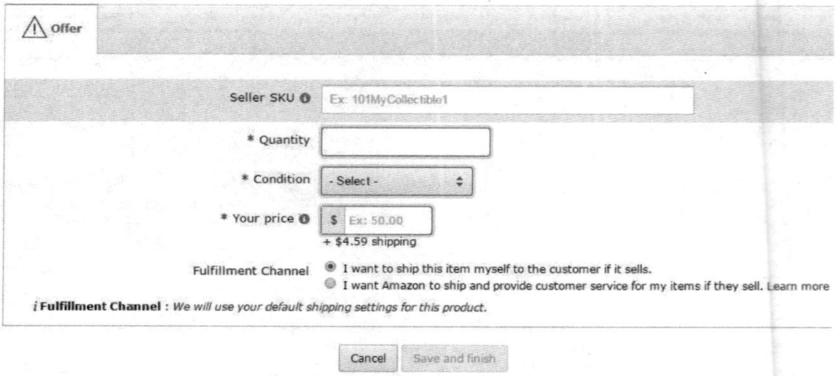

图 9-31　产品信息保存界面

四、上传新产品的方式比较

单个上传的优点是通过后台直接填写，直观易操作；不足之处在于款式多的情况速度过慢；大量修改信息时不便查找。批量上传的优点是可一次性上传大批产品，快速高效，可实现 Partial Update；不足之处在于仅面向专业卖家模板填写有误时会报错，需要找到对应原因修改后重新上传。BIL（建立国际商品信息）：可快速将源站点的商品同步到一个多个目标商城，且可以设置自动定价。仅面向专业卖家；卖家必须拥有联合账户或关联账户且信誉良好。以上介绍了单个上传（手动上传）的流程，并比较了上新的三种方式（见表 9-1），接下来依次介绍批量上传和 BIL 的流程。

表 9-1　不同产品上传方式比较

上传方式	优点	不足
单个上传	后台直接填写，直观易操作	款式多的情况速度过慢；大量修改信息时不便查找
批量上传	可一次性上传大批产品，快速高效	仅面向专业卖家模板填写有误时会报错，需要找到对应原因修改后重新上传
Build International Listings（建立国际刊登）	可快速将源站点的商品同步到目标商城，且可以设置自动定价	不能单独修改一个站点的信息，修改某一个亚马逊站点的 listing，可能导致 listing 被删掉

五、产品批量上传

Amazon 平台的产品批量上传是通过先下载库存文件模板，在 Excel 中批量填写商品信息，统一发布商品信息的刊登方法。该方法面向加入专业销售计划的卖家，适合一次添加多件商品以及发布多于 100 件的商品。批量上传商品前，应确保商品具有产品编码、价格、数量等信息以及产品名称、品牌、描述、图像等属性，还包括关键字、搜索词和类别等重要信息的完善有利于卖家消费体验的提升，继而会对产品转化率造成影响。批量上传产品的步骤如下。

（1）登录卖家后台，在“库存”的下拉单元格中找到“批量上传商品”选项。路径：从“管理库存”下拉列表中选择“批量上传商品”（见图 9－32）。

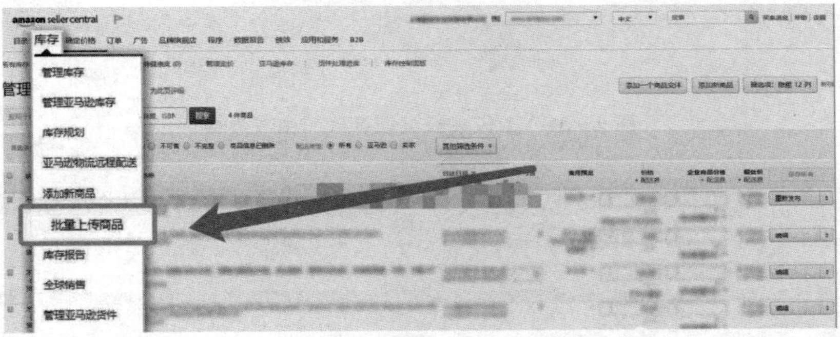

图 9－32　批量上传商品设置初始界面

（2）选择产品类别，下载库存文件。准确选择浏览或搜索与你要销售的产品匹配的类别。找到合适的类别，点击“选择”（见图 9－33）。

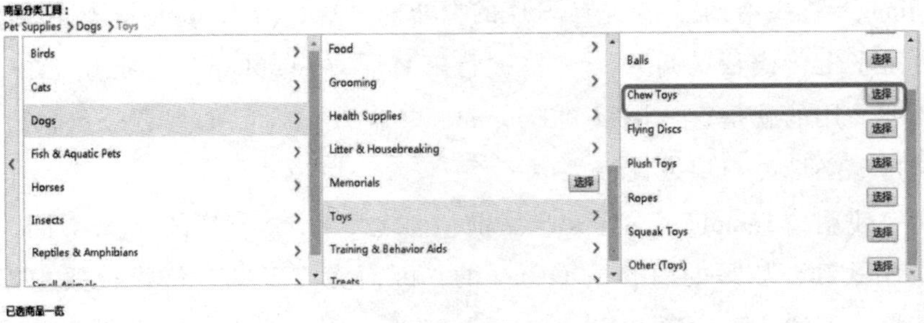

图 9－33　“Chew Toys”分类选择界面

再选择上传模板类型，多数卖家选择“精简”，选定好模式之后点击“生成模板”，就可以下载批量上传库存文件（见图 9－34）。

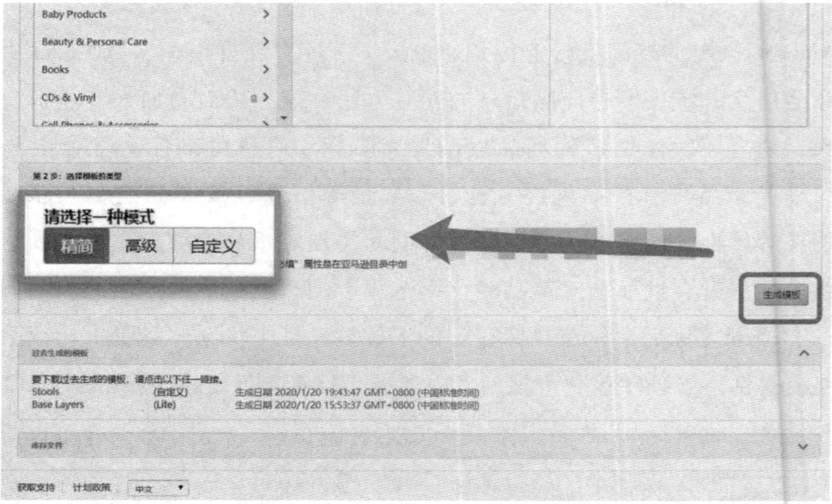

图 9－34　上传模板类型选择和生成界面

（3）填写库存文件模板。批量上传模板中的 Excel 表格有 Instructions、Images、Data Definitions 和 Template 等（见图 9－35）。

图 9－35　模板操作指南、数据定义和上传界面

如图 9－35 所示，“Instructions”是操作指南，对整个批量表格做基本介绍；“Images”中有对上传所有图片的要求；“Data Definitions”是数据定义，对整个批量上传模板的每一个字段进行解释。“Template”是批量上传模板。卖家需要使用的就是这个模板“Template”，需要将产品的标题、价格、UPC、图片链接等必填内容填入模板之中。

卖家使用“Template”上传产品前应注意，由于产品的品类不同，Template 的格式和要填写的内容是不一样的，因而卖家下载表格模板要根据销售的产品类目下载。下面以“Chew Toys”的 Template 为例，看看需要填写的内容（见图 9－36）。

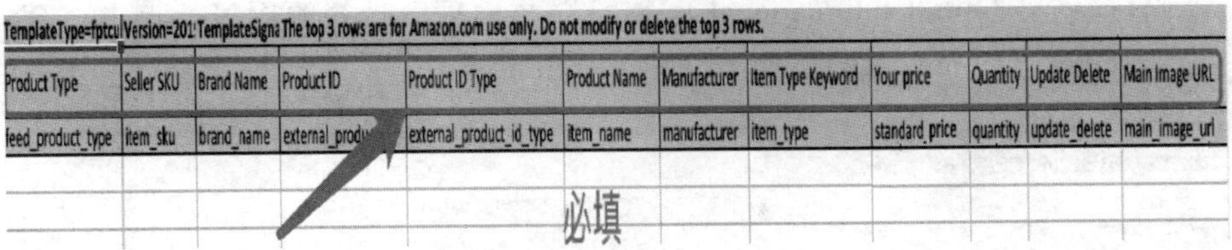

图 9－36　“Chew Toys”的上传模板

（4）检查库存文件，填写 Template 所有必填的产品详细信息后，可以上传到“检查库存文件”，进行初步检查错误。如图 9－37 所示。

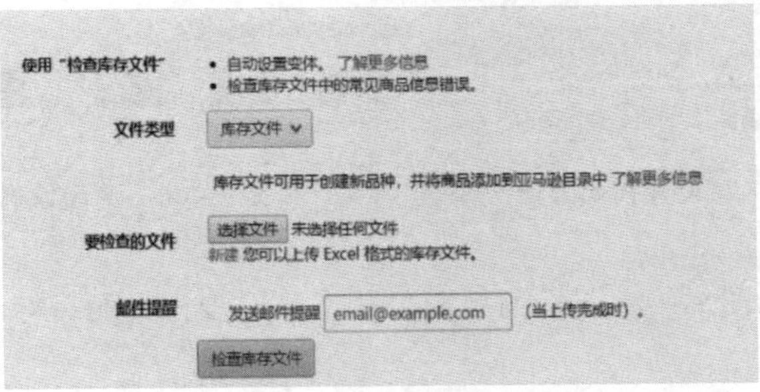

图 9－37　检查库存文件界面

经初步检查无误后，卖家继续进行表格上传。如图 9－38 所示，选择对应的文件，并点击“上传”。

图 9－38　文件提交界面

六、BIL（建立国际商品信息）流程

首先，打开卖家后台，在“库存”的下拉复选框中选择“全球销售”（见图 9－39）。

当跳转至“Build International Listings”页面后，选择源国家，点击“建立国际商品信息”（见图 9－40）。

图 9－39　“BIL”设置初始界面

图 9－40　源国家选择界面

然后，在如图 9－41 所示的界面勾选产品同步售卖的目标国家。

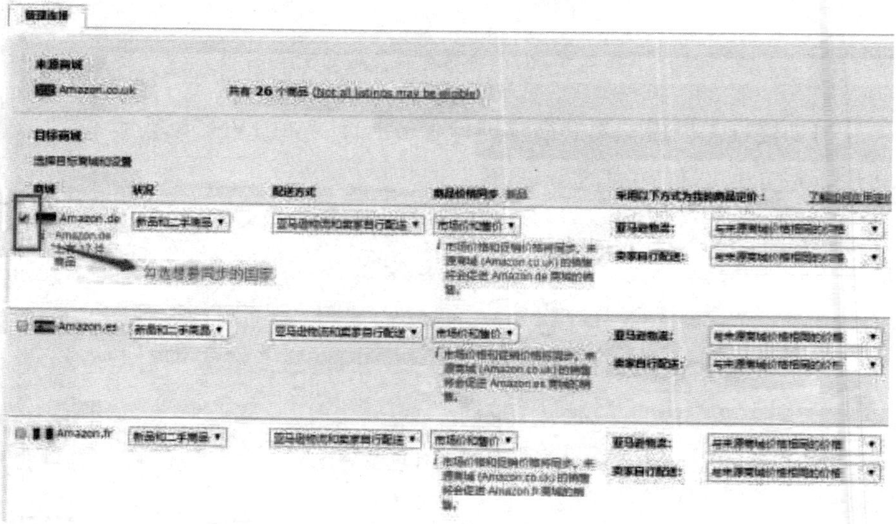

图 9－41　同步售卖目标国家设置界面

调整销售价格后，点击“Save and I agree”进行保存，即完成产品同步售卖的流程。同步到目标商城的产品将在 4 小时之后显示。

第五节　亚马逊公司促销活动

一、“Percentage Off”（打折）活动设置

首先，进入卖家后台点击“Advertising”，在如图 9－42 所示下拉选项中点击“Promotions”。

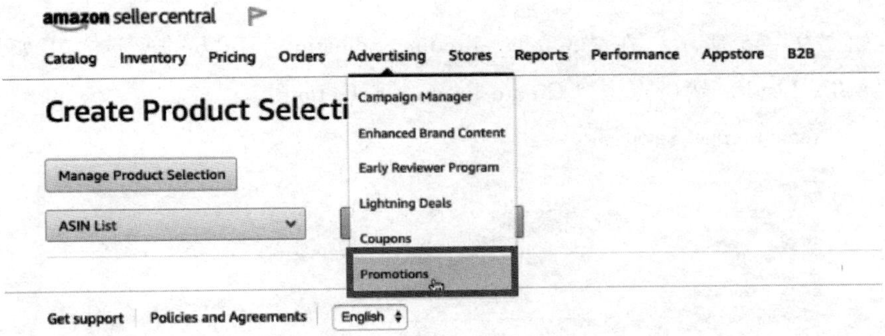

图 9－42　打折促销初始设置界面

然后，在“Percentage Off”下方的“Create”选项处进行点击（见图 9－43）。

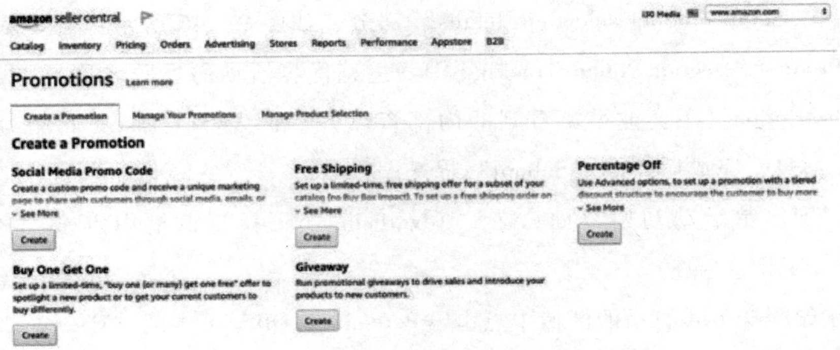

图 9－43　打折促销优惠创建界面

在如图 9－44 所示的界面中点击“Create a new product selection”。

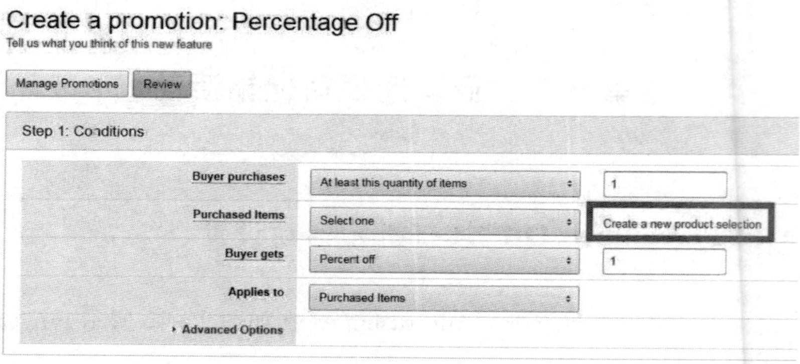

图 9-44　打折促销“**Manage a promotions**”选择界面

如图 9-45 所示，在“Manage Product Selection”下方的复选框中如果点击“ASIN List”，然后点击“Create Product Selection”。

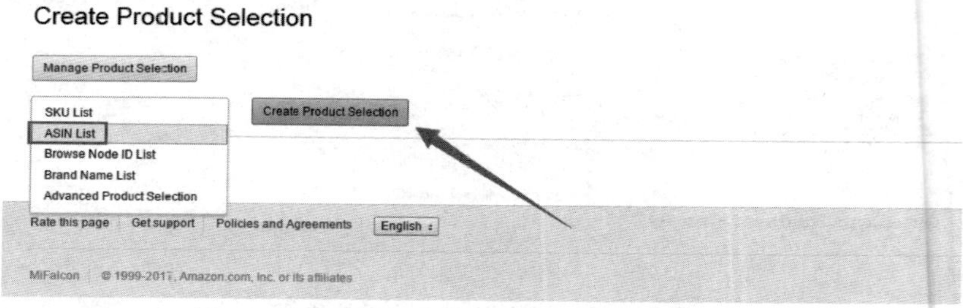

图 9-45　打折促销“**Create a new product selection**”选择界面

在“Setup product selection details”部分，如图 9-46 所示，需要依次编辑“Product Selection Name/Tracking ID（追踪优惠活动的主题名称）”“Internal Description（不会被买家看到的内部资讯）”和“ASIN List（商品编号列表）”信息，完成后点击“Submit”提交。

回到促销活动初始界面，在“Advertising”下拉复选框中点击“Promotions”（见图 9-47）。

在如图 9-48 所示的区域中点击“Percentage Off”下方的“Create”。

在“Purchased Items”对应区域选择刚建立的“Product selection”；在“Buyer gets”右侧“Percent off”对应区域输入想要折抵的百分比，例如：卖家想对商品打 8 折，则输入 20；打 9 折，则输入 10（见图 9-49）。

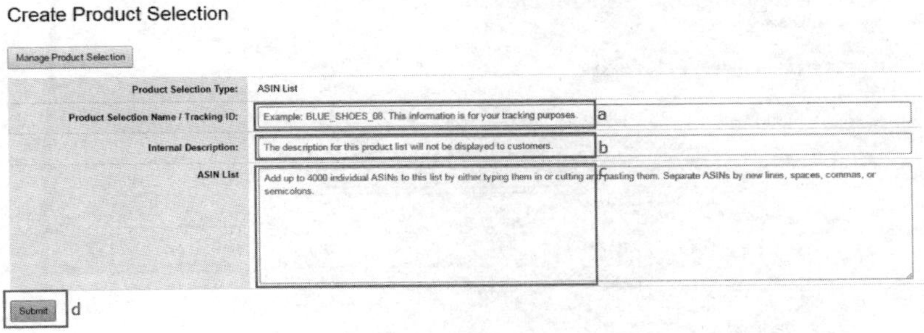

图 9－46 “Manage Product Selection” 界面

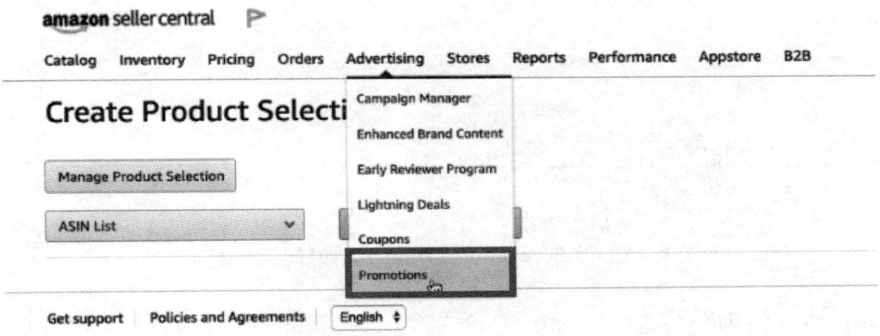

图 9－47 “Percentage Off” 活动创建初始界面

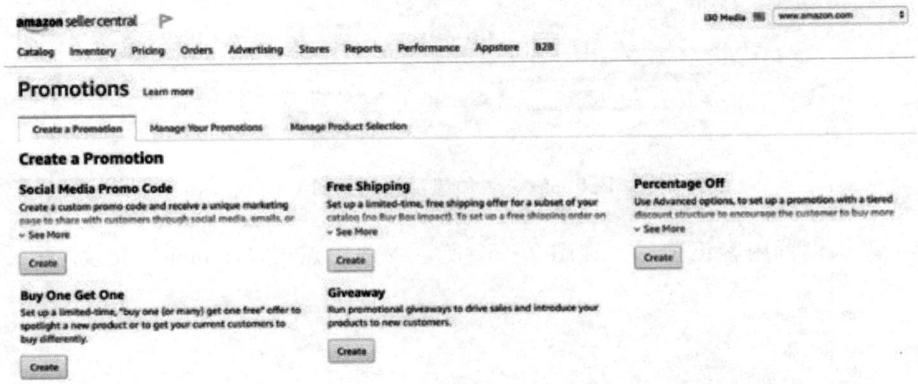

图 9－48 “Percentage Off” 活动 “Create” 界面

在 “Start Date” 和 “End Date” 对应区域分别设定优惠活动的开始和结束日期；在 “Internal Description” 对应区域编辑优惠活动的备注（见图 9－50）。

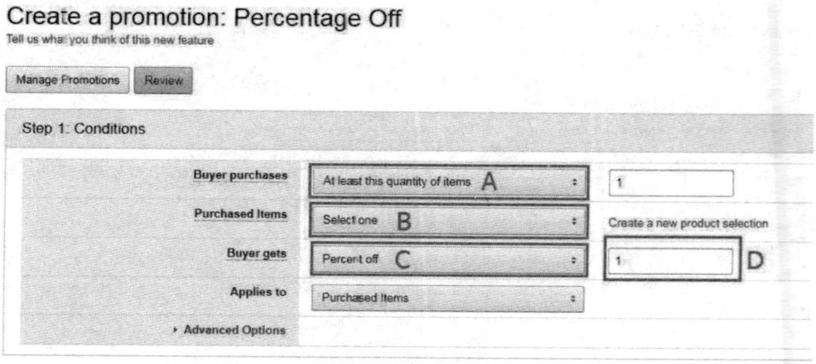

图 9－49 折扣信息编辑界面

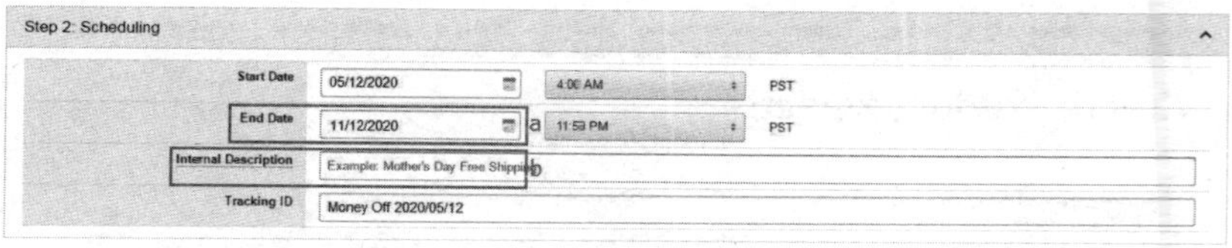

图 9－50 “Percentage Off”活动时间设置界面

如图 9－51 所示，在“Claim Code”右侧区域勾选“Group”；在“One redemption per customer”右侧打勾。点击“Review”查看活动设置情况。

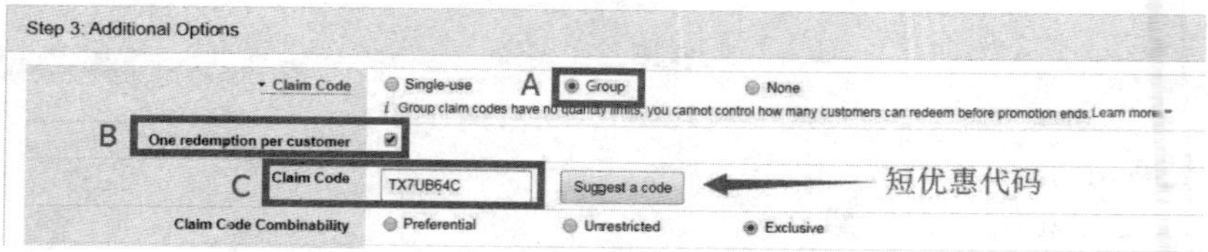

图 9－51 附加选项编辑界面

确认设置内容正确后，在图 9－52 所示界面中点击“Submit”提交。

图 9－52 “Percentage Off”活动提交界面

如图 9－53 所示，即完成了亚马逊“Percentage Off”促销活动的创建，卖家还可以点击“View or modify your promotion”选项对活动内容进行查看和调整。

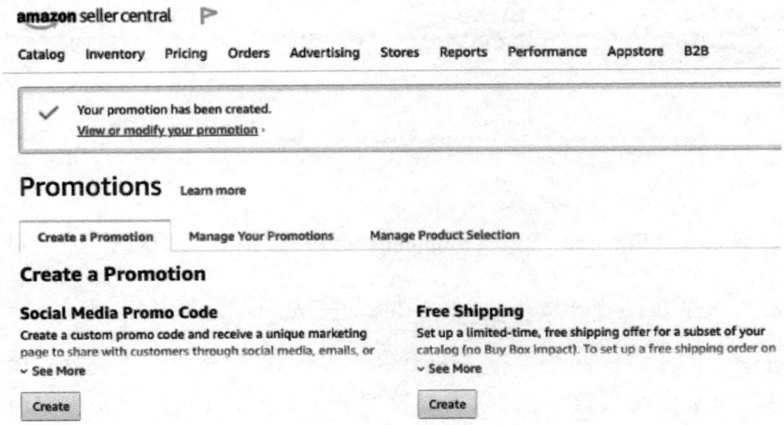

图 9－53　“Percentage Off”活动成功创建界面

二、“Free Shipping”（免邮费）活动设置

登录 Amazon 后台，进入 Promotions 页面（见图 9－54）。

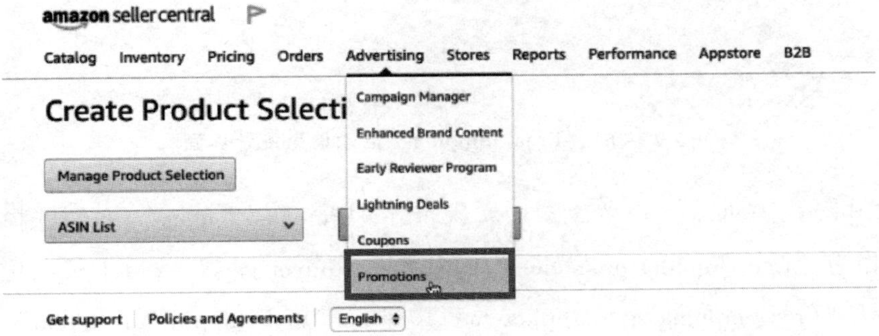

图 9－54　“Free Shipping”活动创建初始界面

登录到如下界面后，点击“Creat”，进入“Free Shipping”设置页面（见图 9－55）。

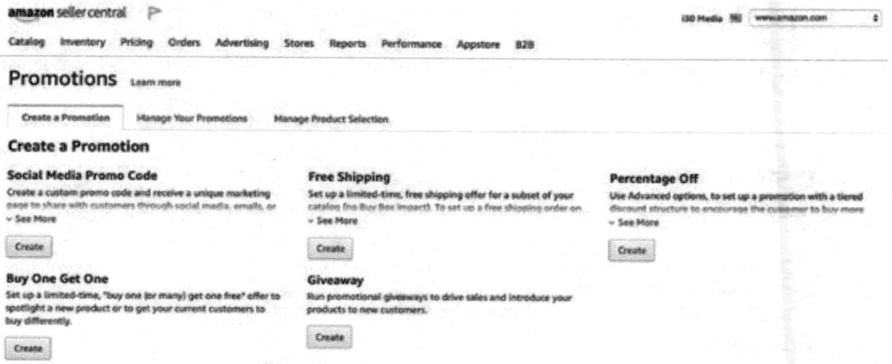

图 9－55 “Free Shipping” 活动 “Create” 界面

首先，卖家在设置邮费优惠时，填写的优先顺序是要从上到下，因为上层的设置都会影响下方的选项。“Buyer purchases” 右侧显示 “At least this quantity of items”（至少购买数量），如果设置的数量为 1，表示此促销方案只有在顾客购买 1 件商品时，方可享有免邮优惠的权力（见图 9－56）。

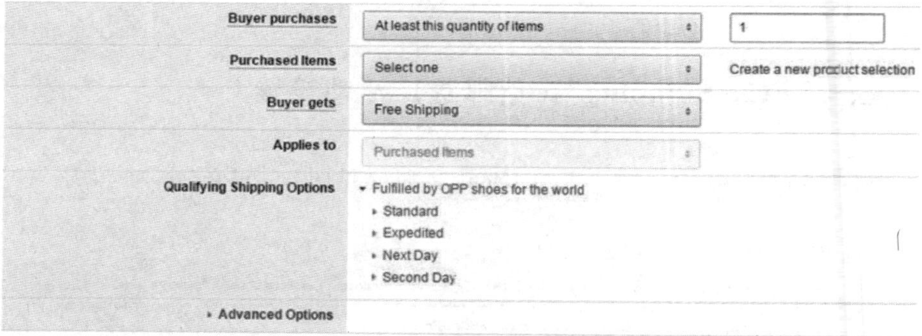

图 9－56 “Free Shipping” 活动信息设置界面

“Buyer purchase” 设置之后，卖家可在 “Purchased items” 右侧选择一些产品作为 “free shipping promotion” 的对象；“Buyer gets” 选项中买家优惠默认的是 “Free Shipping”；“Applies to” 中进行 “free shipping promotion” 的产品设置，默认是买家购买的商品；“Qualifying Shipping options” 选项中卖家可以设置免邮的运货方式；“Advance Options” 为优先选项。

其次，在如图 9－57 所示的界面中设置亚马逊促销活动的开始和结束日期，在 “Internal Description” 对应的文本框中进行优惠活动的命名。

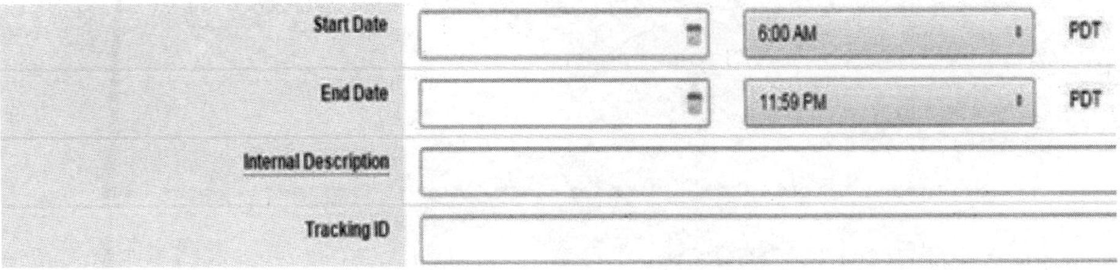

图 9－57　“Free Shipping”活动时间设置界面

最后，在如图 9－58 所示的界面中设置商品页面上的促销讯息，卖家可以自行更改这里面的内容，如果不想改写促销讯息的话，使用亚马逊的默认设置也可以，如果卖家需要使用“Claim Code”的功能，也可以进行启用。

图 9－58　“Free Shipping”活动附加选项编辑界面

三个步骤完成后，可以点击“review”回顾此次“Free Shipping”的设定，再点击“submit”保存设置。

三、“Social Media Promo Codes”（社交媒体折扣码）活动设置

社交媒体折扣码是一种不同于百分比折扣的促销码。起初的创建目的是让卖家能在社交媒体，比如 Facebook 或者 Twitter 上发布折扣码。与百分比折扣不同的是，社交媒体折扣码允许卖家限制代码可以兑换的单位数量（即卖家购买产品的数量）。同时，卖家还可以创建一个特殊的登录页面，以吸引卖家的关注者，甚至还可以发送到“Amazon approved influencers”。除非卖家有特别原因必须创建一次性折扣码，否则创建社交媒体折扣码才是更好的选择。

社交媒体折扣码可以分享到卖家的社交页面、电子邮件，或者任何卖家想要分享的地方。社交媒体折扣码的设置过程非常简单而且选择多样，卖家不必担心在设置过程中，点错了按钮，而承担库存被清的糟糕后果。目前，该功能仅限品牌备案 2.0 以上的卖家。创建社交媒体折扣码的步骤如下。

登录亚马逊账号并进入卖家中心，在如图 9－59 所示页面点击菜单中的“Advertising”，然后点击“Promotions”。

图 9－59 “Social Media Promo Code”活动设置初始界面

点击社交媒体折扣码板块“Social Media Promo Code”下面的创建“Create”（见图 9－60）。

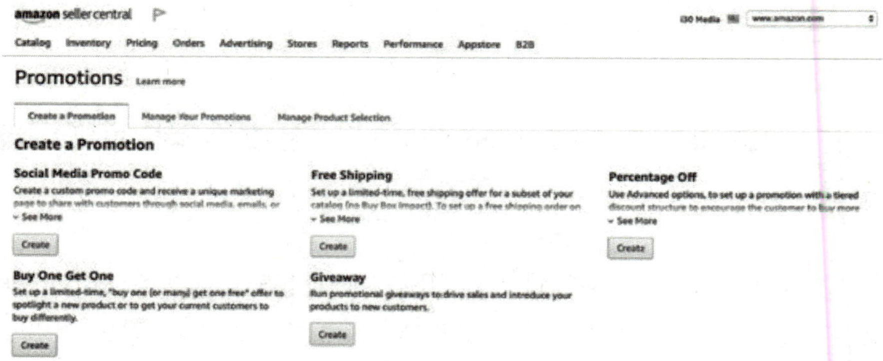

图 9－60 “Social Media Promo Code”活动“Create”界面

页面转到社会媒体折扣码创建页面后，卖家还需要完成 3 个步骤激活社交媒体折扣码。

一是选择条件。首先，卖家需要设定达成促销的条件，填写两个字段。在“Purchase Items”部分，通过单击下拉菜单，选择之前创建的产品选择。其次，在买家所获折扣“buyer gets”中，填写卖家提供折扣的百分比。例如，如果卖家想要通过 15% 的折扣，只需在框中输入 15。“Social Media Promo

Code”的折扣百分比，必须在5% ~80%之间，如果卖家想要提供的折扣不在这个范围，则需要另外设置百分比折扣码（Percentage Off Promotional Code），它允许范围在1% ~99%。

二是设置时间。此部分需要填写三部分（见图9－61）。

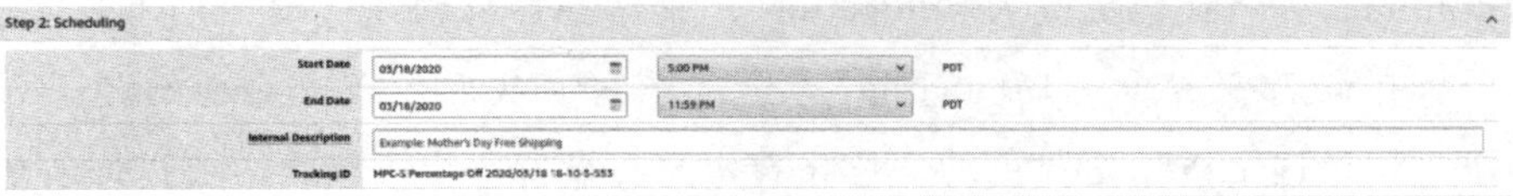

图9－61　“Social Media Promo Code”时间设置界面

在“Start Date”对应的文本框中选择促销开始时间和日期；在“End Date”对应文本框中选择一个结束日期；在“Internal Description”对应文本框中输入促销活动名称，尽量选择简单好记的。此促销商品最长促销时间只有30天，所以结束时间要早于30天。另外，促销时间默认为美国太平洋时间。

亚马逊提供了多种选项，来帮助卖家进行社交媒体推广。卖家可以根据需求，设定个不同的选项（见图9－62）。

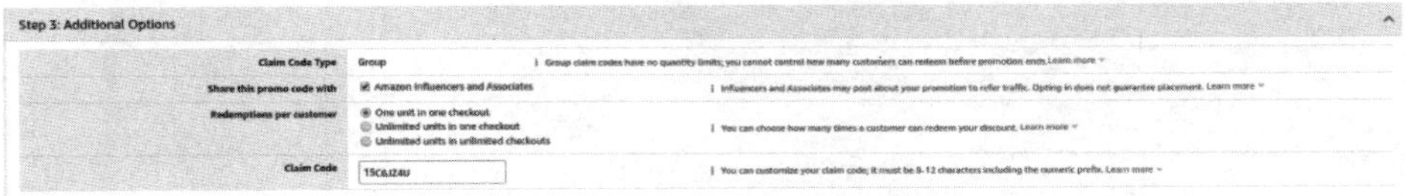

图9－62　“Social Media Promo Code”活动附加选项编辑界面

在默认情况下，卖家会看到“Share This Promo With Amazon Influencers and Associates”选项，如果勾选此框则表示亚马逊平台可能与Amazon associates用户，或是选定的网络红人分享折扣码，以帮助卖家推广折扣码。如果卖家针对不想要额外的免费助力，可以取消勾选。

“Redemptions Per Customer”选项可以设置促销代码使用类型，限制客户购买时使用折扣码的频率。包括：“One unit in one checkout”一个订单中的一个产品，意思促销代码仅针对符合条件的ASIN的一件商品有效一次；“Unlimited units in one checkout”表示一个订单中的无限件商品，表示促销代码对单个订单中符合条件的多件商品有效；“Unlimited units in unlimted checkouts”无限个订单中无限件商品，表示促销代码对多个订单中符合条件的无限件商品有效。点击旁边的圆圈，选择卖家想要提供的促销折扣。

卖家可以在“Claim Code”对应区域设定代码，亚马逊会默认推荐一个。如果卖家希望代码更容易记忆，则可以自己设置。在社交媒体促销活动中，亚马逊会自动将折扣的百分比作为代码的前两位。例如：卖家创建了优惠15%的折扣码，并将代码更改为“forgarlic”，亚马逊会自动在代码前加上数字15，整个折扣码就变成了“15forgarlic”。全部填写完成后，点击底部的“review”按钮。如果这个按钮是灰色的，意味着卖家在设置中出了错，需要返回再进行核查。

三是审核提交。提交后，亚马逊会再给卖家一次审核机会，卖家需要将设置的所有信息进行审核（见图9-63）。

图9-63 “Social Media Promo Code”活动“review”界面

整个页面信息确认无误后，卖家就可以单击“submit”按钮。页面将返回到促销（promotion）页面，卖家可以在页面顶部看到一个绿色通知，则社交媒体折扣码成功创建。社交媒体折扣码的优点主要有三个。一是为卖家提供新的站外引流渠道。卖家可以将创建的营销页面链接分享到站外社交媒体，避免了曾经在站外放商品链接的风险，提高了安全引流效率。二是为中小卖家打开站外流量入口。站外引流话题一直在讨论，多少中小卖家可望而不可即，毕竟想开Facebook广告也是需要一笔费用，但是现在亚马逊提供的该功能，中小卖家也可以设置该链接，发布站外，打造自己的促销主页；三是为亚马逊卖家清库存提供新方法。该营销页面可以涵盖卖家所有促销商品，最高折扣可达到80%，卖家如果运营得好，此链接在站外媒体的曝光相当于一个专属的商品成交网站，清库存只需要把 ASIN 放入该页面。

四、“buy one get one（买就送）”活动设置

要对部分产品或者类目做进行“buy one get one（买就送）”促销，如图 9－64 所示，设置初始内容与前两种促销活动类似，首先，设置促销条件。

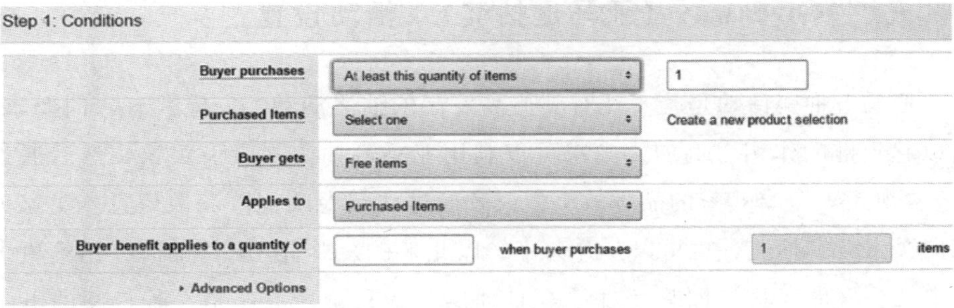

图 9－64　“buy one get one”活动信息编辑界面

“Buyer purchases”中“At least this quantity of items”表示买家至少购买指定数量的商品时才能参与优惠活动；“For every quantity of items purchased”表示顾客每购买指定个商品即可享有此促销优惠；“At least amount”表示此促销活动只有在买家购买超过某指定金额时方可适用；“Purchase item”指买家购买产品赠送 a 产品（例如：买了笔记本，送的还是笔记本）；“Qualifying Item”指买家购买 a 产品赠送指定的产品（例如：买电脑送电脑包）。

然后，在如图 9－65 所示界面中设置“买就送”活动的起始和截时间，促销活动生效时间以美国时间为准。

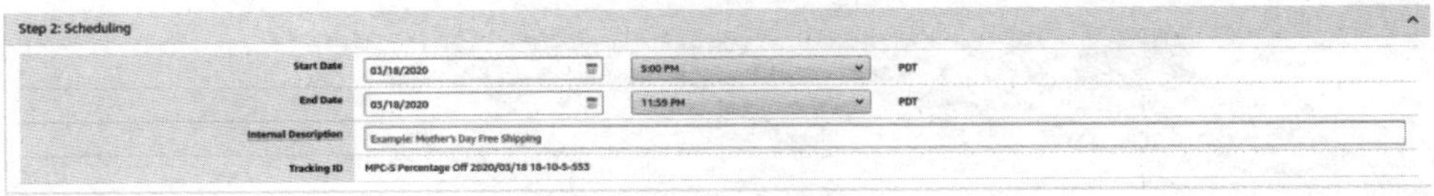

图 9－65　“buy one get one”活动时间设置界面

在“Claim Code”区域一般使用亚马逊的默认设置即可（见图 9－66）。最后点击“review”，检查之后再点击“submit”完成活动设置。

图 9－66 “buy one get one” 活动 “review” 界面

五、“Giveaway（亚马逊抽奖）”活动设置

亚马逊抽奖活动是卖家针对其商品发起的抽奖活动。安慰奖有入门要求，可以起到推广作用。例如，卖家可以利用亚马逊抽奖来吸引买家，然后通过“查看视频”分享卖家的品牌故事，或者通过“问卷调查”获取信息。卖家可以向买家分享抽奖，也可以公开分享，以此来扩大影响力并将品牌介绍给更多买家。公开的亚马逊抽奖通过“今日抽奖”进行推广。这是一种订阅的电子邮件，注册获取新商品信息并参与抽奖的订阅者，会收到如图 9－67 所示的“Giveaway”电子邮件。

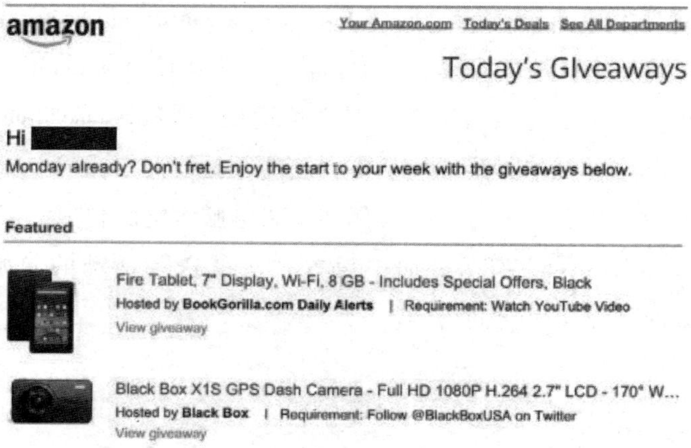

图 9－67 “Giveaway” 电子邮件

亚马逊不对抽奖活动收取费用，卖家只需支付奖品费用以及必要的运费和税费。目前只有使用亚马逊物流的卖家可以通过卖家平台将已发布的商品加入抽奖计划。使用亚马逊抽奖的优势主要有四点：一是提高浏览量和销量；二是

建立商品和品牌的口碑；三是提高流量和知名度；四是营造社会存在感，利用抽奖吸引参与者关注推特、发布推特消息或观看营销视频，从而增加曝光度并营造社会知名度。设置亚马逊抽奖的步骤如下。

设置抽奖前，卖家应在设置页面上将库存加入抽奖计划，依次点击“设置”—“亚马逊物流”—“抽奖设置”—“启用”。如图 9 - 68 所示，从“Advertising”下拉复选框中选择“Promotions”。

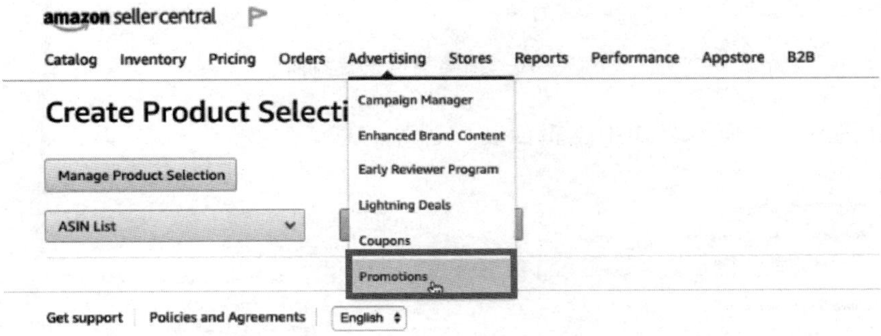

图 9 – 68　促销活动设置初始界面

在如图 9 – 69 所示的界面中找到“Giveaway”，并点击其下方的“Create”。

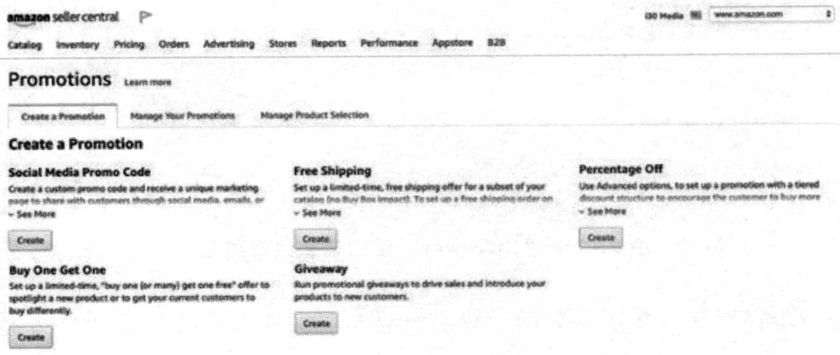

图 9 – 69　“Giveaway”活动“Create”界面

选择参与促销活动的商品并点击设置抽奖，页面将再次跳转至设置抽奖界面。选择“设置抽奖类型”，如图 9 – 70 所示，可以选择“Random Instant Win”。

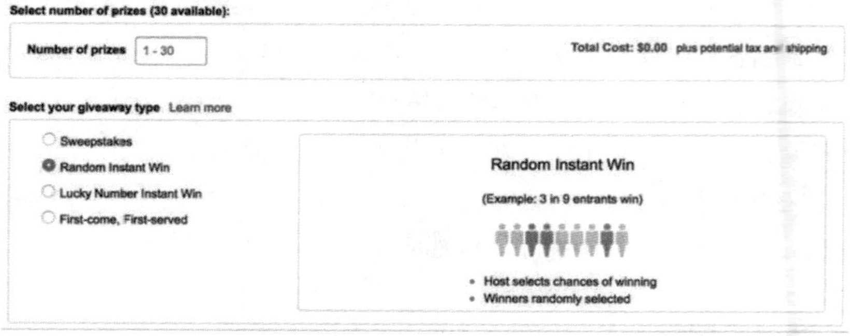

图 9-70 抽奖类型设置界面

在图 9-71 所示界面中编辑活动标题等信息。

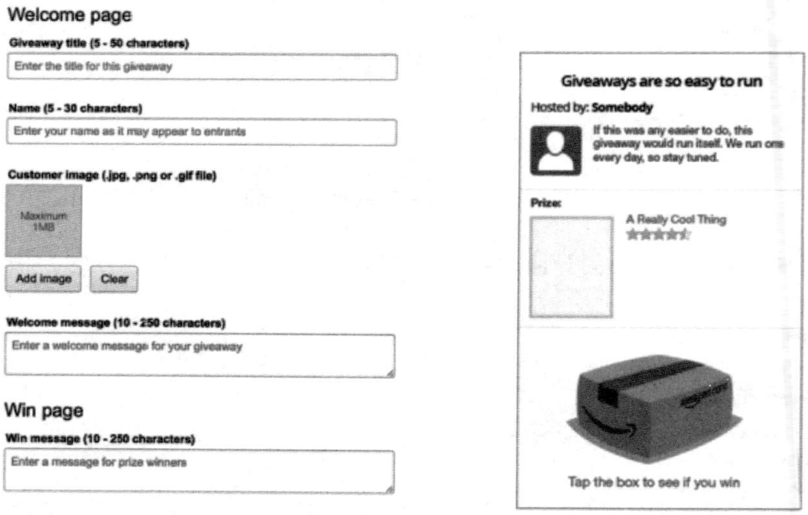

图 9-71 "Giveaway"活动信息编辑界面

进一步在图 9-72 所示界面设置卖家对参与抽奖人员的要求。当然卖家也可以选择"No additional requirements（无附加要求）"。

在设置完成后，卖家会收到一封电子邮件，其中包含有关如何选择参与者的指导。卖家也可以选择"公开我的奖品"，这样奖品就会在"今日抽奖"等面向亚马逊买家的计划中公开。使用"Giveaway"方式促销要注意三点：一是选择适合所售商品和品牌的抽奖，卖家应根据活动目标来设置中奖几率、入门

图 9－72　“Giveaway”活动要求设置界面

要求和奖品数量；二是选择新的或有吸引力的商品，参与者希望抽得他们乐于拥有的商品，新奇有趣并且能够吸引大量受众的商品应成为活动首选。三是重视参与者，当卖家创建亚马逊抽奖时，需要考虑抽奖人员如何参与互动，保持中奖几率真实也是十分必要的。

第六节　亚马逊公司物流解决方案

亚马逊在物流方面有一系列的解决方案，有亚马逊自己的物流服务，也有与第三方物流承运商合作打造的解决方案，帮助跨境卖家解决跨境运输难题，减轻跨境物流的运营压力。

一、亚马逊物流

亚马逊物流全称 Fulfillment By Amazon，简称 FBA。当卖家将商品发送至亚马逊运营中心后，由平台工作人员负责帮忙存储商品。等到商品售出后，亚马逊平台工作人员会完成订单分拣、包装、配送，以及退换货等服务。同时，亚马逊平台使用当地语言，为 FBA 卖家提供全天候的专业客服，帮助减轻运营压力。

此外，FBA 还有多种多样的计划方案，帮助卖家节省物流费用。例如针对欧洲多站点跨国家或跨地区销售的亚马逊物流欧洲整合服务（Pan - EU），针对不同商品的特惠解决方案，亚马逊物流新选品计划和亚马逊物流轻小商品计划。

二、亚马逊跨境物流服务

亚马逊跨境物流服务全称 Amazon's Global Logistics Service，简称 AGL。亚马逊跨境物流服务（AGL）为亚马逊物流（FBA）卖家提供稳定、高效、便捷的跨境海空运官方头程物流服务，可以帮助卖家将商品发往目的国的亚马逊运营中心。目前已开通的站点涵盖美国站点、欧洲站点（英国、德国、法国、意大利、西班牙）以及日本站点。

AGL 与亚马逊卖家平台对接，通过卖家平台提供一站式服务（包括货件操作管理、关务文件线上化操作、全链条货件透明追踪、锁仓服务等）。从 2020 年 4 月起，亚马逊全球物流团队（AGL）推出每周六班包机服务，共三条航线，分别从香港和上海出发、直飞美国及欧洲，帮助使用亚马逊 FBA 服务且从中国发货的卖家对疫情期间医疗用品、生活必需品等高需求商品及时补发货，减少空运舱位波动带来的物流压力。

使用包机服务的卖家可以通过卖家平台创建货件，并全程追踪物流信息，加速操作流程，利用亚马逊跨境物流网络将生活必需品和医疗用品送往美国和欧洲。亚马逊还采取了减免相关卖家服务费用，为卖家提供如何通过亚马逊自发货服务履行消费者订单的建议，通过直接沟通方式为卖家定期提供政策更新和指导建议等举措以降低新冠肺炎疫情对卖家业务的影响。

此外，亚马逊全球物流团队（AGL）还提供出口报关、跨境空运运输、目的地清关和送货等服务。卖家只需在发货前确保已经准备好所需材料，以使运输过程顺畅。

AGL 与 FBA 在物流中涵盖的不同服务范围如图 9 - 73 所示。

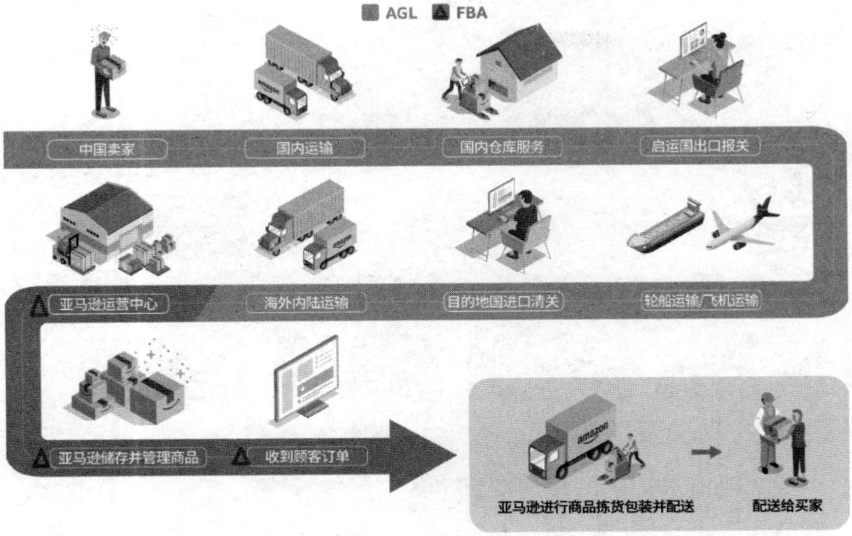

图 9－73　AGL 与 FBA 的服务范围

三、亚马逊“购买配送”服务

在亚马逊销售商品时，如果因为商品体积、重量或品类限制等原因导致无法使用 FBA 进行销售及配送时，那么卖家需要自行将商品配送给海外的消费者，即自配送。卖家自行负责库存管理、包装、配送及客户服务等一系列流程。

亚马逊购买配送（Buy Shipping）服务是亚马逊针对卖家自配送订单的线上发货服务。可以通过卖家平台，“购买配送”服务 API 或者 ERP，直接向合作的物流承运商购买物流配送服务，并打印货件标签。从中国发货的“购买配送”服务目前已经上线美国、加拿大和欧洲站点，合作的物流承运商为中国邮政和燕文物流。欧美站点的自配送卖家可以通过“购买配送”服务，使用上述两家合作的物流承运商进行自发货，有助于提升卖家的自配送订单有效追踪率以及维护卖家的账户绩效。

图 9－74 所示卖家自配送流程中，如果直接从国内发货配给给海外消费者，那么流程将会是：1.1—1.2—2—3—4—5—6—8；如果将商品先运到目的国，再从目的国发货给当地消费者，那么流程将会是：1—2—3—4—5—6—

7.1—7.2—8；无论从国内发货还是海外发货，均可以通过“购买配送”服务的合作物流承运商进行配送。

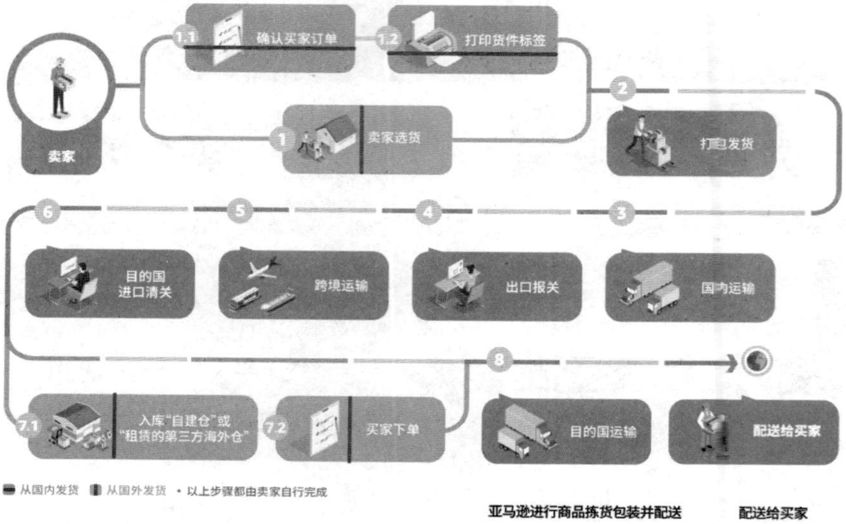

图 9－74　卖家自配送流程

四、第三方物流承运商资源

为了满足多方面的物流需求，亚马逊还推出了服务提供商网络（SPN）和合作承运人计划（PCP），帮助卖家便捷查找第三方物流承运商资源。

亚马逊在卖家平台建立的服务提供商网络（SPN），整理来自各个领域的第三方服务商（包括商品仓储、配送、翻译、税务、商品合规等多个领域），方便卖家根据自身需求查找合适的第三方服务资源。卖家可以登录卖家平台，在“应用和服务”下拉菜单中点击“探索服务”即可（见图 9－75）。

亚马逊仅作为信息资源方来提供第三方服务商名录，卖家需要自行考量服务商的资质和相关服务水平，并确定是否合作。亚马逊合作承运人计划（PCP），全称 Amazon Partnered Carrier Program，是指在目的国当地通过亚马逊合作的承运人将商品运送至亚马逊运营中心。PCP 一般可分为小包裹快递（SPD）承运人和汽运零担或整车运输配送（LTL/FTL）承运人。

图 9－75　亚马逊卖家平台

小包裹快递（SPD）承运人即小包裹快递，全称 Small Parcel Delivery，通常由 UPS 来进行小包裹快递的派送。如果卖家选择亚马逊合作 SPD 承运人配送小包裹快递，则要先使用箱子包装好商品并在每个箱子上贴好标签。当卖家的包裹运抵目的国并完成了上述准备后，可联系 SPD 承运人取件（仅限目的国当地），或是将包裹运到承运人投件网点即可。

汽运零担或整车运输配送（LTL/FTL）承运人，如果货物总重量超过 68 公斤（即 150 磅），可以考虑使用亚马逊合作汽运零担或整车运输配送（LTL/FTL）承运人计划协助进行入库运输。